Bildgestaltung Zeichnen

Gestaltung & Komposition von Zeichnungen

von Markus S. Agerer

Impressum

Markus S. Agerer

Bildgestaltung Zeichnen
Gestaltung & Komposition von Zeichnungen

ISBN-13: 978-1717234728

Texte: Markus S. Agerer
Abbildungen: Markus S. Agerer
Umschlaggestaltung: Markus S. Agerer

Copyright: © 2018 Markus S. Agerer

Bürgermeister-Haidacher-Straße 1
82140 Olching
Deutschland

email: markus-agerer@web.de
web: www.markus-agerer.de

Printed in Germany by Amazon Distribution GmbH, Leipzig

Inhaltsverzeichnis

Schnellüberblick

» Zwei Personen stecken in einem Maler - der Poet und der Handwerker. «

- Émile Zola -

Kapitel 1: Einleitung

Was bedeutet Bildkomposition?

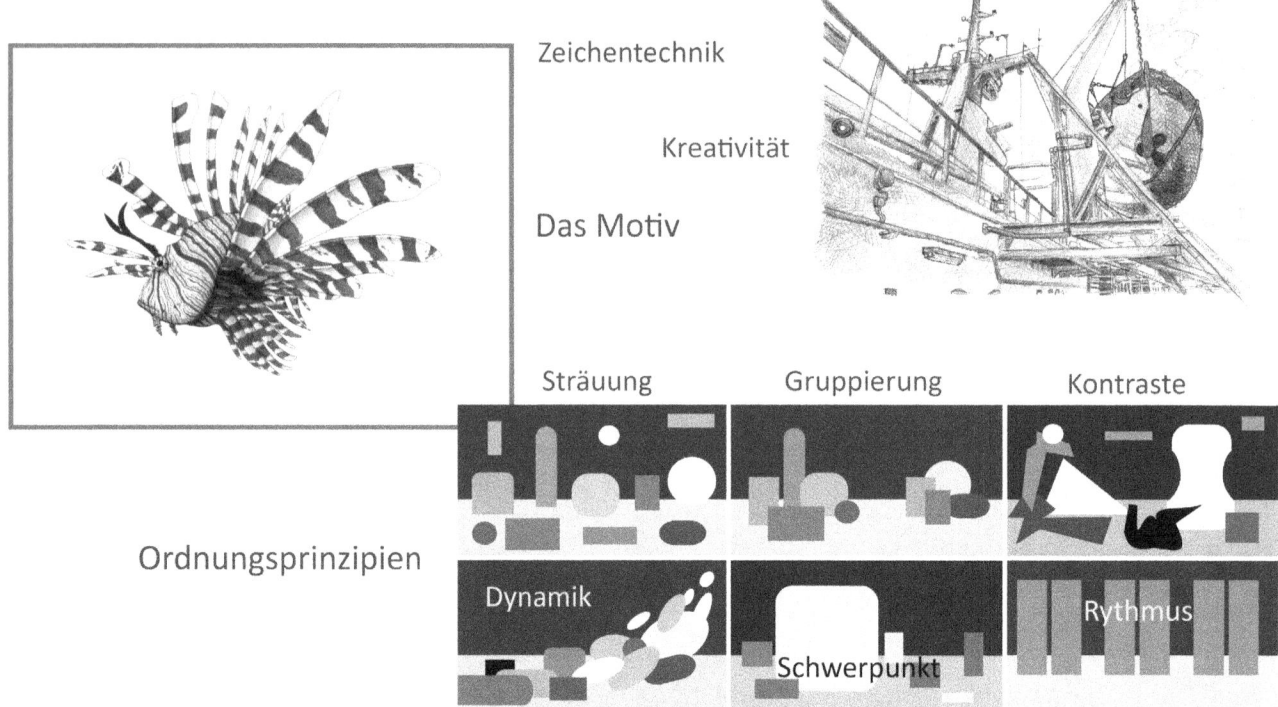

Zeichentechnik

Kreativität

Das Motiv

Ordnungsprinzipien

Sträuung

Gruppierung

Kontraste

Dynamik

Schwerpunkt

Rythmus

Kapitel 2: Wahrnehmen & Psychologie

Figur-Grund-Beziehung

Gestaltgesetze

Gesetz des gemeinsamen Schicksals

Gesetz der Geschlossenheit

Gesetz der Nähe

Gesetz der Fortsetzung

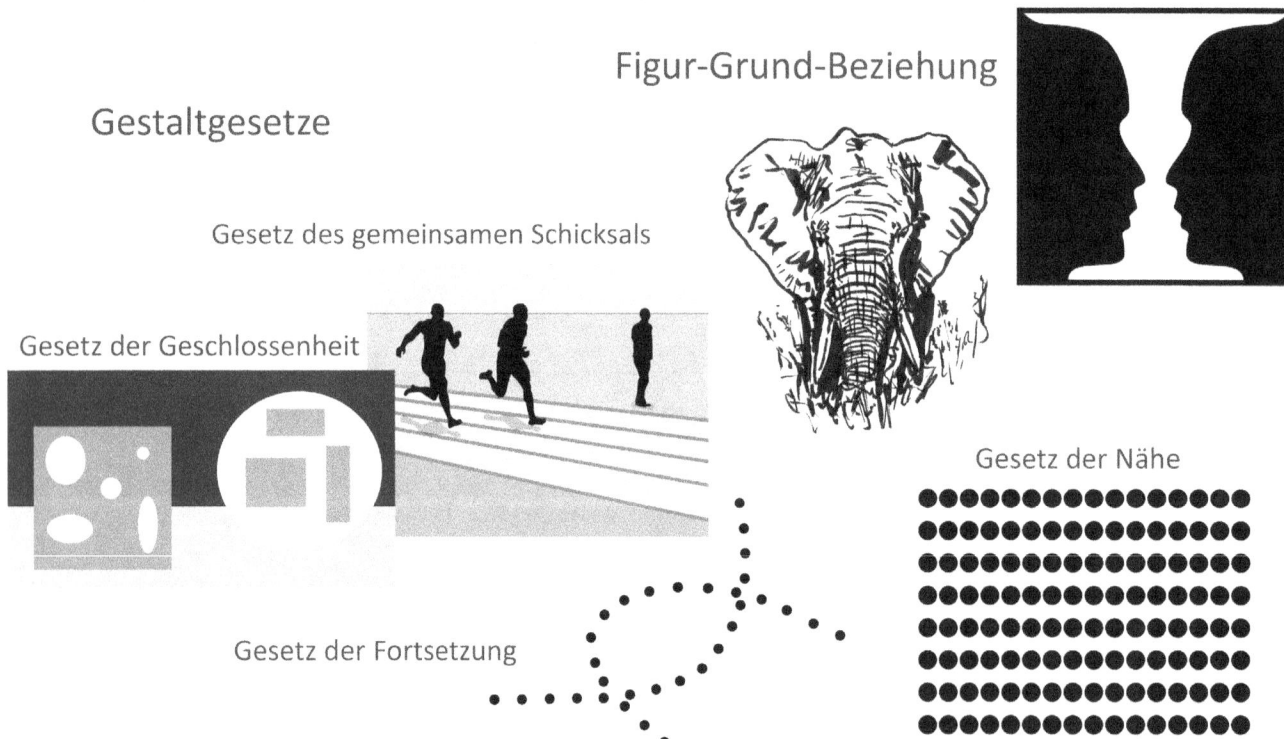

Kapitel 3: Methoden zur Bildunterteilung

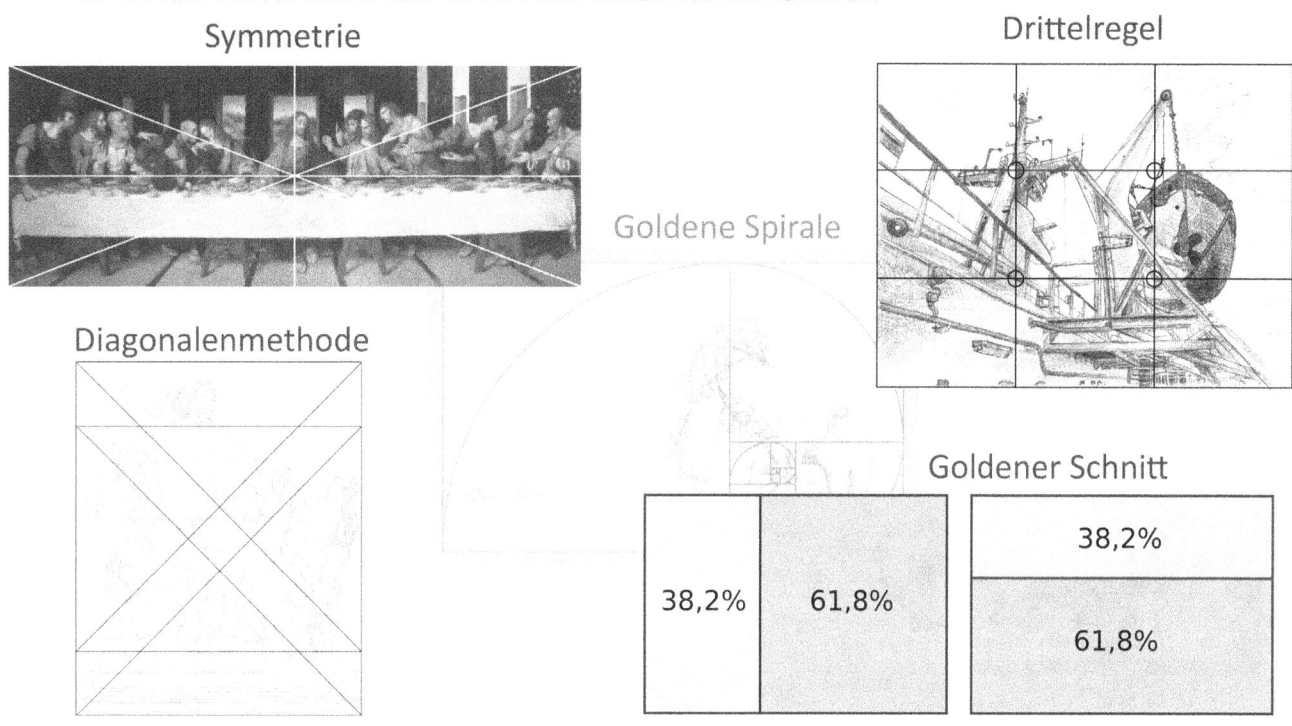

Symmetrie

Drittelregel

Goldene Spirale

Diagonalenmethode

Goldener Schnitt

38,2% | 61,8%

38,2%
61,8%

Kapitel 4: Grafische Gesaltungselemente

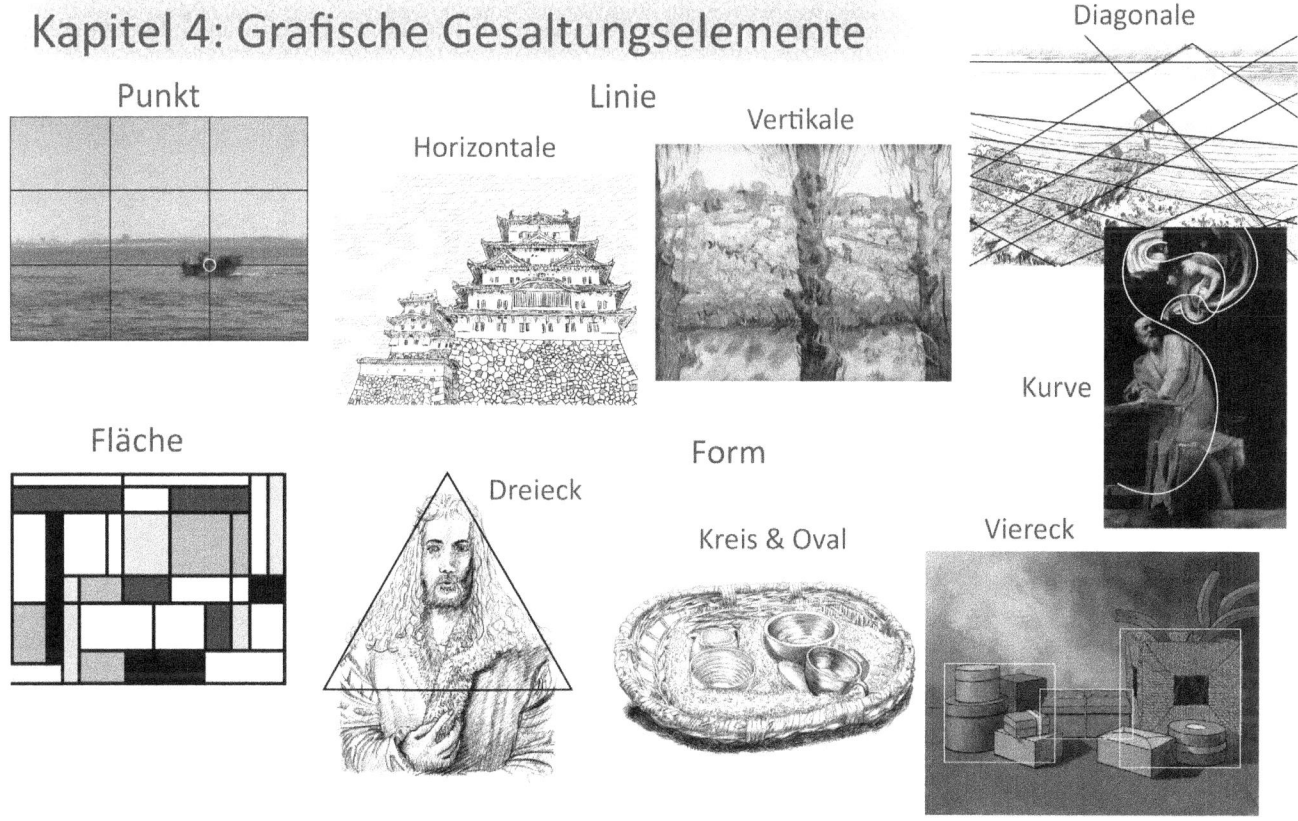

Punkt

Linie

Horizontale

Vertikale

Diagonale

Kurve

Fläche

Form

Dreieck

Kreis & Oval

Viereck

Kapitel 5: Weitere Gesaltungselemente

Format

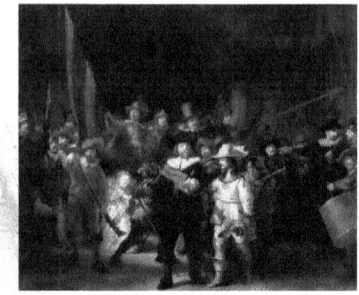

Hell-Dunkel

Kontraste

Inhalt

Form

Perspektive & Raum

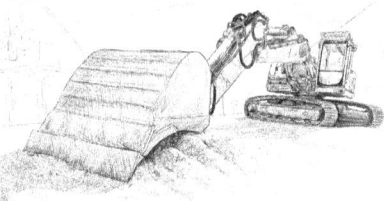

Licht & Schatten

Gleichgewicht

symmetrisch vs. unsymmetrisch

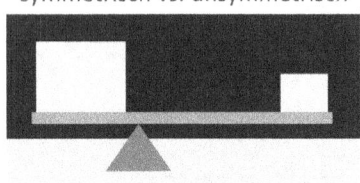

Bewegung

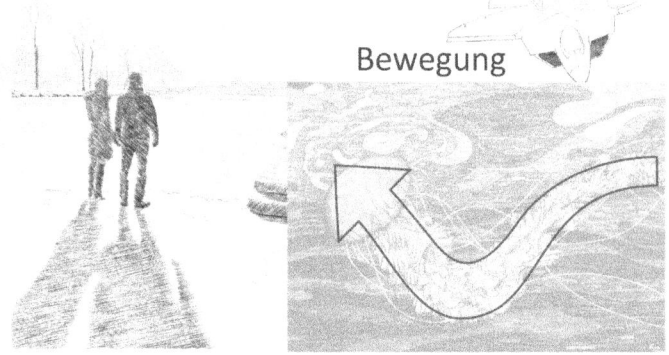

Einleitung

» Im Entwurf, da zeigt sich das Talent, in der Ausführung die Kunst.«

- Marie Freifrau von Ebner-Eschenbach -

1 Einleitung

1.1 Die richtige Komposition

Der Erfolg eines Bildes hängt nicht nur von künstlerischen und handwerklichen Fähigkeiten ab. Von Anfang an sollte der harmonischen Gestaltung des Bildes viel Aufmerksamkeit gewidmet werden. Je mehr Gedanken sich Künstler vor dem ersten Strich auf dem Papier oder der Leinwand machen, desto schöner kann das Bild gelingen. Die Abbildung einer natürlichen Szene unterliegt auf dem flachen Papier eigenen Gesetzen des Zeichnens und Malens. Daher lohnen sich nach der Auswahl des Motivs gründliche Überlegungen zur Umsetzung auf der Leinwand bzw. dem Zeichengrund.

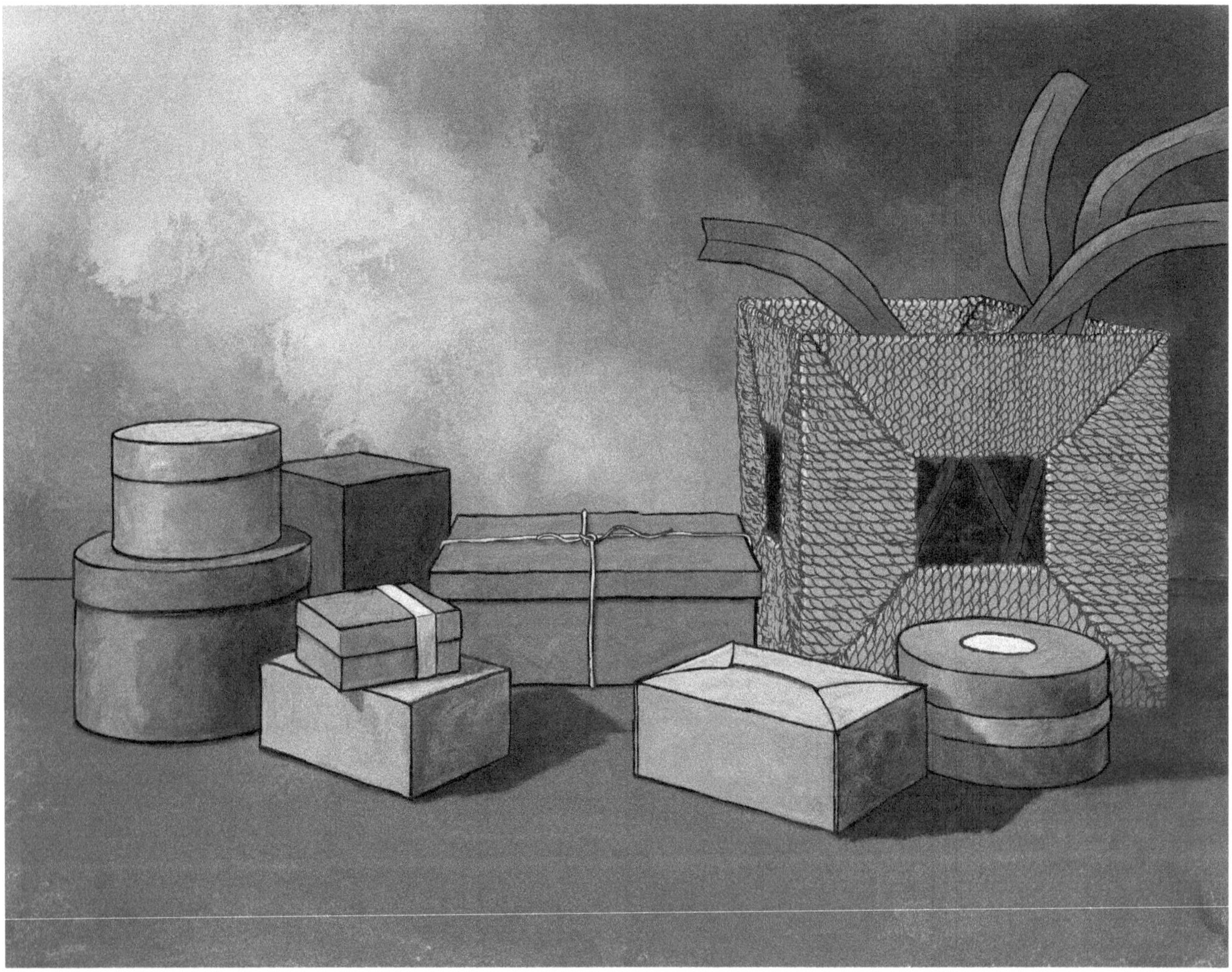

Stillleben mit Schachteln

Aus eigener Erfahrung kann ich bestätigen, dass man durch eine gewisse Planung ein Bild nennenswert verbessern kann. Von einer relativ statischen und wenig aufregenden Darstellung lässt sich das eigene Bild in ein interessantes und dynamisches Kunstwerk weiterentwickeln. Ich war im Nachhinein immer wieder froh, dass ich nicht gleich mit der ersten Idee spontan das endgültige Bild begonnen habe, sondern der Komposition die Möglichkeit gegeben habe sich erst richtig auszugestalten. Bereits durch kleine Tricks und Verbesserungen kann die Bildwirkung maßgeblich gesteigert werden. Skizzen helfen mir dabei immer ganz besonders weiter.

Auch aus zeichnerischer bzw. malerischer Sicht kann das spontane Skizzieren eine gute Grundlage für das Projekt sein. Rasch werden beim Skizzieren die Schwächen der Darstellungsweise sichtbar. Doch aus einer ausdruckslosen Skizze kann im zweiten Versuch ein kleines Meisterwerk werden. Beim Vergleich der ersten Skizze mit der Realität treten zum Beispiel die Unterschiede zwischen der mehrdimensionalen Natur und dem flachen Papier deutlich hervor. Dann ist Zeit über jede Schwachstelle und die richtige Umsetzung auf dem Bild nachzudenken. Für jede Dimension in der Natur oder im Raum gibt es die passende Zeichentechnik. Mit der richtigen Planung wird jedes Bild so lebendig wie die Realität.

In der Bildfolge siehst Du, wie mit Hilfe von einigen Skizzen nach und nach eine Bildkomposition herausgearbeitet wird.

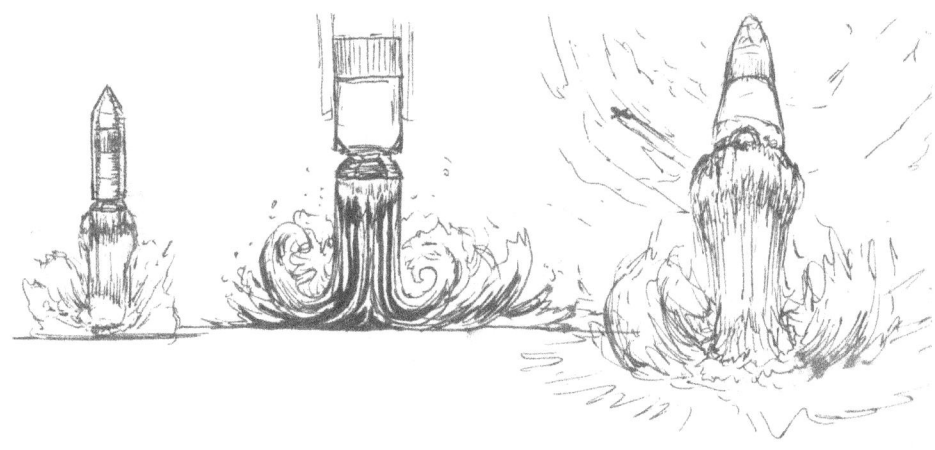

Skizzen einer startenden Rakete

11

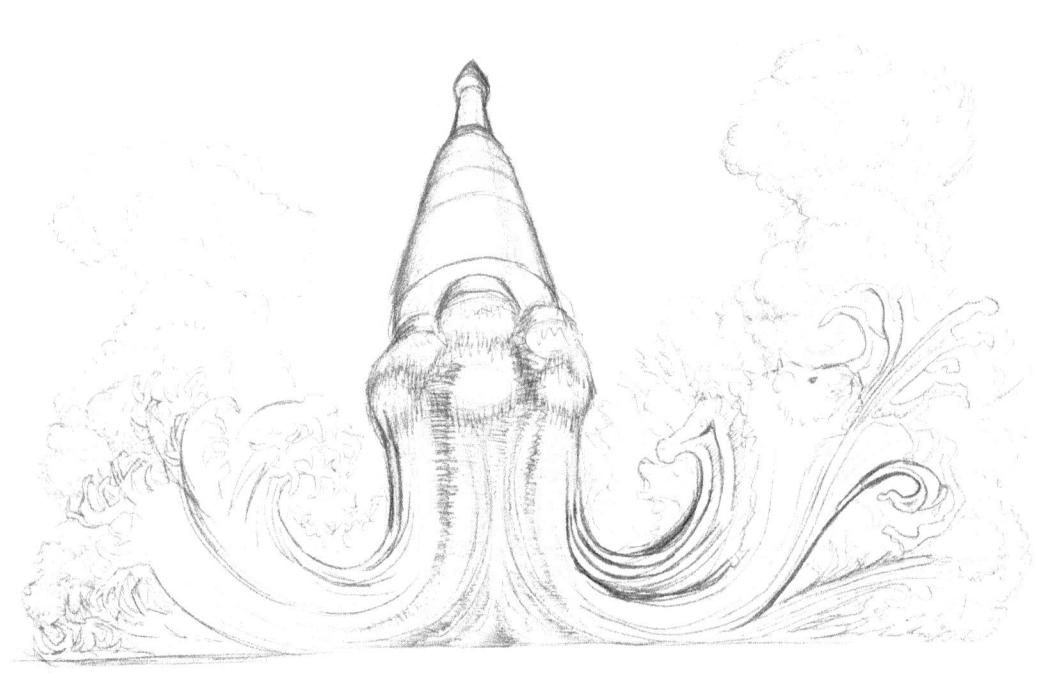

Experimente mit einem perspektivischen Effekt, Feuer und Rauch

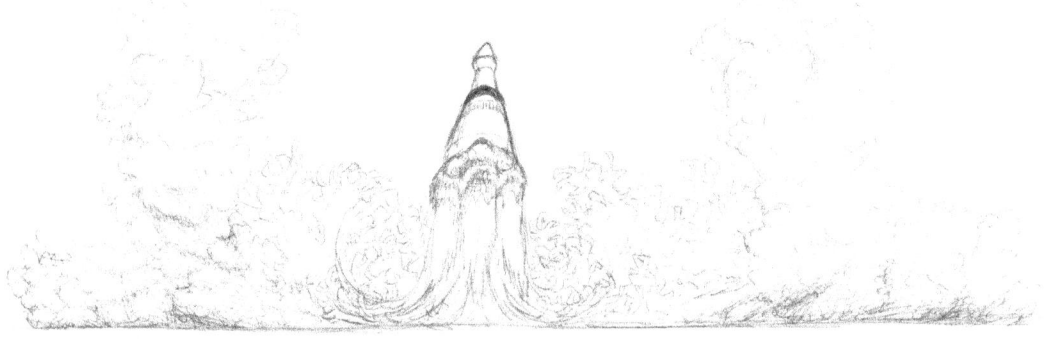

Weiteres Herausarbeiten der Komposition

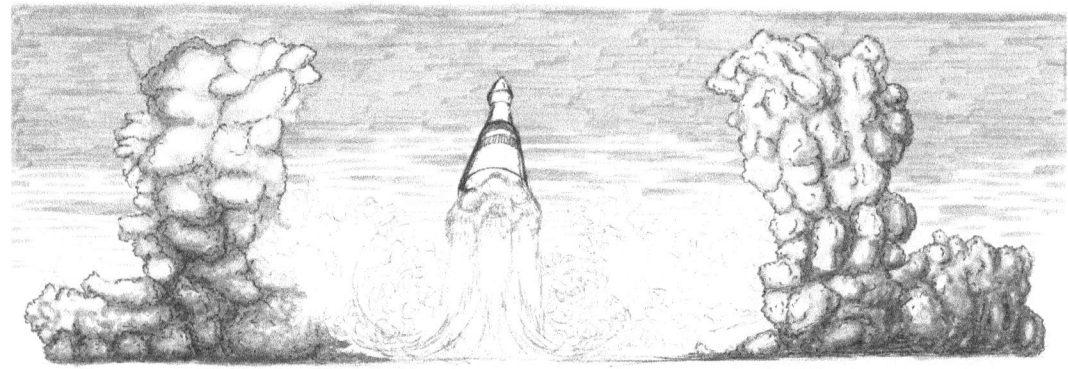

Versuche mit der Hintergrundgestaltung

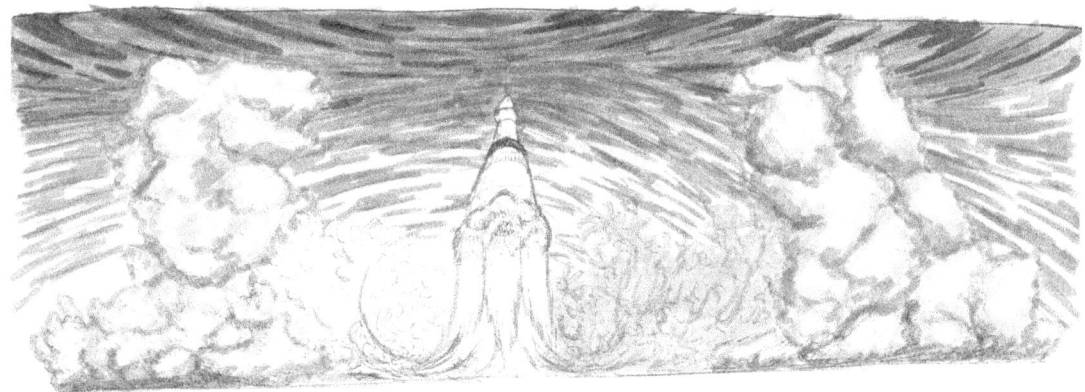

Erhöhung der Dynamik im Hintergrund

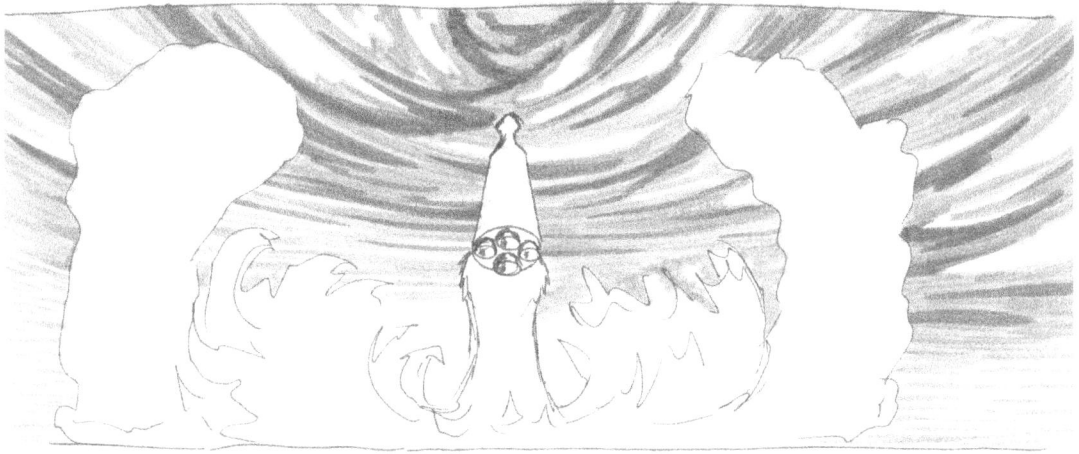

Endgültige Gestaltung des Hintergrunds

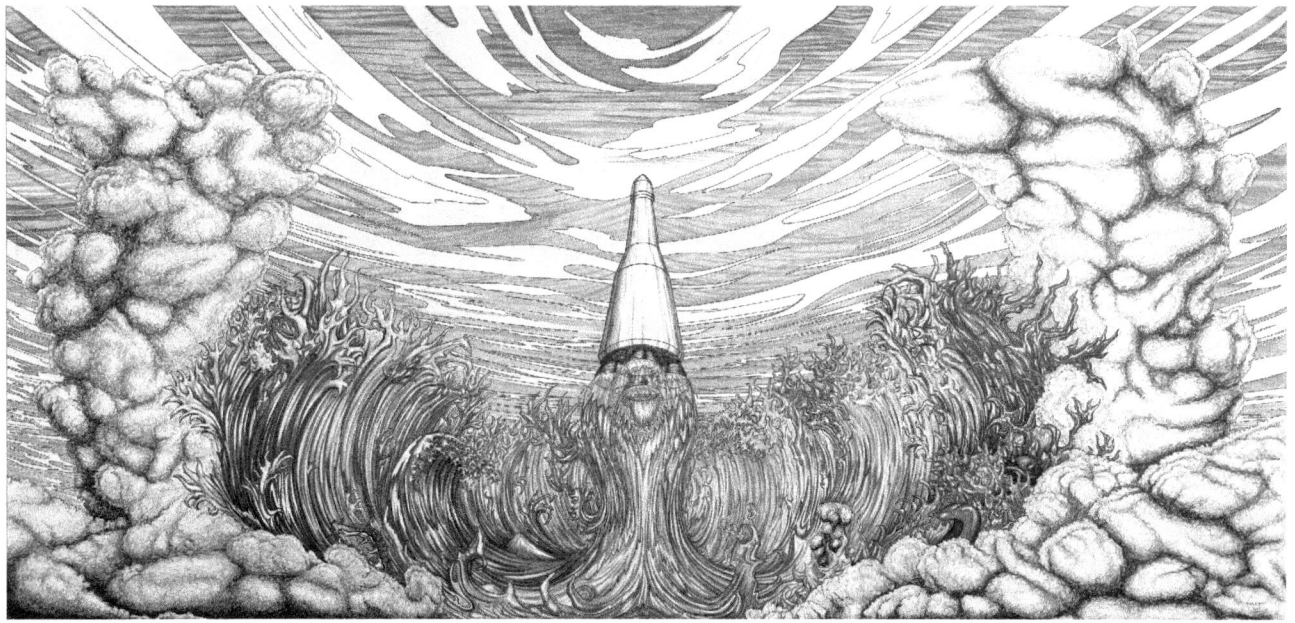

Fertiges Bild

1.2 Individuelle Kreativität & Zeichentechniken

Sicherlich möchte jeder angehende Zeichner am liebsten von Beginn an beeindruckende Werke mit großartiger Bildkomposition schaffen. Doch um künstlerisch derart hochwertige Bilder zu zeichnen, müssen alle Zeichentechniken perfekt beherrscht werden. Gelingen realistische Abbildungen auf dem Papier, ist der Spaß beim experimentellen Zeichnen noch einmal so groß. Erst wenn alle Regeln des Zeichnens beachtet werden, kann ein Künstler die ganze Dimension der Kreativität spüren. Auch beim Brechen von Regeln können die grundlegenden Techniken erlernt werden.

Zeichnen ist mehr als handwerkliche Kunst - es ist ein Gefühl. Daher findet jeder Zeichner bei regelmäßiger Übung auch rasch zu seinem eigenen Stil. Dennoch bieten gerade die strengen Regeln die perfekte Basis für echte Individualität und Originalität. Je besser Freunde und Bekannte die Realität auf dem Bild wiedererkennen, desto sicherer beherrscht der Zeichner diese Regeln. Doch auch ein Vergleich mit einem Foto des ausgewählten Motivs kann Aufschluss über die Qualität des Bildes geben.

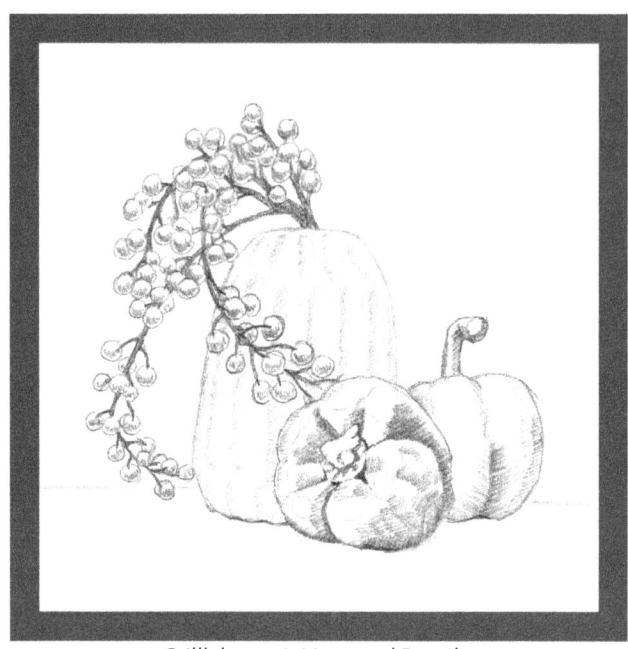

Stillleben mit Vase und Paprika

1.3 Perspektive & Raum

Ziel vieler Zeichnungen ist die detailgetreue Umsetzung des dreidimensionalen Motivs aus der Realität. Häufig ist die Wirkung von Raum und Tiefe auch ein essentieller Bestandteil der Bildkomposition. Dabei kann die Darstellung von Tiefe mit verschiedenen Zeichentechniken erreicht werden. Die perspektivische Verzerrung mit unterschiedlichen Längen und Winkeln ist bei aufmerksamem Hinschauen bereits auch in der realen Welt vorhanden. Das Auge des Betrachters achtet allerdings nur selten auf diese Zusammenhänge. Daher gilt es noch vor dem Planen der Bildgestaltung aufmerksam sehen zu lernen.

Bei genauem Betrachten eines Würfels im Raum erkennt das Auge aus jeder Perspektive unterschiedliche Längen der Seiten, obwohl der Würfel beim Nachmessen nur gleichlange Seiten aufweist. Zuerst sollte daher die Position des Motivs auf der Leinwand festgelegt werden, damit die Perspektive der Darstellung bestimmt werden kann. Schon bei dieser ersten Überlegung fallen in der Regel viele weitere wichtige Bildelemente auf. Das Zusammenspiel von Farben, Kontrast und Strukturen von Oberflächen sowie Spiegelungen des Lichts in den Objekten wird ebenfalls von der Positionierung des Motivs im Raum und auf dem Bild bestimmt.

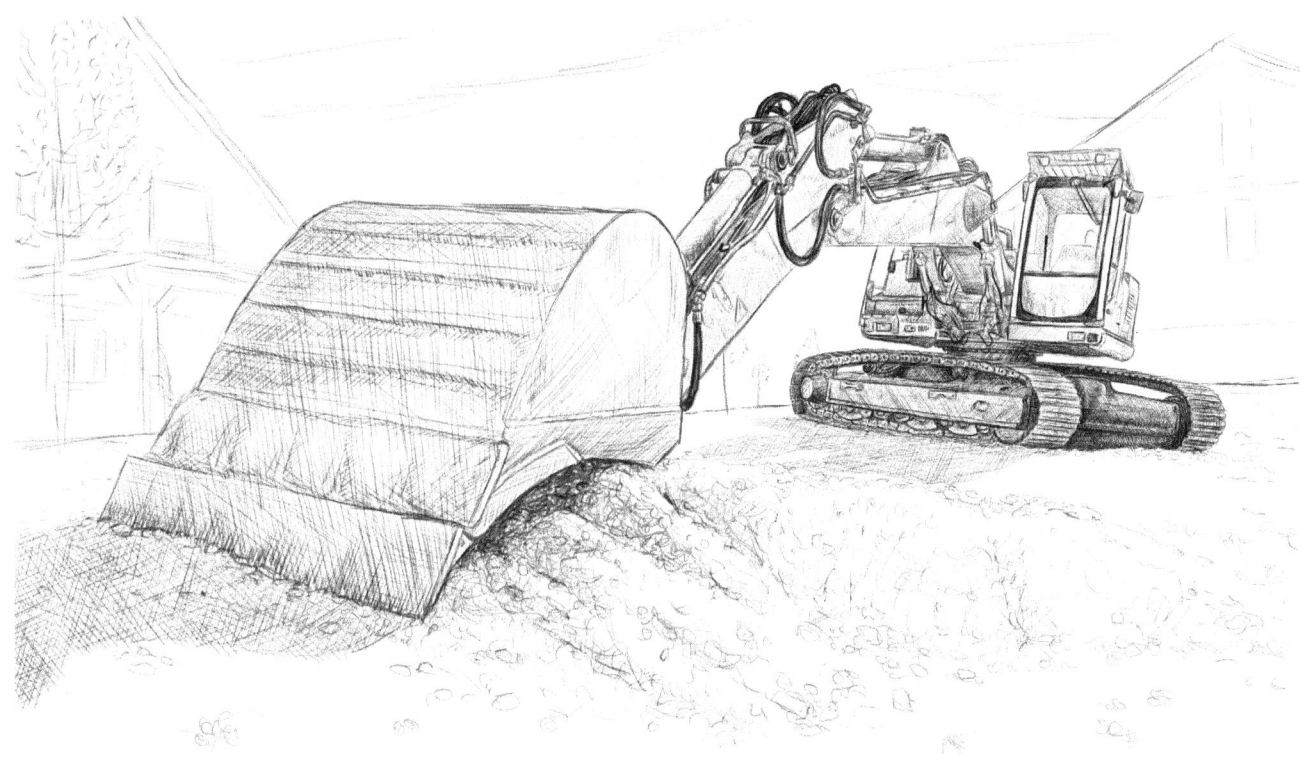

Bagger in dynamischer Perspektive

1.4 Was bedeutet Komposition?

Wenn wir von Bildgestaltung oder von Bildkomposition sprechen, bezieht sich dies auf den formalen Aufbau von Kunstwerken - von Bildern und Grafiken aber auch von Reliefs oder Skulpturen. Die Komposition ist sozusagen die handwerkliche Seite der künstlerischen Inspiration. Sie gehört zu den Dingen in der Kunst, die unabhängig von persönlicher Begabung erlernbar sind. Komposition beginnt bereits bei der Auswahl des Motivs und der Definition des Bildausschnitts. Aber auch Farbe, Licht, Perspektive und Proportionen sind Elemente der Bildgestaltung.

Nun könnte man der Ansicht sein, dass verbindliche Regeln gar nicht angewendet werden können und damit eigentlich überflüssig sind. Zumal die moderne Kunst ja, wie man allgemein annimmt, mit hergebrachten Regeln gebrochen hat. Aber Achtung: Picasso soll einmal gesagt haben, dass es kein künstlerischer Akt sei, einen Tisch einfach eins zu eins abzumalen. Auf die Frage, was der für die künstlerische Gestaltung empfehlen würde, soll er dann gesagt haben: "Messen Sie ihn ab." Und mit diesem Paradox hat er die Notwendigkeit von gewissen Regeln knapp und treffend benannt.

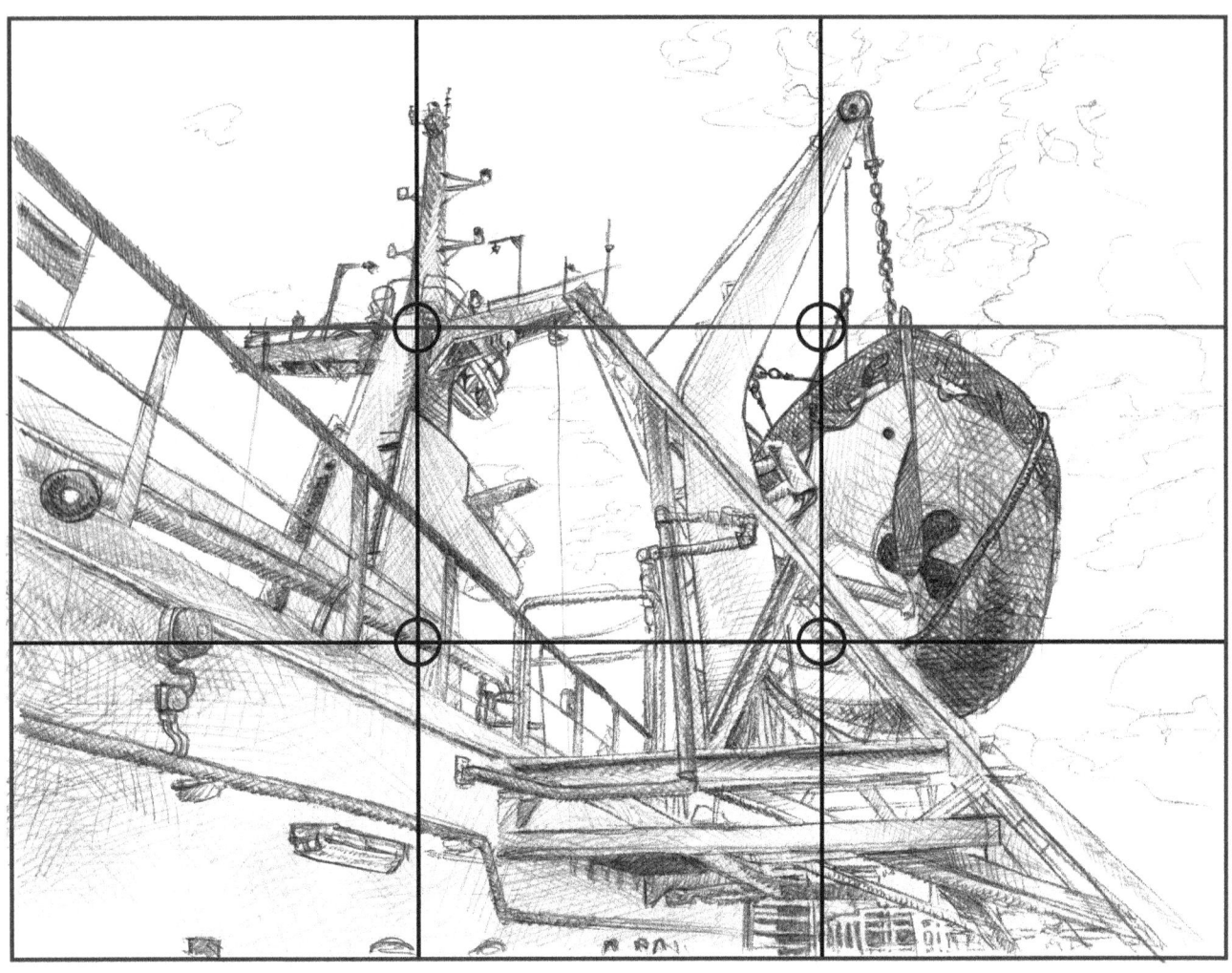

Bildkomposition mit Hilfe der Drittelregel

Um unseren eigenen künstlerischen Ausdruck zu finden, brauchen wir nämlich gewisse Kenntnisse und Regeln. Sie bilden ein Arsenal, das wir auf unterschiedliche Weise nutzen können. Regeln helfen uns, den Einstieg in das künstlerische Schaffen zu finden. Sie bilden einen Rahmen, in dem wir uns bewegen können. Regeln ermuntern aber auch dazu, sie kreativ zu handhaben, mit ihnen zu spielen oder, wenn man sich das wirklich zutraut, sie einfach zu brechen. Allerdings ist das Brechen von Regeln nicht per se eine künstlerische Leistung. Man kann nur das verfremden oder frei handhaben, was man wirklich souverän beherrscht. Das gilt gerade in der bildenden Kunst, die auf eine lange, lebendige Tradition von Regeln und äußerst durchdachten "Regelverstößen" zurückblicken kann. Insofern sind die Kenntnis und die Fähigkeit, gerade die Regeln der Komposition zu kennen und mehr noch sie anwenden zu können, für wirkliches künstlerisches Schaffen unumgänglich. Der Weg zur eigenen Ausgestaltung dieser Regeln ist immer der zweite Schritt.

1.5 Das Motiv - Grundlagen

Bilder haben das Ziel, den Betrachter zu fesseln und eine Wirkung auf ihn auszuüben. Dabei ist es unerheblich, ob es sich um eine Zeichnung, ein Gemälde oder um eine Fotografie handelt. Ein gutes Bild hat eine Aussage, die auf verschiedene Weise interpretiert werden kann. Im Mittelpunkt steht dabei das Motiv. Es gibt Bilder mit einem zentralen Motiv, das auch als Hauptmotiv bezeichnet wird. Andere Bilder haben zwei oder mehrere Motive, die im Zusammenhang zueinander stehen. In der Regel ist dabei ein Motiv dem anderen untergeordnet – man spricht dann von einem Hauptmotiv und einem Nebenmotiv bzw. mehreren Nebenmotiven. Ein gutes Bild muss jedoch nicht zwingend ein Motiv haben. Es kann auch gänzlich ohne auskommen. Der Blick umfasst bei diesen Bildern das Ganze. Sie können eine Geschichte erzählen oder auf ein Problem aufmerksam machen. Manchmal stellen sie schöne Erinnerungen dar oder sie berichten von einem besonderen Erlebnis.

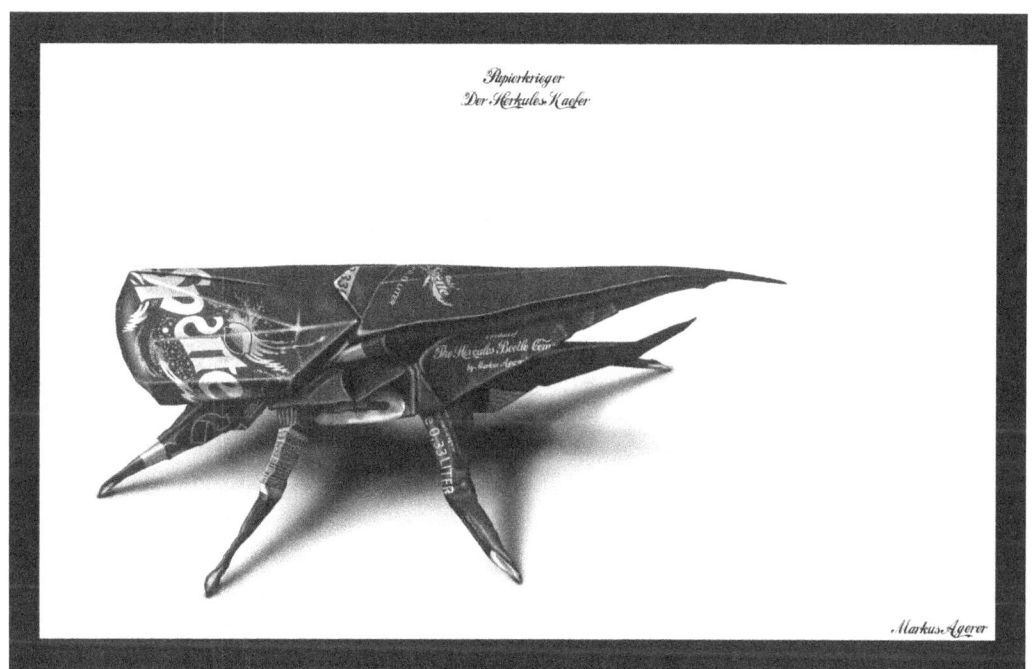

Illustration mit einem klaren Motiv: Papierkrieger – Der Herkules-Käfer

1.5.1 Bilder mit nur einem Hauptmotiv

Viele Bilder leben von einem einzelnen Motiv. Sie sind so gestaltet, dass der Blick sofort auf das Hauptelement fällt. In ihren weiteren Merkmalen sind diese Bilder sehr dezent gestaltet. Es gibt mitunter einige kleine Motive als Beiwerk, die kaum in den Blick rücken, aber dennoch für den Gesamteindruck sehr wichtig sind. Ein prächtiger Baum, der in voller Blüte steht, kann mit einigen Vögeln, die sich gerade aus den Ästen des Baumes lösen, eine schöne Aussage bekommen. Auch weitere Bäume, die mit dem Hintergrund verschwimmen, tragen letztendlich zur Bildwirkung bei. Ebenso ist es jedoch möglich, den Baum allein zu inszenieren und nur den Himmel und einen Waldboden oder eine Wiese als kleine gestalterische Merkmale einzusetzen. Wichtig ist, dass bei einem einzelnen Motiv die goldenen Regeln der Bildgestaltung eingehalten werden. Das Hauptmotiv sollte sich möglichst nicht in der Mitte des Bildes befinden, sondern nach einer Kompositionsregel, wie der Drittelregel, angeordnet werden. Nach der Drittelregel befindet sich das Hauptmotiv z.B. ungefähr auf einer der Drittellinien und erzeugt eine ausgewogenere Bildgestaltung.

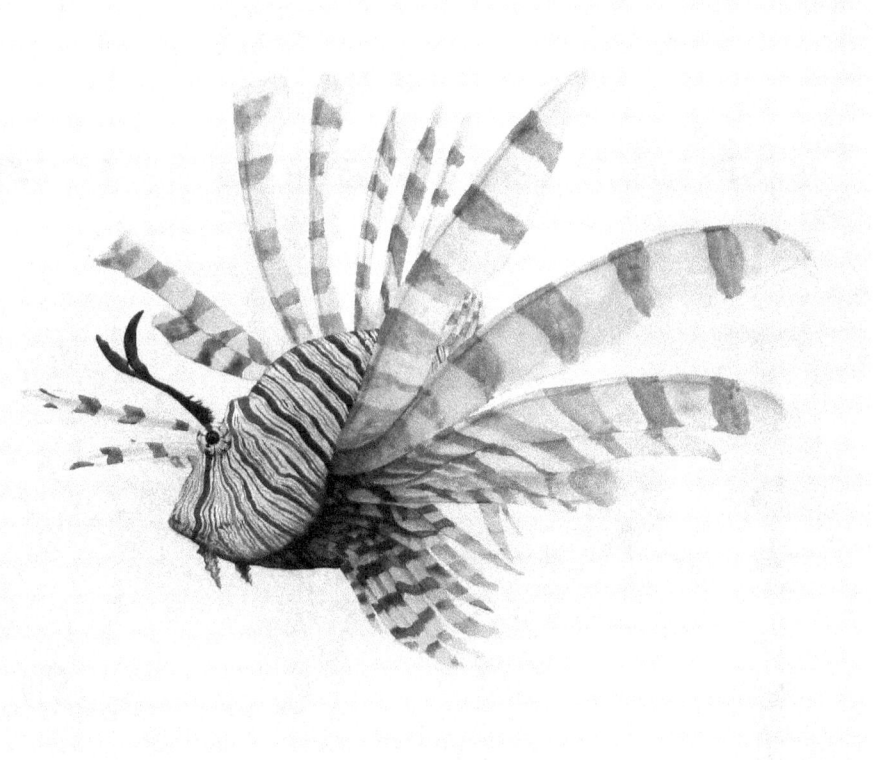

Bild mit einem einzigen (Haupt-)Motiv

1.5.2 Bilder mit mehreren Motiven

Wie bereits erwähnt, entspricht bei einem Bild mit mehreren Motiven ein Objekt dem Hauptmotiv, alle anderen zentralen Objekte entsprechen einem Nebenmotiv. So sieht es die klassische Bildgestaltung vor. Jedoch ist es nicht unbedingt erforderlich, dass das Hauptmotiv stets ein abgrenzbares Objekt darstellt. Dies ist zum Beispiel der Fall, wenn zwei Bäume eng nebeneinanderstehen und somit zu einem Motiv verschmelzen. Gleiches gelingt mit zwei Tieren oder zwei Bauwerken.

Alternativ ist es möglich, ein Hauptmotiv und ein abgegrenztes Nebenmotiv zu einem aussagekräftigen Bild zusammenzufügen. Dies könnte der prächtige Baum sein, der nun aber in der Savanne steht und von einem Tiger umstiegen wird. Bei einem solchen Motiv würde der Baum das Hauptmotiv stellen, während der Tiger als Nebenmotiv ebenso wahrgenommen wird. Beide wirken in der Wahrnehmung des Betrachters unterschiedlich, bilden aber dennoch eine Einheit.

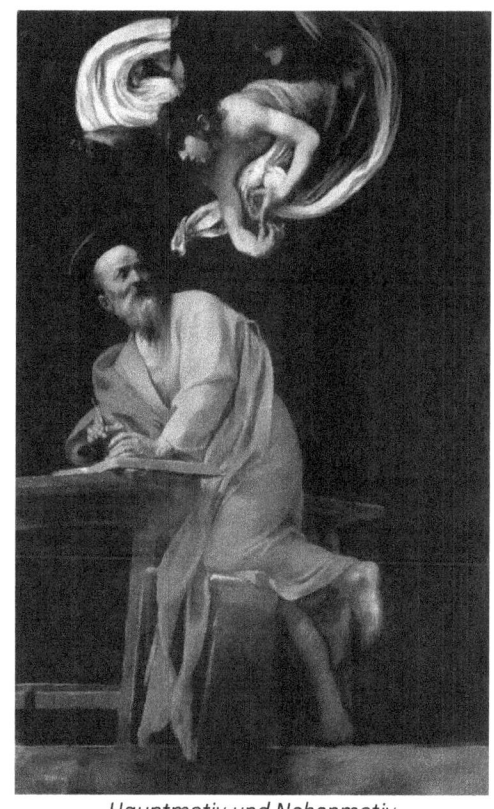

Hauptmotiv und Nebenmotiv
„Matthäus mit dem Engel" (Replikat)
Original: Michelangelo Merisi da Caravaggios, 1602

1.5.3 Bilder ohne Hauptmotiv

Bilder, die ohne ein Hauptmotiv auskommen, erzählen in vielen Fällen eine Geschichte. Dabei kann es sich um Landschaften handeln, um ein Stillleben oder um ein Gemälde, das eine Szene aus dem Alltagsleben abbildet. Bei der Bildgestaltung ist beachten, dass die einzelnen Elemente nicht wahllos platziert werden, sondern einem bestimmten Aufbau folgen. Während das Auge von einem Bildrand zum anderen gleitet wird, sollte im Kopf eine lebendige Fantasie entstehen. Gelingt dies, haben Bilder ohne Hauptmotiv ihre Aussage transportiert.

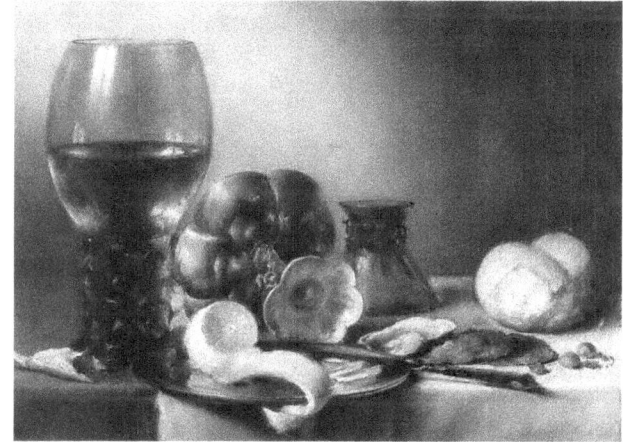

Stillleben ohne eindeutiges Motiv: „Austernfrühstück" – Replikat
Original: Pieter Claesz, 1660

1.6 Ordnungsprinzipien des Bildaufbaus

Die Ordnungsprinzipien, die dem formalen Bildaufbau zugrunde liegen, sind recht einfach. Sie bestimmen die Beziehungen der verschiedenen Elemente des Bildes zueinander. Im Grunde treten diese Bildelemente jedoch nicht einzeln auf. In den allermeisten Gemälden sind sie in sehr komplexer Form vorhanden, was zu Unübersichtlichkeit führt.

Diese Ordnungsprinzipien sind:

Reihung:

Eine Reihung ist die Wiederholung von ähnlich gearteten Bildelementen. Ihr Abstand zueinander ist einheitlich, um sie gleichgerichtet erscheinen zu lassen.

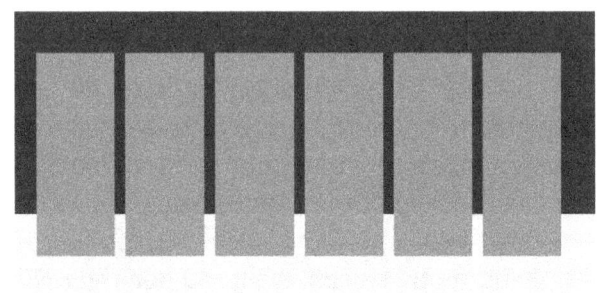

Rhythmus:

Ähnliche oder unterschiedliche Bildelemente werden in Form einer Sequenz mindestens einmal wiederholt oder sind rhythmisch in verschiedener Art und Weise zu finden.

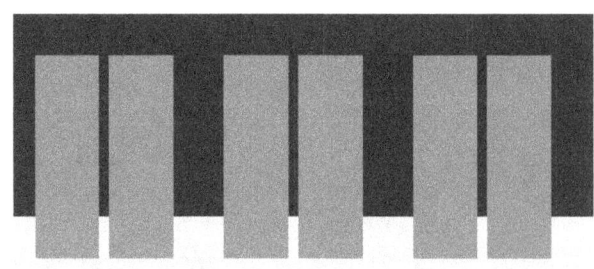

Gruppierung:

Eine Gruppe oder mehrere Gruppen sich gleichender Bildelemente wird in beliebiger Weise auf der Fläche des Bildes positioniert. Das Verhältnis der Anordnung wirkt ausgewogen und jede Gruppe ist als eine Art Einheit erkennbar.

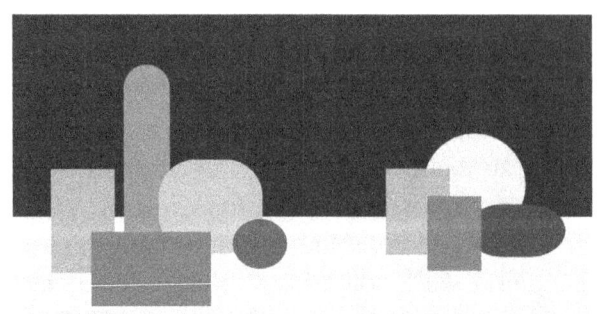

Ballung:

Gleiche oder ähnliche Bildelemente konzentrieren sich in einem Teil der Bildfläche Sie haben einen geringen Abstand zueinander und können sich teilweise überdecken.

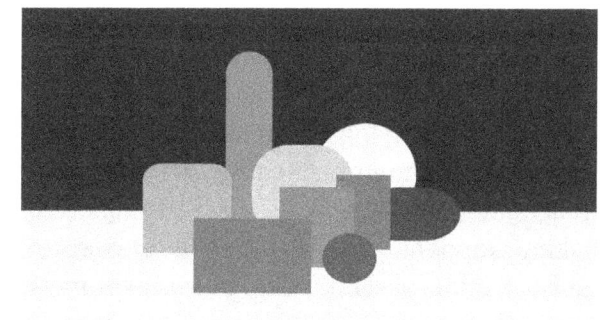

Streuung:

Einzelne unterschiedliche Bildelemente sind in regelmäßigen oder zufällig wirkenden Abständen auf der Bildfläche angeordnet. Die regelmäßige Anordnung lässt eine statische, nicht lebendige Wirkung entstehen, während die unregelmäßige Anordnung dynamisch und lebendig wirkt.

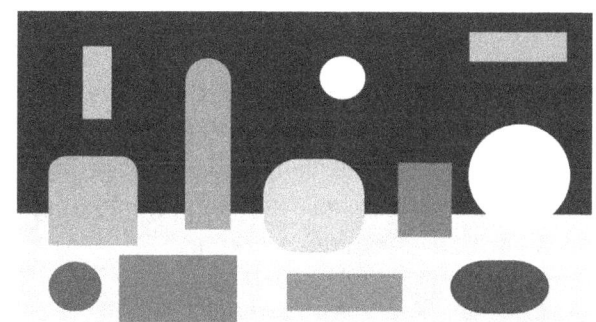

Symmetrie:

Symmetrie entsteht, wenn Bildelemente symmetrisch an einer Achse angeordnet sind. Diese Achse kann horizontal oder vertikal sein aber auch diagonal oder anders schräg im Bild liegen. Es entsteht der Eindruck einer Spiegelung der Elemente und damit eine gewisse Ordnung.

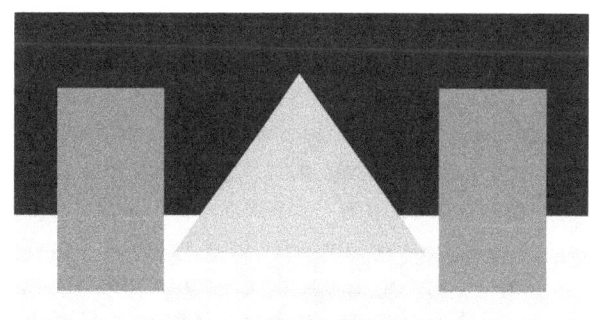

Asymmetrie:

Die verschiedenen Elemente des Bildes werden bewusst unregelmäßig positioniert, so dass keine Symmetrie entsteht. Asymmetrie kann den Eindruck von Lebendigkeit und Spannung hervorrufen.

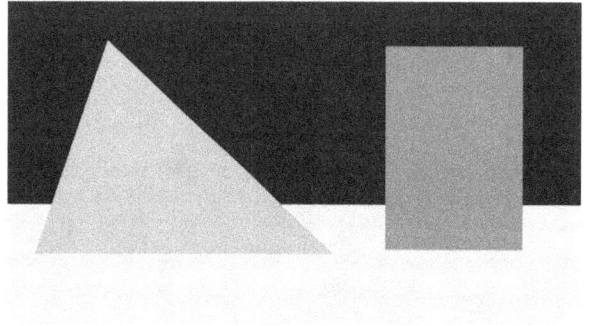

Struktur:

Die Struktur (nicht zu verwechseln mit der Struktur der Oberfläche oder der Struktur im Sinne des Werkzusammenhangs) entsteht durch eine Folge von sich ähnelnden Elementen, die je nach Anordnung eine unruhige aber auch strenge Wirkung haben können. Strukturgebende Elemente sind meist Punkte, Linien oder andere geometrische Muster.

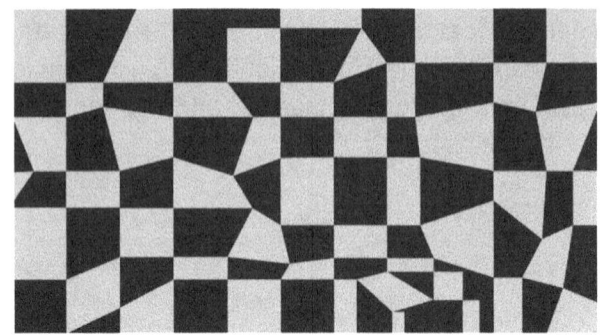

Raster:

Das Raster ist eine Art Sonderform der Struktur. Beim Raster ist die Flächengliederung normgebunden. Punkte oder Linien sind strikt geometrisch oder rhythmisch verteilt und sorgen mit steigender Anzahl für eine unruhige Wirkung.

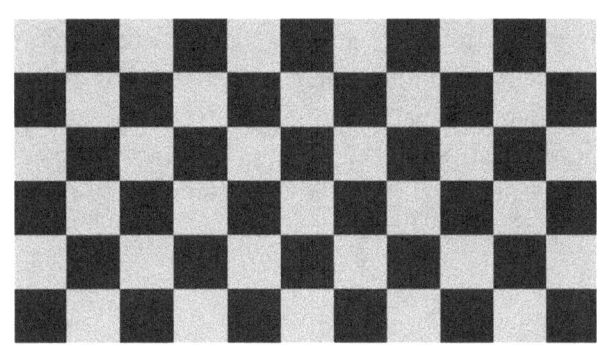

Schwerpunkt:

Ein einziges Bildelement oder wenige Bildelemente werden durch Farbe oder Verdichtung hervorgehoben und bilden somit den Schwerpunkt des Bildes. Je nach Position des Schwerpunktes entstehen unterschiedliche Wirkungen. Eine zentrale Positionierung des Schwerpunktes verringert die Spannung. Ist der Schwerpunkt zu einer Seite hin verlagert, wirkt das Bild weniger ausgewogen aber oft interessanter für den Betrachter.

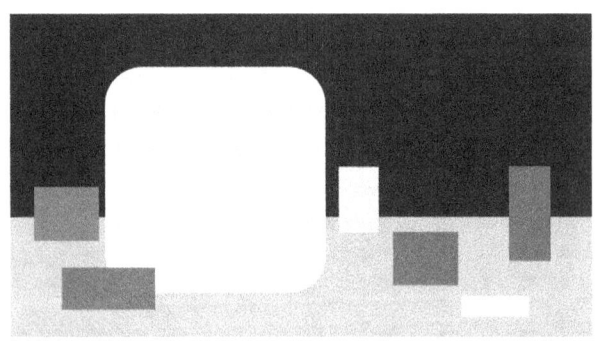

Kontraste:

Kontraste können von gegensätzlichen Elementen hervorgerufen worden. Sie erzeugen Spannung. Kontraste können aus der Form an sich aber auch aus der Quantität, der Qualität und der Richtungsgebung resultieren.

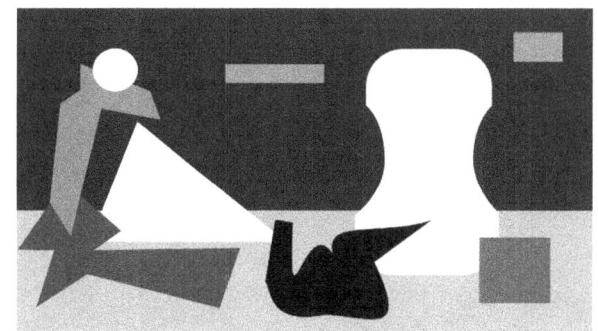

Dynamik:

Durch anschwellende, sich konzentrierende Formen und Elemente kann der Eindruck von Unruhe im Bild hervorgerufen werden. Oft wird mit Hilfe von diagonalen und wellenförmigen Linien, die asymmetrisch und kontrastreich eingesetzt werden, eine besondere Dynamik erzielt.

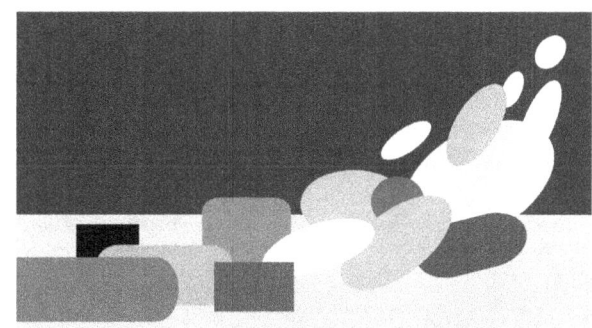

Statik:

Im Gegensatz zur Dynamik wird der Eindruck von Statik durch geschlossene Elemente und klare Formen erzeugt. Hier stechen gerade, senkrechte oder waagerechte Linien heraus, die Ruhe und Unbewegtheit vermitteln.

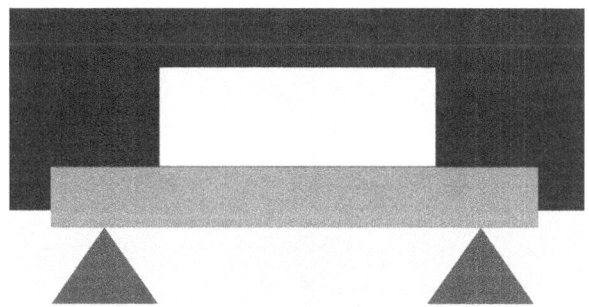

Wahrnehmung & Psychologie

» Einfachheit ist die höchste Form der Raffinesse. «

- Leonardo da Vinci -

2 Wahrnehmung & Psychologie

Warum uns das eine Bild gefällt und ein anderes nicht, liegt in der Art begrünet, wie unser Gehirn das Wahrgenommene verarbeitet. Stets versucht unser Verstand eine Figur zu erkennen, die sich vom Hintergrund abhebt. Diese Funktion war schon immer für unser Überleben unersetzlich. Unter bestimmten Bedingungen erregen Dinge unsere Aufmerksamkeit und können vom Auge fokussiert werden. Schnell wird dadurch Wichtiges von Unwichtigem getrennt. Diese Leistung der Wahrnehmung und Psychologie machen sich Künstler bei der Bildgestaltung und Komposition zunutze. Wer die Funktionen unseres Gehirns versteht, kann sie gezielt einsetzen, um damit bessere Bilder zu verwirklichen. Daher betrachten wir zuerst die Themen *Wahrnehmung und Psychologie*, bevor wir uns der eigentlichen Bildgestaltung zuwenden.

2.1 Psychologische Grundlagen

Die Fokussierung des Sehens ist die psychologische Grundlage für unsere Bildgestaltung. Ganz allgemein spricht man hier von der Aufmerksamkeit, die der Mensch auf eine bestimmte Sache lenken kann. Dies hat zur Folge, dass der Bildteil, der vom Betrachter fokussiert wird, deutlich schärfer und bewusster wahrgenommen wird als der Rest. Grund hierfür ist nicht nur der Aufbau des Auges, sondern auch die kognitiven Prozesse, die sich in unserem Gehirn abspielen. Der Betrachter teilt seine Aufmerksamkeit also zunächst potentiell interessanten Bildelemente zu.

Somit zieht alles, was in der realen Welt nicht existent, außergewöhnlich oder selten ist, den Blick des Betrachters an. Hierfür reichen bereits grelle, unnatürliche Farben. Auch Bildelemente, die sich nennenswert vom Rest des Bildes abheben, gewinnen unsere Aufmerksamkeit. Was dazu führt, dass sich ein Element besonders stark hervorhebt, kann sehr unterschiedlich sein. Zum Beispiel werden helle Objekte schnell wahrgenommen - vor allem, wenn sich diese vor einem dunklen Hintergrund befinden. Auch Farbkontraste wecken die Aufmerksamkeit. Sind in einem Bild deutliche Linien zu erkennen, ist der Betrachter dazu geneigt, diese mit seinem Blick zu verfolgen.
Eine gänzlich andere Methode den Fokus des Bildbetrachters zu leiten, ist die Darstellung von Elementen, zu denen eine emotionale Beziehung besteht. Besonders gut funktioniert das zum Beispiel durch die Abbildung von Menschen bzw. Gesichtern. Sie ziehen den Blick des Betrachters extrem stark an.

Bei den genannten Beispielen handelt es sich lediglich um ein paar einfache Methoden, wie der Künstler die Aufmerksamkeit des Betrachters im Bild steuern kann. In den folgenden Kapiteln wirst Du noch viele weitere Techniken kennenlernen.

2.2 Figur-Grund-Beziehung

Die Figur-Grund-Beziehung beschreibt die Unterscheidung von Vordergrund (Figur) und Hintergrund (Grund) bei der Wahrnehmung unserer Umgebung. Diese Fähigkeit des Menschen ist unerlässlich für das Überleben auf der Erde, da wir nur so unsere Welt und das, was gerade passiert, erkennen und verstehen können. Dabei wird schnell das Relevante aus einer Vielzahl von Eindrücken herausgefiltert, wodurch der Mensch in der Lage ist eine Situation zu beurteilen und entsprechend darauf zu reagieren.

Bei der visuellen Wahrnehmung, dem Sehen, trifft der Mensch jedes Mal die Entscheidung zwischen "Figur" und "Grund": Das als wichtig erkannte kristallisiert sich als Figur aus der räumlichen oder flächigen Umgebung - dem Grund - heraus und hebt sich von dieser ab. Die Figur-Grund-Beziehung leitet sich also her aus dem Bestreben des menschlichen Gehirns, bestimmten Formen bzw. Objekten Bedeutung zuzuweisen.

Dieses Grundwissen der Gestaltpsychologie hilft uns bei der Gestaltung von Bildern. Versteht man die Figur-Grund-Beziehung, dann weiß man auch, wann ein zentrales Motiv als solches erkannt wird und wie man Objekte im Hintergrund verschwinden lassen kann.

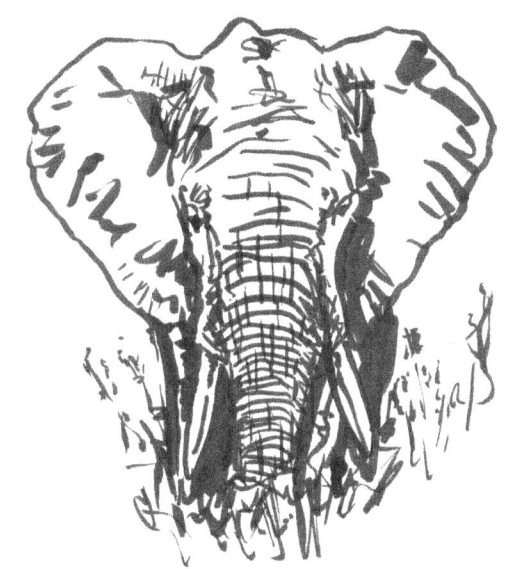

Die Figur vor dem Hintergrund ist in dieser Zeichnung klar zu erkennen

2.2.1 Kriterien der Wahrnehmung

Wenn sich die Helligkeitswerte von hervorgehobener Figur und umgebendem Hintergrund stark unterscheiden, fällt das Herauslösen der relevanten Bildinhalte leichter. Die Figur stellt dann eine prägnante Positivform und der Grund die Negativform innerhalb der Gesamtkomposition dar.

Wenn zwischen den Bildelementen Figur (Vordergrund) und Grund (Hintergrund) jedoch eine Art Balance herrscht, kann der Betrachter nicht eindeutig gewichten: Was der eine als Figur erkennt, sieht ein anderer als Hintergrund an. Oder ein und dieselbe Person wechselt in ihrer Wahrnehmung hin und her und sieht eine Bildkomponente mal als Grund, mal als Figur. Das ist der Fall beim bekannten Rubinschen Becher: Je nachdem ob man beim Blick auf das Bild den Fokus auf die innere Form - ein weißer Kelch - oder die umrahmenden Bildelemente - zwei einander zugewandte schwarze Kopfprofile - richtet, wird jedes wechselweise als Figur bzw. Grund erkannt.

Für Hobbykünstler und Kunstschaffende ergeben sich aus diesem Phänomen wichtige Gestaltungskriterien. Das betrifft Gemälde, Zeichnungen und Fotografie ebenso wie Bildhauerei, kunsthandwerkliche Objekte oder Innendesign. Wenn Du eine ganz eindeutige Bildbotschaft vermitteln willst, solltest Du starke Kontraste bezüglich Figur und Grund setzen. Dem Betrachter erschließen sich eher die hellen und sich optisch abhebenden (konvexen) sowie kleinere Formen als Figur, ebenso symmetrische Bildelemente. Dunklere und größere Flächen erscheinen hingegen meist als Hinter- oder Untergrund. Auch mit asymmetrischen Formen assoziiert der Betrachter eher den Hintergrund.

Mit etwas Erfahrung wird Dir die Umsetzung dieser Prinzipien gelingen und die Aussage Deines Bildes ist für den Betrachter auf den ersten Blick klar.

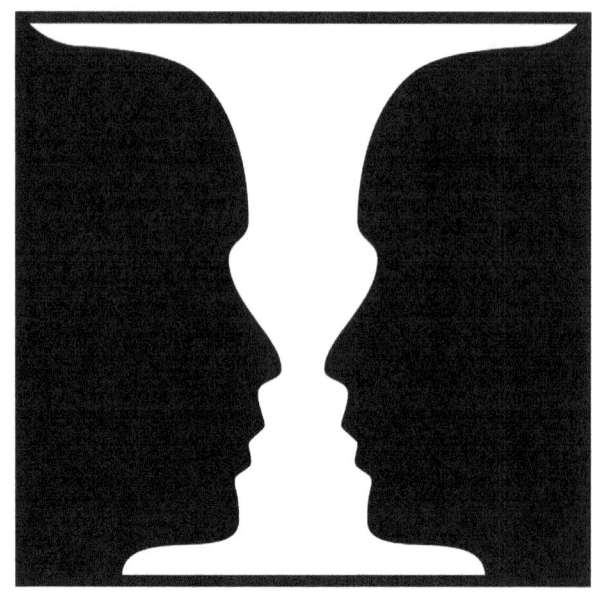

Rubinscher Becher

2.3 Gestaltgesetze

Grundsätzlich ist die Art, wie wir etwas wahrnehmen, sehr individuell. Wenn Du zusammen mit Deinem Partner oder einem Freund ein Bild betrachtest, kann es sein, dass es auf Dich eine ganz andere Wirkung hat als auf Deine Begleitung. Dies stellt Ihr fest, wenn Ihr Euch darüber austauscht. Trotz der individuellen Wahrnehmung gibt es bei der Gestaltung bestimmte Gesetze. Diese betreffen die Form oder die Entwicklung von Elementen. Diese Gesetze werden in der Gestaltungspsychologie festgeschrieben. Dabei handelt es sich um eine Reihe von Gesetzen, die eine sehr unterschiedliche Auswirkung auf ein Element haben können. Gleichzeitig tragen sie jedoch dazu bei, dass Elemente überhaupt entwickelt werden können.

2.3.1 Gesetz der Nähe

Dieses Gesetz besagt, dass zwei oder mehrere Elemente, die sehr dicht beieinanderliegen, gern als ein Element wahrgenommen werden. Dies solltest Du bei der Gestaltung berücksichtigen. Oftmals ist es für die Gestaltung eines ansprechenden Elements sehr wichtig, einen leeren Raum zuzulassen. Das Vollstellen und Ausfüllen des gesamten Bildes mit verschiedenen Elementen ist häufig kontraproduktiv, denn es versperrt den Blick auf das Wesentliche. Reduziere die Komposition lieber auf wenige Elemente, die Du durch die Schaffung von Nähe aneinanderrückst.

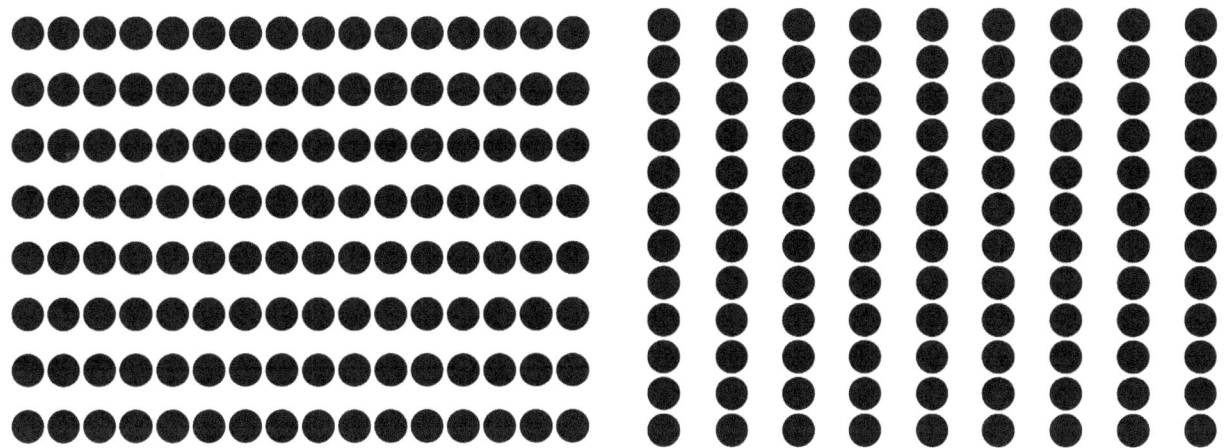

Punkte, die nahe zueinander liegen, werden als zusammengehörend wahrgenommen

2.3.2　Gesetz der Ähnlichkeit

Ähnlichkeiten können auf ganz verschiedene Weise herbeigeführt werden. Elemente sind sich ähnlich, wenn sie die gleiche Farbe, die gleiche Form oder die gleiche Größe haben. Auch in Bezug auf Materialien oder Oberflächen können sich Ähnlichkeiten ergeben. Je Ähnlicher sich die Objekte sind, desto stärker ist auch die Neigung der Gruppierung. Im Gegensatz zum Gesetz der Nähe, erfolgt die Gruppierung durch Ähnlichkeit jedoch auch über größere Distanzen. Wichtig ist aber auch hier, dass das Bild oder der Raum nicht sinnlos überfrachtet wird. Dies würde den Blick vom Wesentlichen ablenken und kann die Aussage des Bildes verzerren.

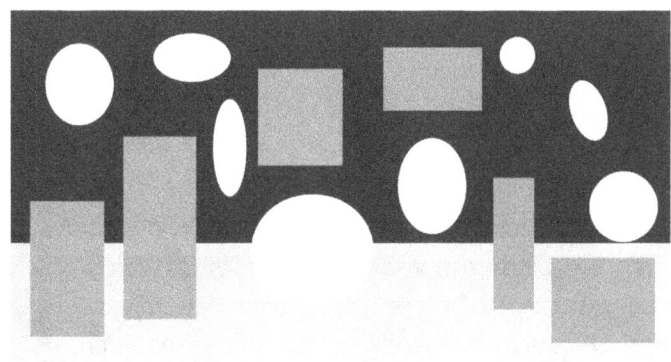

Objekte ähneln sich in Form und Farbe und werden somit als

Gruppe wahrgenommen

2.3.3 Gesetz der Guten Gestalt

Das Gesetz der Guten Gestalt möchte ausdrücken, dass Einfachheit einer komplexen Struktur immer vorzuziehen ist. Aus diesem Grund wird das Gesetz auch gern als "Gesetz der Einfachheit" oder "Gesetz der Prägnanz" bezeichnet. Wenn Du Elemente formst und miteinander auf eine besondere Weise verbindest, solltest Du immer darauf achten, dass diese einprägsame Formen ergeben und nicht zu komplex sind. Entwerfe Elemente, deren Strukturen dem Betrachter bekannt sind. Dann kann er sich leichter mit ihnen identifizieren. Viele Betrachter nehmen Strukturen zuerst in ihrer einfachen Form wahr und erkennen darin eine besondere Aussage. Dies solltest Du bei der Gestaltung von Elementen berücksichtigen.

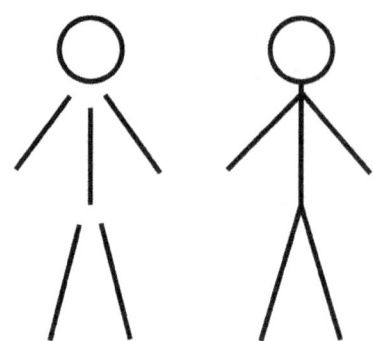

Die Figur links wird weniger schnell als eine Gestalt erkannt als die Figur rechts

2.3.4 Gesetz der Geschlossenheit

Geschlossenheit entsteht dann, wenn ein Objekt einen geschlossenen Umriss aufweist oder mehrere Elemente von einer Linie eingeschlossen werden. Auf diese Weise sind die Objekte optisch zusammengefasst. Sie werden auch dann als zusammengehörig wahrgenommen, wenn sie eigentlich gar nichts miteinander zu tun haben, wenn sie vollkommen unterschiedlich aussehen oder aus weiteren verschiedenen Elementen bestehen. Durch die Umrahmung bringst Du zum Ausdruck, dass Du diese Dinge als eins verstanden wissen möchtest und gibst dem Betrachter auf diese Weise eine ganz bestimmte Richtung vor.

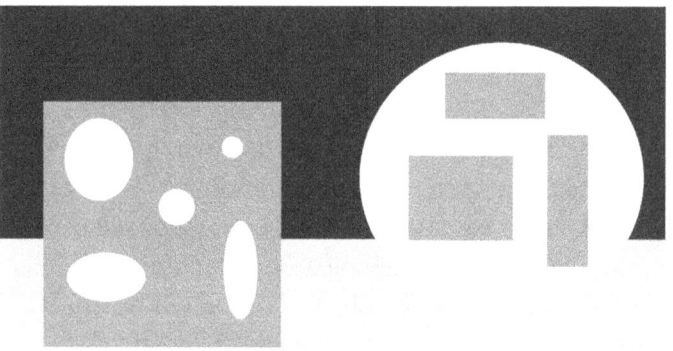

Objekte werden als Gruppe verstanden, wenn sie von einem Umriss umschlossen werden

Auch wenn sich, wie im Beispiel-Bild zu sehen, runde Formen innerhalb einer eckigen Form befinden und zugleich eckige Formen innerhalb einer runden Form, dominiert hier das Gesetz der Geschlossenheit. Die runden Formen werden viel stärker in Bezug zur eckigen Form gesetzt, die diese einschließt. Ebenso verhält es sich mit den eckigen Formen, die von der runden Form umschlossen werden. Das Gesetz der Ähnlichkeit, welches zwischen der großen runden Form und den kleinen runden Formen Bestand hat, tritt in der Komposition zurück.

2.3.5 Gesetz der guten Fortsetzung

Nimmst Du Linien als Elemente in deiner Gestaltung auf, kannst Du davon ausgehen, dass diese Linien vom Betrachter so wahrgenommen werden, als würden sie stets dem einfachsten Weg folgen. Dies ist auch dann der Fall, wenn sich zwei Linien kreuzen. Der Betrachter wird in diesem Falle den geraden Weg in die eine oder in die andere Richtung verfolgen. Er wird jedoch niemals davon ausgehen, dass Du beabsichtigt hast, einen Knick in den Weg einzuarbeiten.

Außerdem müssen Linien nicht vollständig dargestellt sein. Der Betrachter ergänzt kurze Unterbrechungen gedanklich und folgt der gedachten Linie, bis diese fortgesetzt wird. Dabei kann sich eine Linie auch durch entsprechende Anordnung von einzelnen Elementen ergeben.

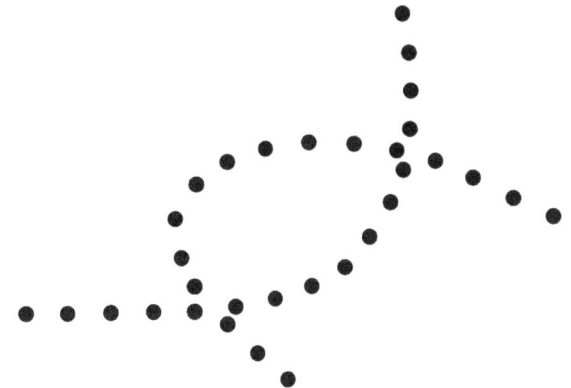

Gedanklich findet eine Fortsetzung von Linien und Linien-artigen Formen statt

2.3.6 Gesetz des gemeinsamen Schicksals

Elemente, die ein gleichartiges Verhalten aufweisen werden nahezu immer als zusammengehörig wahrgenommen. Dies ist der Fall, wenn sich Objekte einheitlich bewegen oder verändern. Ein gutes Beispiel sind Tänzer, die gemeinsam tanzen. Das Individuum tritt in seiner Einzigartigkeit hinter der optischen Gleichheit zurück, weil diese primär wahrgenommen wird.
Besonders stark wirkt das Gesetzt des gemeinsamen Schicksals, wenn sich die Elemente in die gleiche Richtung bewegen und wenn sie die gleiche Form aufweisen.

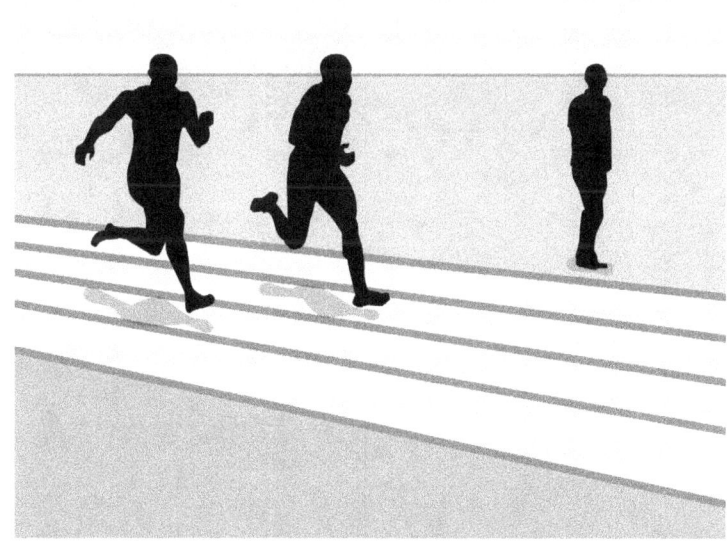

Zwei Läufer teilen sich das gleiche Schicksal und werden als zusammengehörend wahrgenommen,
während ein Mann am Rand als Außenstehender erkannt wird

Methoden zur Bildunterteilung

»Denn die Maler begreifen die Natur und lehren uns sie sehen.«

- Vincent van Gogh -

3 Methoden zur Bildunterteilung

In diesem Kapitel beschäftigen wir uns mit Methoden zur Bildunterteilung. Es handelt sich dabei um eine der wichtigsten Kompositionstechniken, da uns die Bildunterteilung eine enorme Hilfe bei der Bildgestaltung ist. Mit der Unterteilung des Bildgrundes legt man im Prinzip die Grundstruktur des Werks fest. Die hier vorgestellten Methoden helfen dem Künstler dabei eine gelungene Komposition zu schaffen, die ausgewogen oder auch spannungsreich wirken kann. Dabei sollte man sich jedoch stets darüber bewusst sein, dass die beschriebenen Techniken lediglich Orientierungshilfen sind. Es handelt sich weder um Allheilmittel, noch gibt es eine Garantie dafür, dass am Ende ein gutes Bild entsteht.

3.1 Symmetrie – Mittellinien & Diagonalen

Bei der Bildkomposition mit Hilfe von Mittelachsen wird das Bild jeweils in zwei gleichgroße Hälften aufgeteilt. Die Mittelachsen können einzeln oder auch gemeinsam eingesetzt werden. Die Diagonalen erstrecken sich von einer Ecke des Bildes zur anderen.

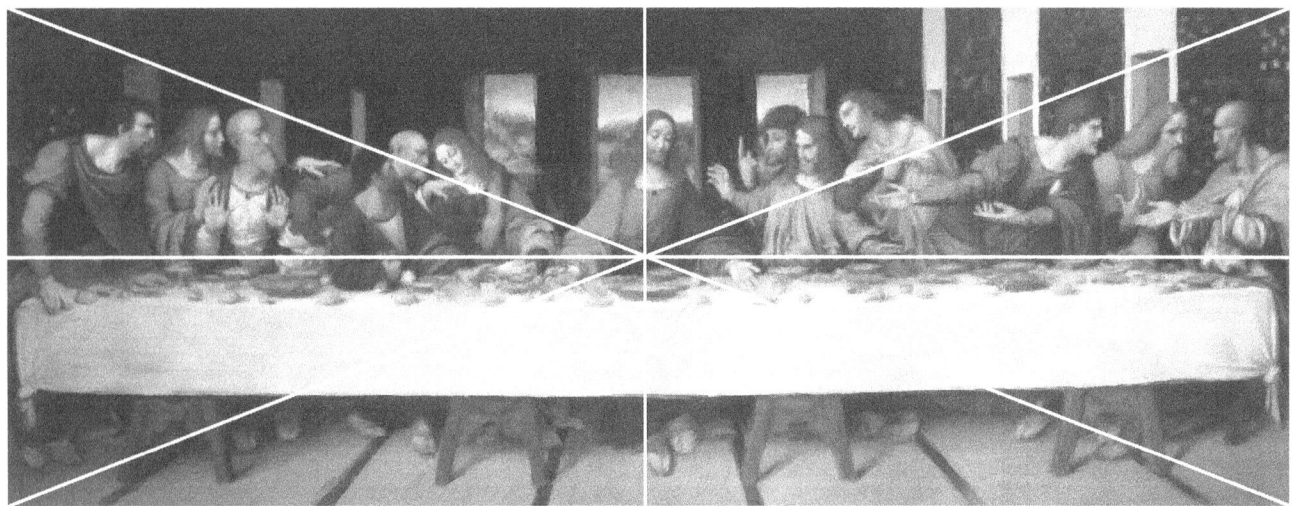

Im Bild „Das Abendmahl" (Replikat) findet man einen relativ symmetrischen Bildaufbau

Original: Leonardo da Vinci, 1494 bis 1497

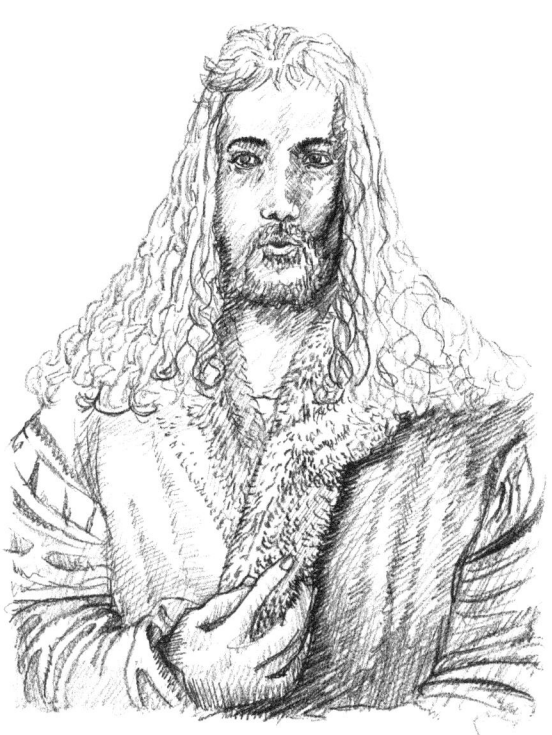

Symmetrie im Selbstportrait von Albrecht Dürer
(Bleistiftzeichnung / Replikat)

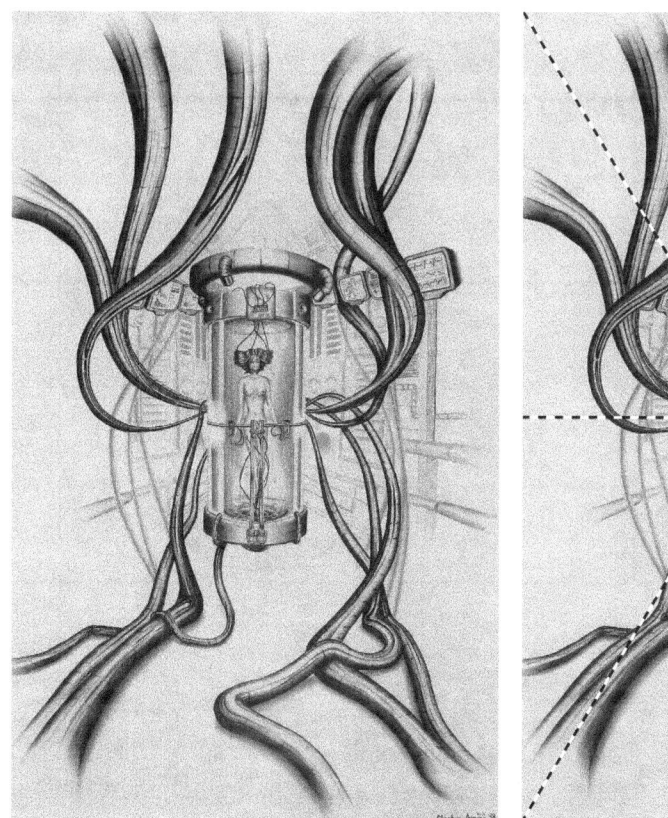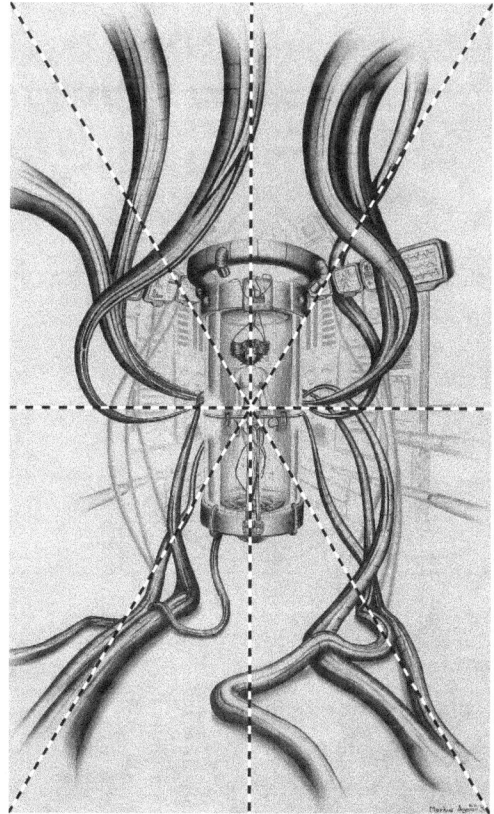

Die Bildkomposition des Bildes „Mensch & Maschine" erfolgte anhand von Mittellinien und Bilddiagonalen

Die Bildkomposition mit Hilfe von Mittelachsen und Bilddiagonalen wurde gerne in der Renaissance eingesetzt, da Gemälde in dieser Zeit oft symmetrisch aufgebaut wurden. Heutzutage wird die Methode eher selten verwendet, da sich die Ansicht durchgesetzt hat, dass man das Hauptmotiv nicht mittig platzieren sollte.

Die sogenannte Diagonalmethode, die wir als eine der nächsten Kompositionstechniken kennenlernen, unterscheidet sich vom hier beschriebenen Einsatz der Hauptdiagonalen.

3.2 Der Goldenen Schnitt

Beim Goldenen Schnitt handelt es sich um ein Hilfsmittel zur Bildunterteilung anhand eines definierten Verhältnisses. Anhand der Linien, die sich daraus ergeben, können Bildobjekte ausgerichtet werden. Die Unterteilung kann dabei sowohl vertikal als auch horizontal eingesetzt werden. Zudem kann die Unterteilung so erfolgen, dass das gesamte Bild in neun Rechtecke untergliedert wird. Auch die Schnittpunkte, die sich hierbei ergeben, können zur Ausrichtung von Bildobjekten verwendet werden.

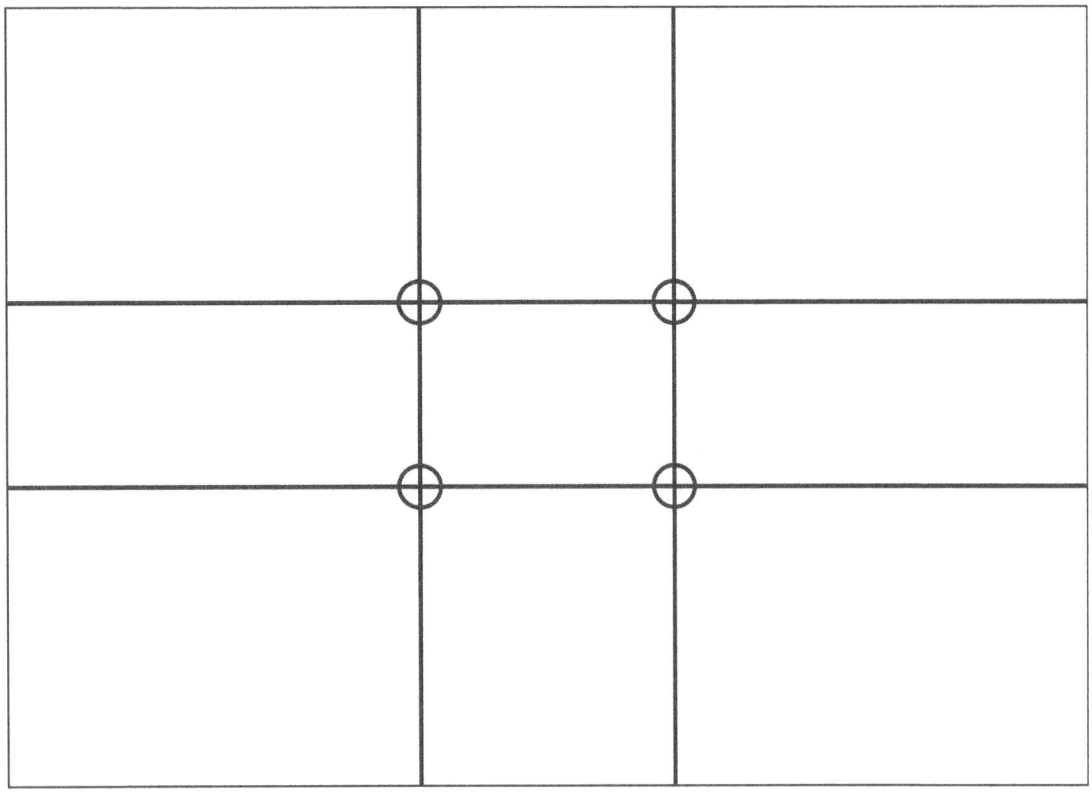

Goldener Schnitt mit Schnittpunkten

Die Orientierung anhand dieser Linien und Schnittpunkte kann dabei helfen eine harmonische Bildkomposition zu kreieren. Allerdings stellt der Goldene Schnitt niemals eine Garantie für das Entstehen eines guten Bildes dar. Er ist – neben vielen anderen Gestaltungstechniken – ein reines Hilfsmittel, dessen Gebrauch auch Erfahrung bedarf.

3.2.1   Den Goldenen Schnitt anwenden

Die Unterteilung nach dem Prinzip des Goldenen Schnitts erfolgt mittels folgender Formel:

$$\frac{a+b}{a} = \frac{a}{b} \quad oder \quad \frac{a}{a+b} = \frac{b}{a}$$

Betrachtet man die gesamte Länge einer Seite als 100%, ergeben sich daraus die Einzellängen von a=61,8% und b=38,2%.

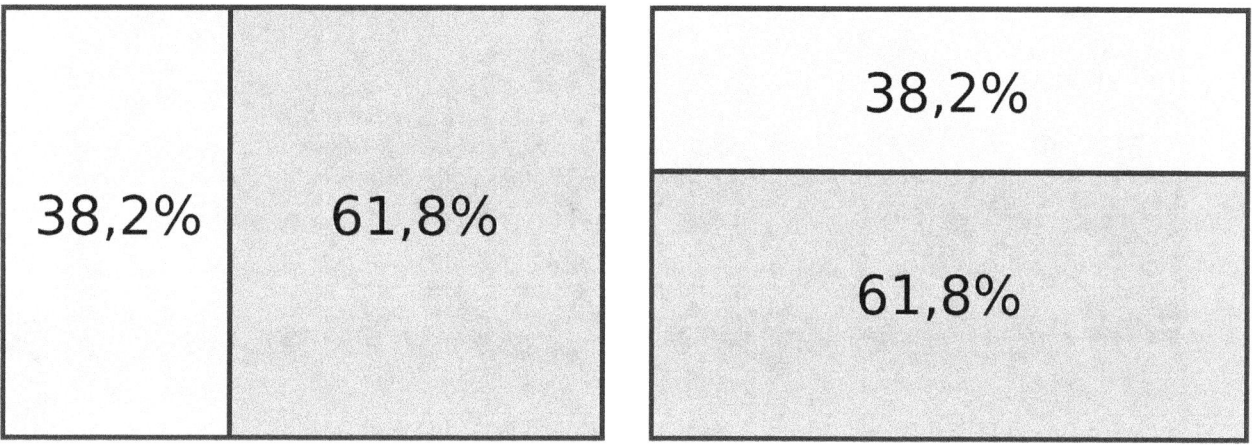

Einteilung nach dem Goldenen Schnitt

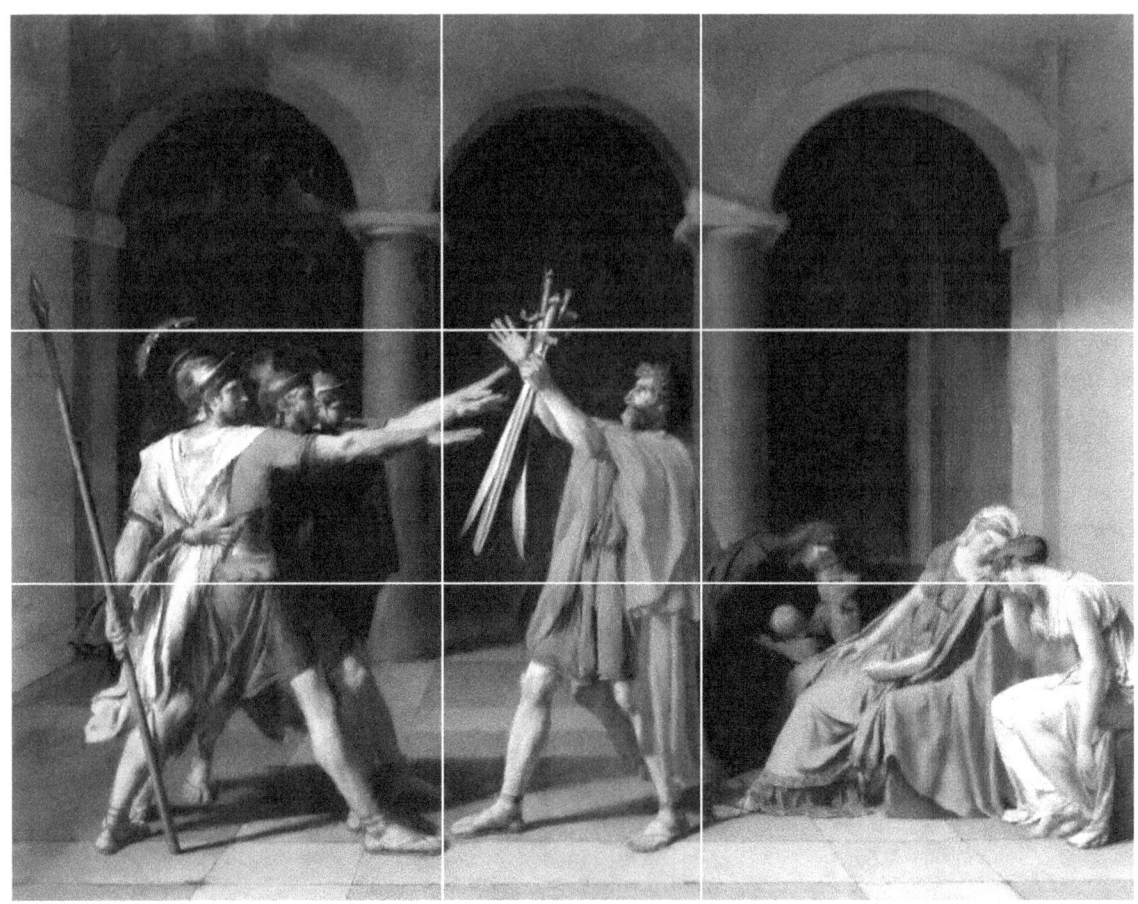

Deutlicher Einsatz des Goldenen Schnitts im Gemälde „Der Schwur der Horatier" (Replikat)
Original: Jacques-Louis David, 1784

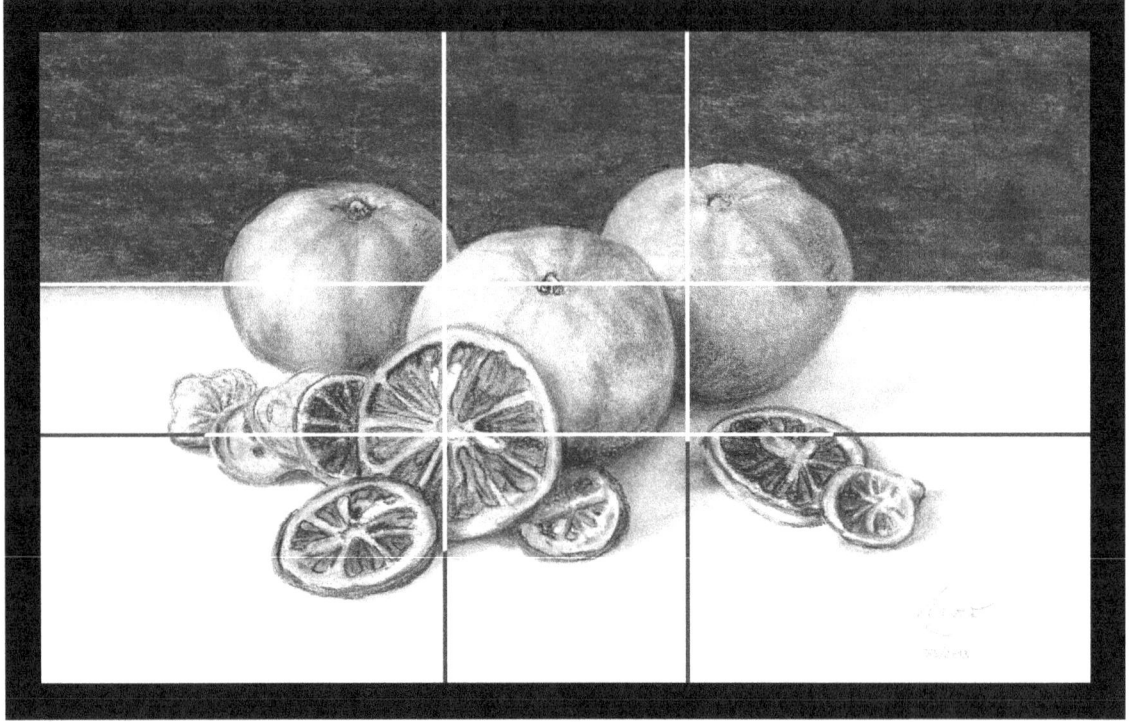

Objekte und Tischkante wurden mit Hilfe des Goldenen Schnitts ausgerichtet

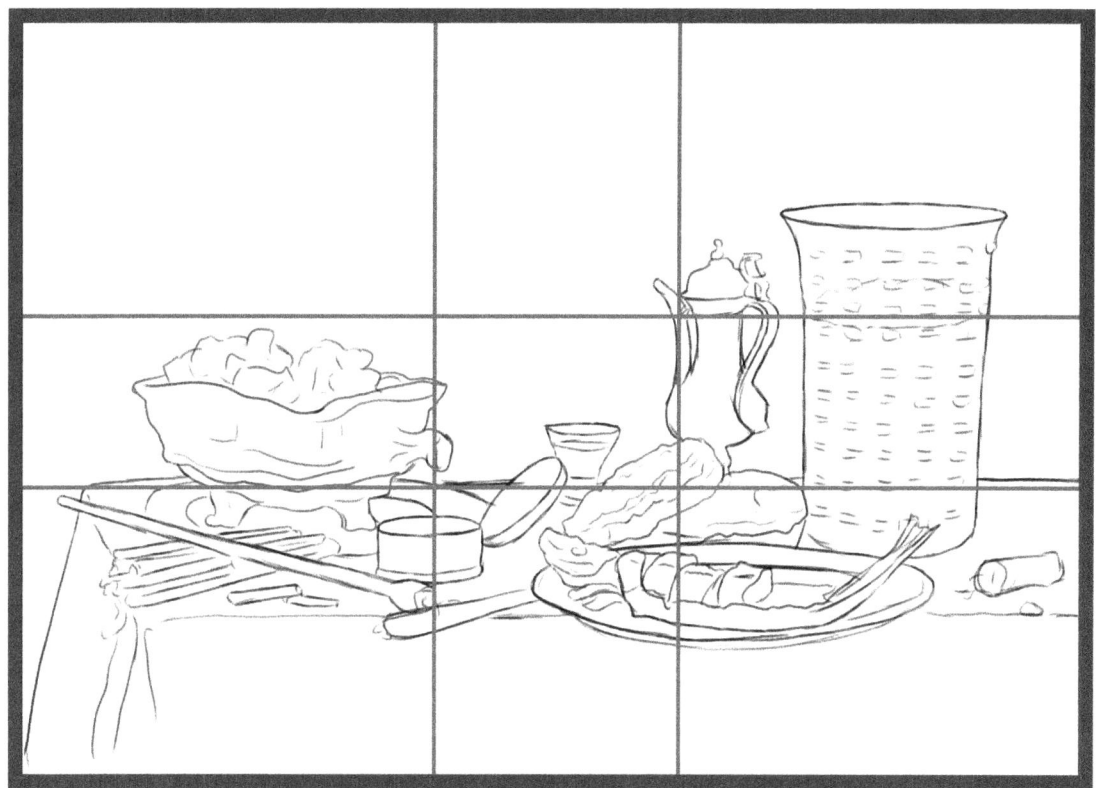

Bildobjekte und Tischkante orientieren sich am Goldenen Schnitt
Skizze eines Stilllebens von Pieter Soutman

Bemerkenswert ist, dass die Orientierung nach dem Verhältnis des Goldenen Schnitts aus der Natur stammt und immer wieder bei natürlichen Formen anzutreffen ist. Vermutlich wird aus diesem Grund eine Teilung nach dem Goldenen Schnitt vom Menschen als besonders harmonisch empfunden.

Beispiele für das Vorkommen des Goldenen Schnitts in der Natur sind die Maße eines Efeublatts oder auch die Anordnung von Blättern bei verschiedenen Pflanzen. Hier spricht man außerdem vom sogenannten goldenen Winkel, der ca. 137,5° beträgt.

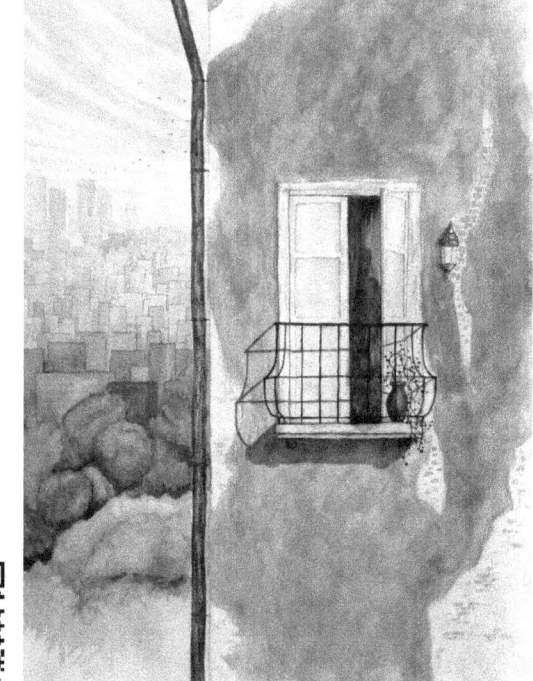

Bildkomposition mit Hilfe des Goldenen Schnitts

3.2.2   Die Goldene Spirale

Häufig hört man auch den Begriff der Goldenen Spirale. In diesem Zusammenhang fällt auch oft die Bezeichnung „Fibonacci-Folge". Bei der Fibonacci-Folge handelt es sich um eine unendliche Folge von Zahlen, bei der sich die jeweils folgende Zahl durch Addition ihrer beiden vorherigen Zahlen ergibt (0, 1, 1, 2, 3, 5, 8, 13, 21, …).

Die Goldene Spirale entsteht, wenn man Quadrate aneinanderreiht, deren Seitenlänge den Zahlen der Fibonacci-Folge entsprechen. In jedem dieser Quadrate wird dann ein Viertelkreis eingezeichnet, sodass sich eine Spirale ergibt. Die dabei entstehenden Rechtecke weisen eine Unterteilung im Verhältnis des Goldenen Schnitts auf. Somit hat die Fibonacci-Folge eine Verknüpfung mit dem Goldenen Schnitt. Im folgenden Bild ist das Prinzip dargestellt.

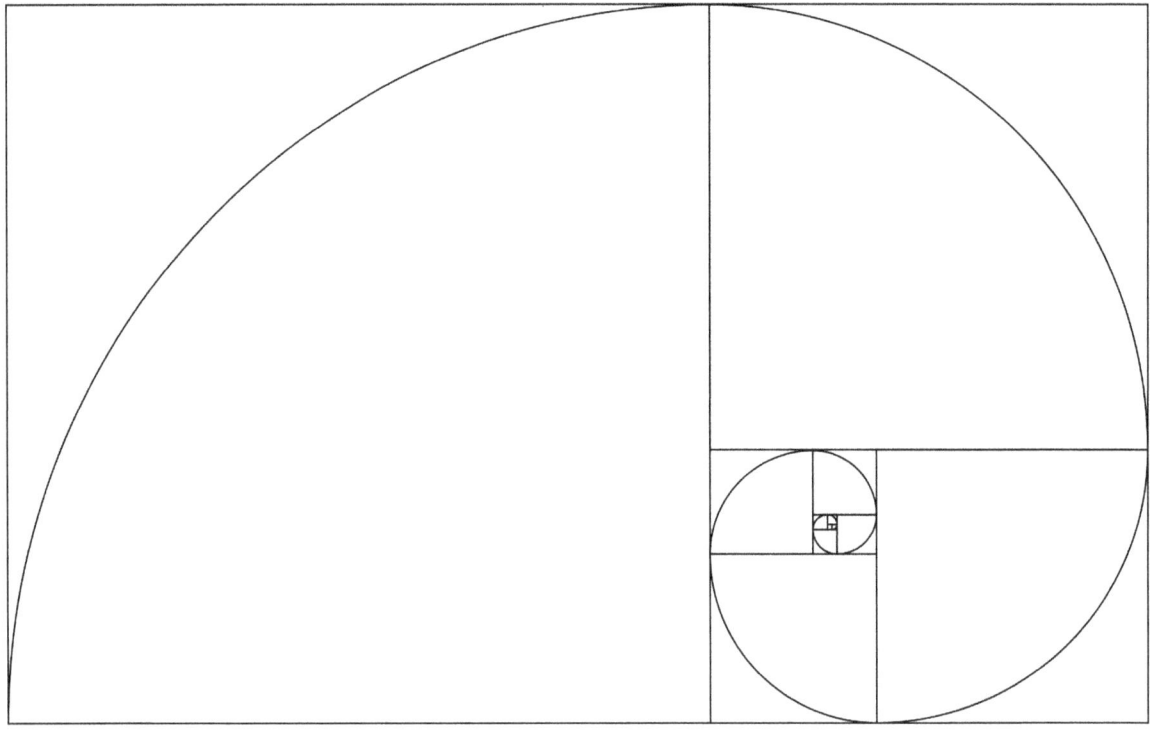

Die Goldene Spirale

Die Goldene Spirale kann als Hilfsmittel für einen harmonischen Bildaufbau verwendet werden, indem man zum Beispiel einen wichtigen Punkt ins Zentrum der Spirale setzt. Ein typisches Beispiel hierfür ist das Auge einer porträtierten Person. Doch wie auch beim Goldenen Schnitt kann die Goldene Spirale niemals ein Garant für eine gelungene Bildkomposition sein.

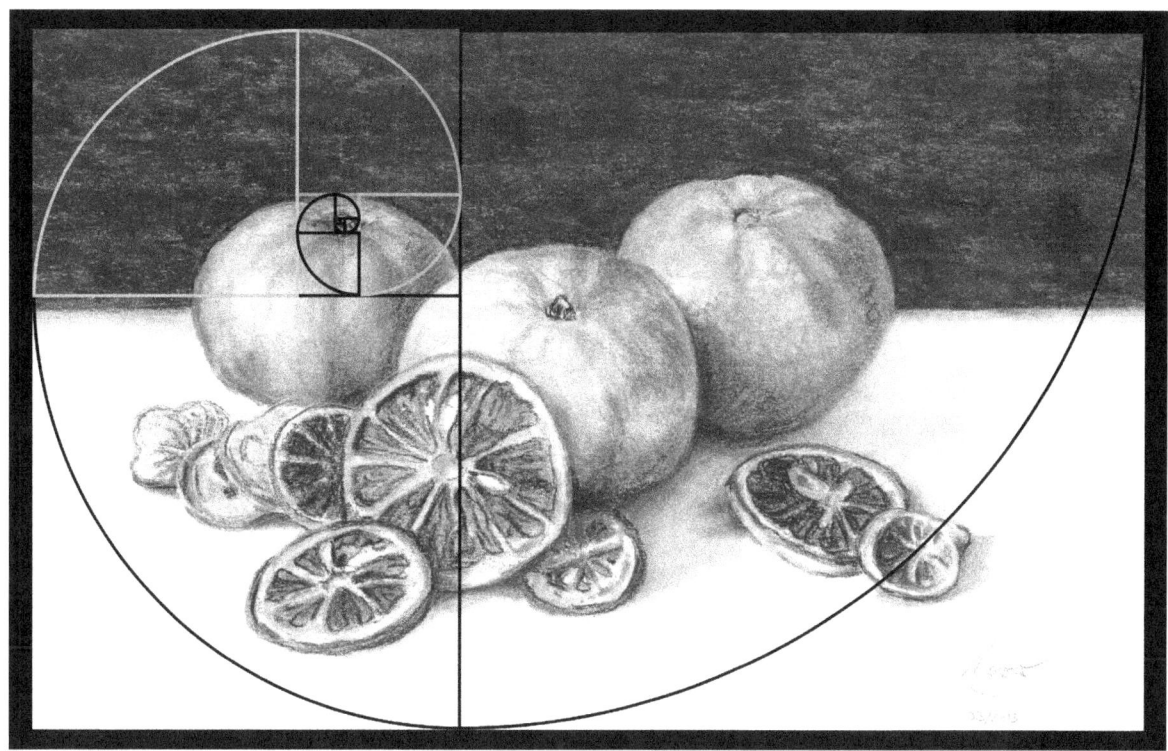

Anwendung der Goldenen Spirale bei einem Stillleben

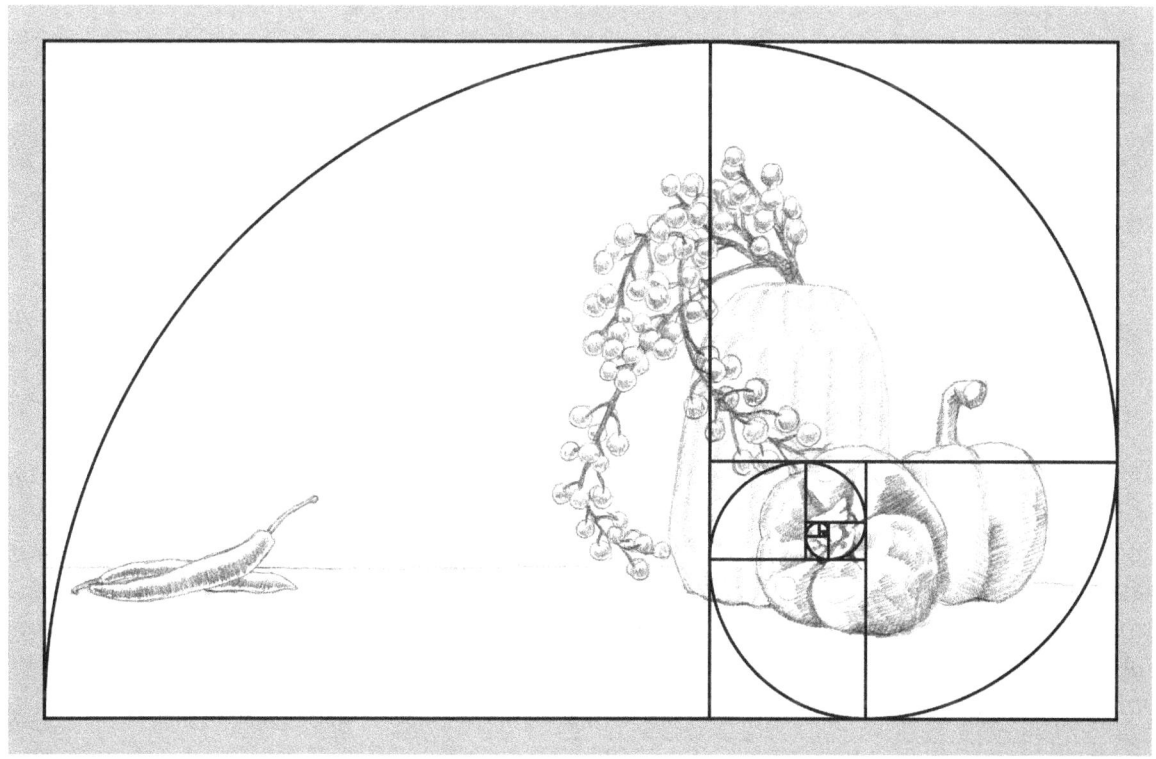

Anwendung der Goldenen Spirale bei einem Stillleben

3.3 Drittelregel

Die Drittelregel ist eine Kompositionshilfe, die sich an die Bildunterteilung nach den Regeln des Goldenen Schnitts anlehnt. Die Drittelregel ist vor allem aus der Fotografie bekannt, spielt jedoch auch in anderen Bereichen der bildenden Kunst eine große Rolle. Wie es der Name schon sagt, wird das Bild imaginär in drei gleichgroße Teile eingeteilt. Diese Drittelung kann sowohl horizontal als auch vertikal erfolgen. Alternativ ist es üblich, sich das Bild direkt in neun gleiche Felder zu unterteilen, die bei der Gestaltung sehr hilfreich sind. Dabei ergeben sich zudem Schnittpunkte zwischen den Unterteilungslinien, die ebenfalls als Kompositionshilfe eingesetzt werden können. Mit diesen Hilfsmitteln ist es möglich, stimmig wirkende Werke zu schaffen und den Betrachter an die optische Gestaltung zu binden.

Beachte bei der Anwendung der Drittelregel jedoch unbedingt, dass die Drittelregel – anders als es der Name versprechen mag – keine festgeschriebene Regel ist, sondern eher eine Gestaltungshilfe. Die Anwendung dieser Methode ist kein Garant für eine ansprechende Komposition.

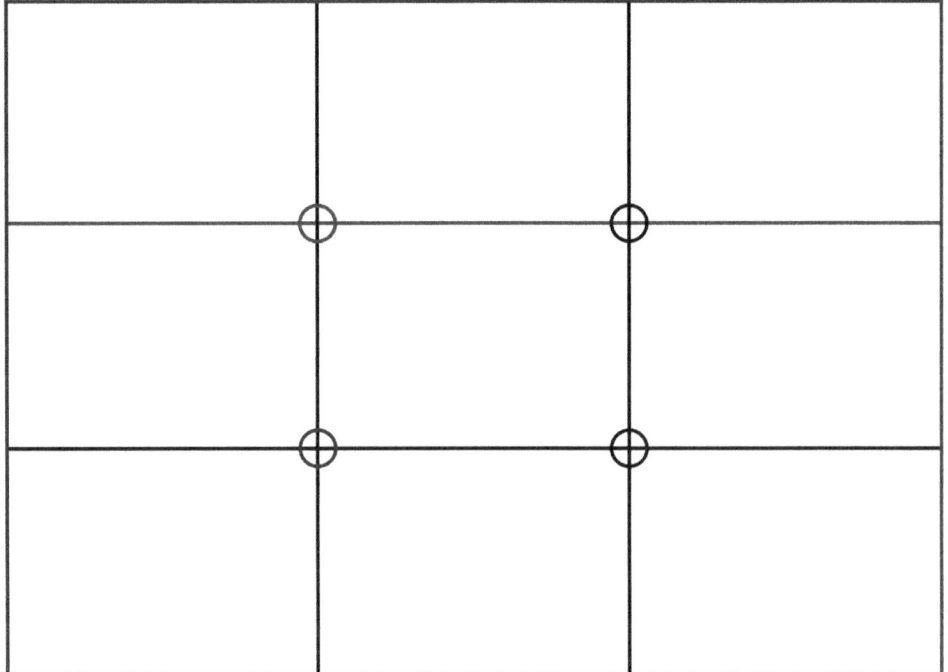

Drittelunterteilung mit Schnittpunkten

Die Drittelregel ist sehr einfach zu verstehen und anzuwenden. Aus diesem Grund eignet sie sich nicht nur für Profis, sondern vor allem für Einsteiger, die sich nicht intensiv mit der Bildgestaltung beschäftigen möchten. Ziel dieser Regel ist es vor allem zu vermeiden, dass das Hauptmotiv im Zentrum des Bildes platziert wird, da dies in der Regel langweilig und statisch wirkt. Orientiert man sich an den Linien und Schnittpunkten der Drittelunterteilung, kann man deutlich ansprechendere Kompositionen schaffen. Auf diese Art gestaltete Bilder wirken auf den Betrachter deutlich angenehmer und interessanter, als wenn sich die Hauptaussage oder der Schwerpunkt des Motivs in der Mitte befindet.

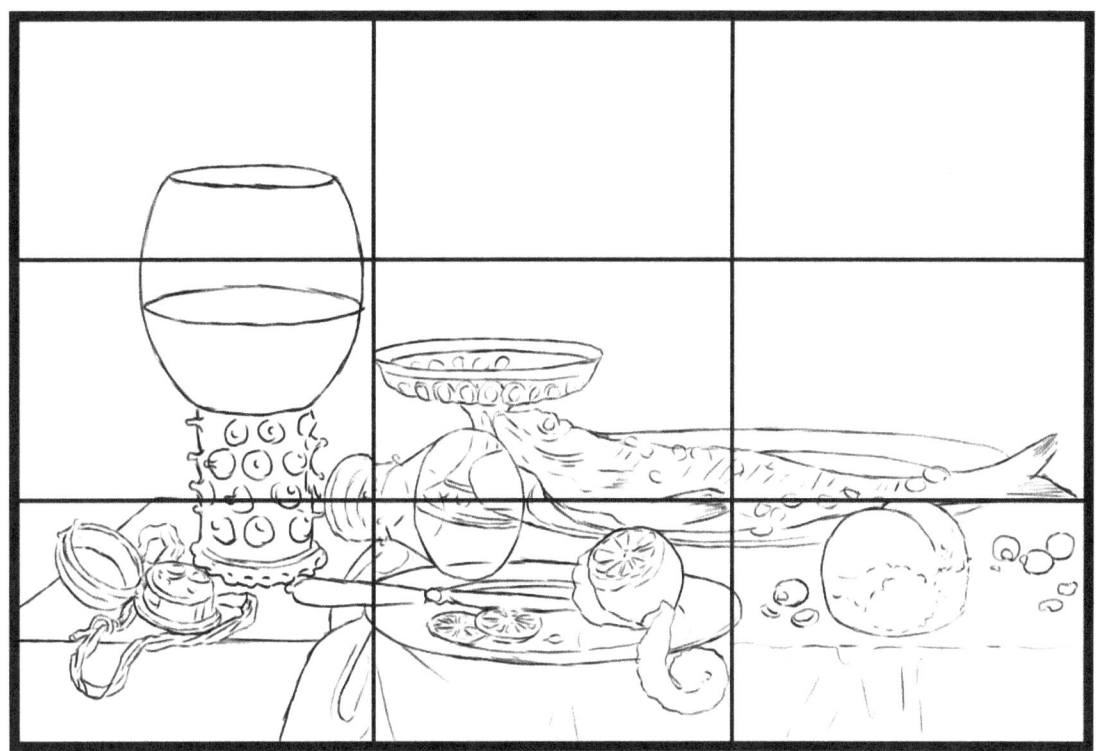

Drittelregel erkennbar in einem Stillleben
Skizze eins Gemäldes von Willem Claesz Heda

Du kannst die Drittelregel ohne weitere Hilfsmittel einsetzen. Wenn Du möchtest, kannst Du Dir die Unterteilungslinien jedoch auch vorher auf dem Papier skizzieren. Das Bild in der Regel jedoch nicht in drei, sondern in neun Teile geteilt. Mit dieser Hilfestellung orientierst Du Dich bei der Platzierung Deines Motivs an den Unterteilungslinien. Die Mitte sparst Du aus, oder platzierst dort Elemente, die nicht oder nur zweitrangig in die Bildgestaltung einfließen sollen.

Stelle sicher, dass Du die wichtigsten gestalterischen Elemente eher an die Seite verschiebst. Dabei ist es jedoch wichtig, dass Du sie nicht zu sehr an den Rand drängst. Wie schon erwähnt, können auch die vier entstehenden Schnittpunkte zur Bildgestaltung eingesetzt werden. Oft wirkt es sehr ansprechend, wenn markante Elemente der Bildkomposition auf diesen Punkten liegen.

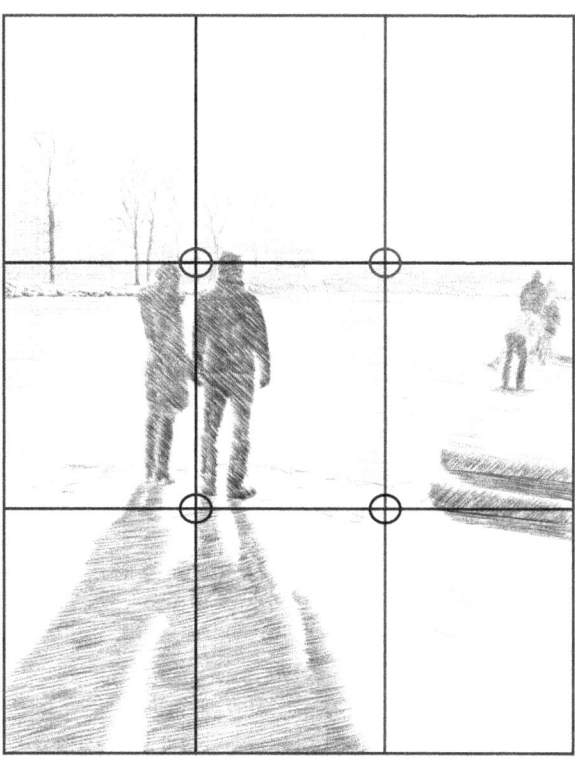

Hauptaugenmerk des Bildes liegt auf dem Schnittpunkt
oben links

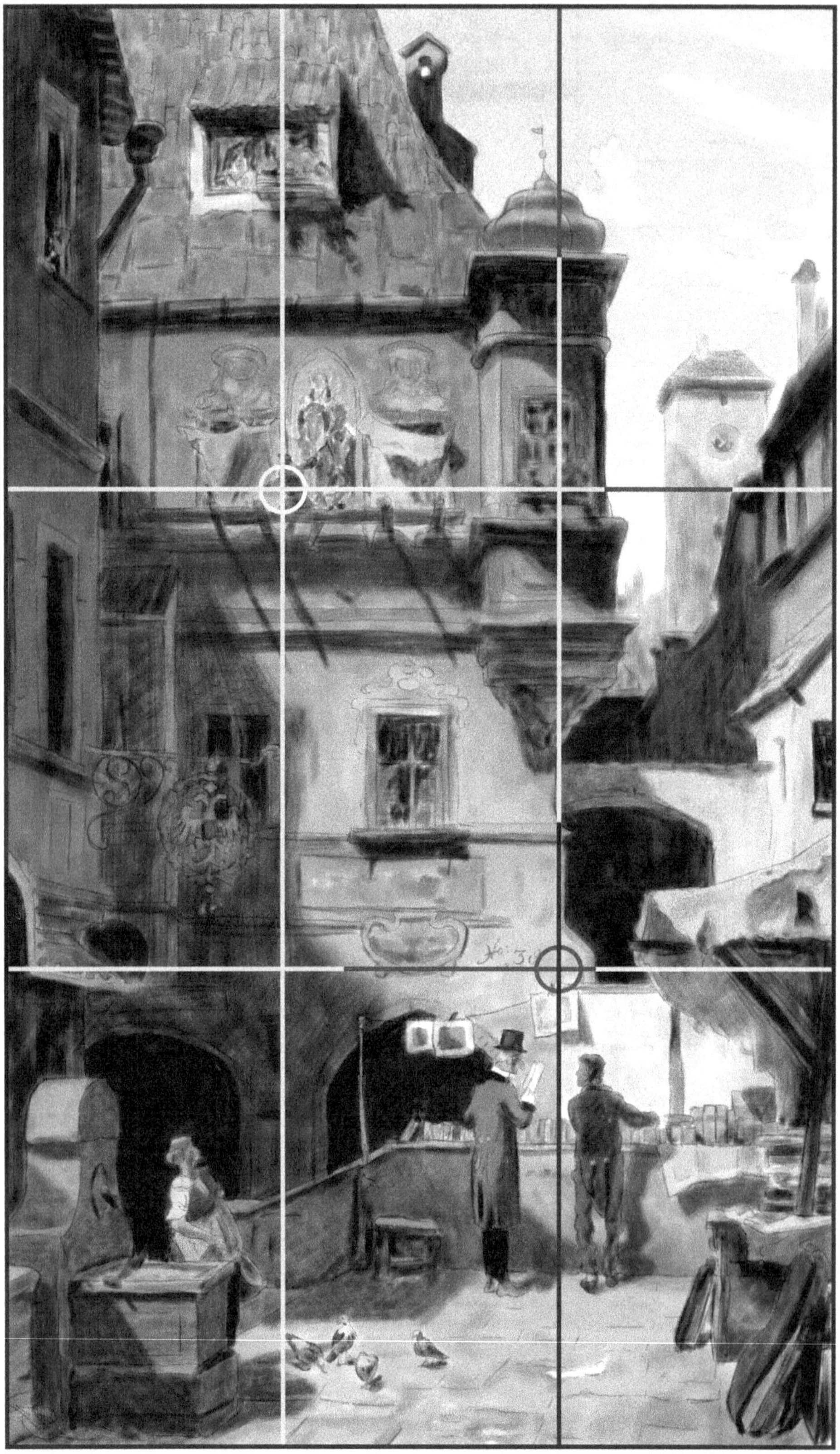

Der Maler links oben und ein aufgehängtes Bild rechts unten liegen auf Schnittpunkten
Bild „Kunst und Wissenschaft" (Replikat) / Original: Carl Spitzweg, 1880

3.3.1   Unterteilung von Bildebenen

Häufig wird die Drittelregel eingesetzt, um die Komposition in die drei Bildebenen Vordergrund, Mittel-bereich und Hintergrund zu unterteilen. Ein wunderbares Beispiel hierfür sind Landschaftsbilder, bei denen diese Ebenen dem nahen Bereich, dem fernen Bereich und dem Himmel zugeordnet werden. So sieht man bei Landschaftsbildern oft auch eine Unterteilung, bei der entweder zwei Drittel Erde und ein Drittel Himmel oder umgekehrt ein Drittel Erde und zwei Drittel Himmel zu sehen sind.

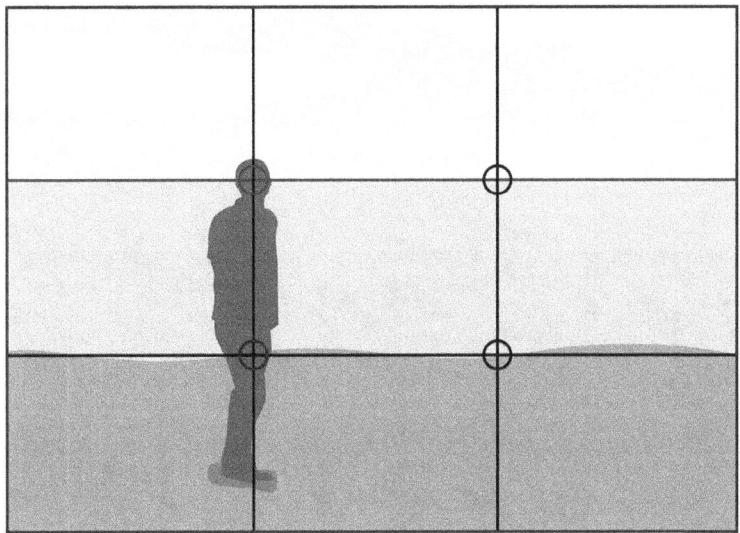

Drittelunterteilung in Vorder-, Mittel- und Hintergrund – zwei Drittel sind Erde

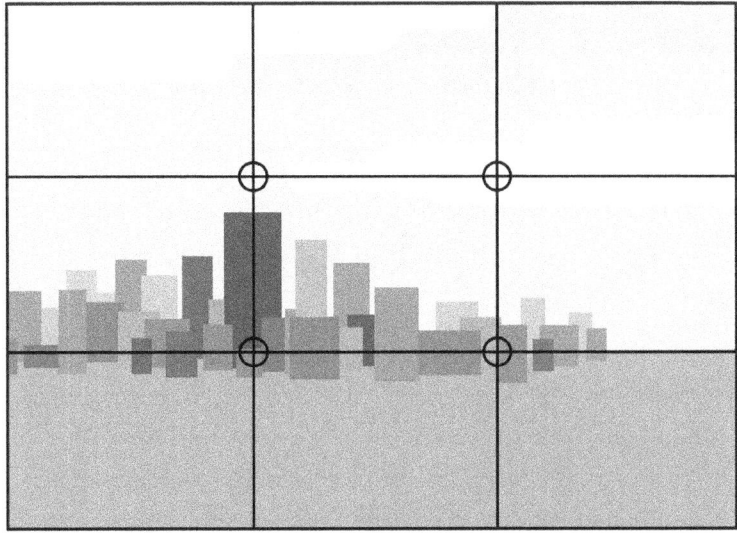

Drittelunterteilung - zwei Drittel sind Himmel

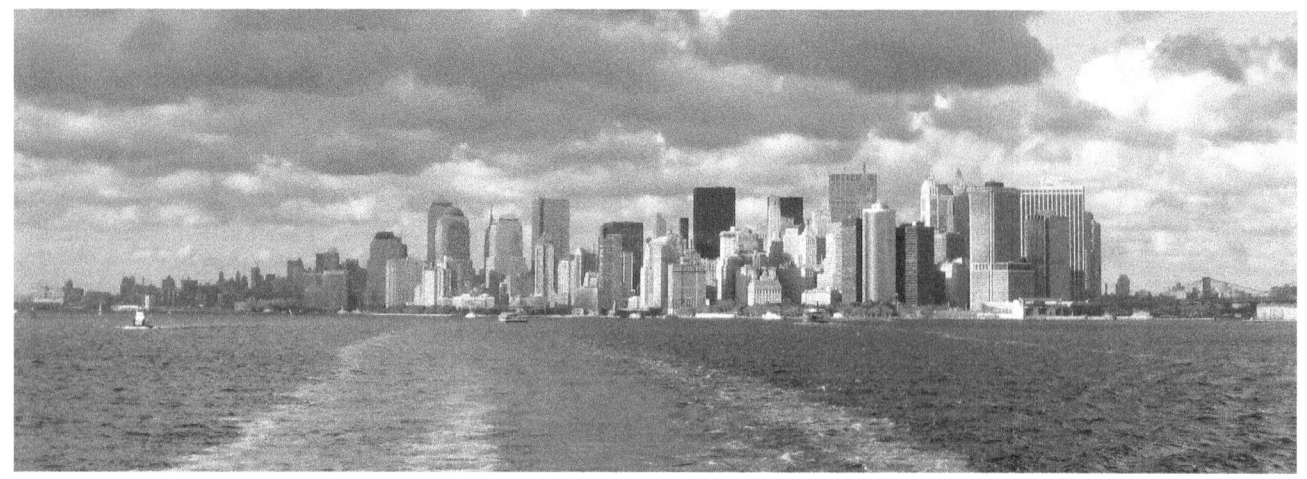

Landschaftsbild – Skyline von New York

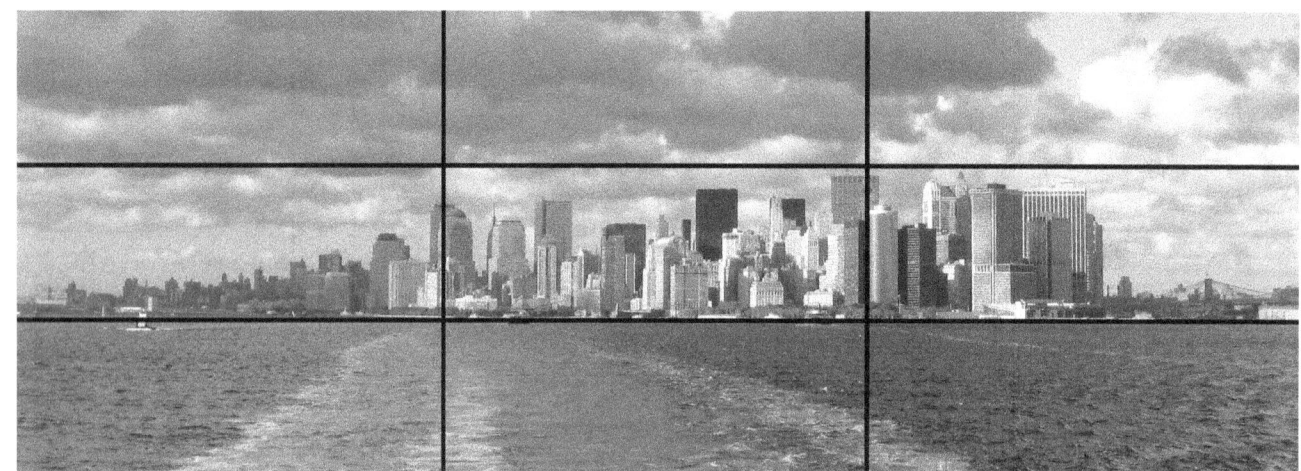

Das gleiche Bild mit dargestellten Drittellinien

3.3.2 Bild-Auswahl und -Optimierung - Beispiel

Im folgenden Beispiel wollen wir ein Stadtbild gestalten. Bevor wir mit dem Malen beginnen, gilt es die ideale Fotovorlage auszuwählen. Zur Wahl stehen zwei unterschiedliche Aufnahmen der gleichen Stadtszene. Vergleiche die beiden Aufnahmen und mach Dir ein paar Gedanken darüber, welches Bild sich aus gestalterischer Sicht besser eignet.

Bild 1:
Das große Gebäude ist im ersten Bild nicht im Fokus. Dadurch rückt eher die Szene auf dem Platz rechts von dem Gebäude in den Bereich der Aufmerksamkeit. Hier ist jedoch kein besonderes Motiv zu erkennen. Die Bildkomposition wirkt dadurch etwas unausgewogen und inhaltslos.

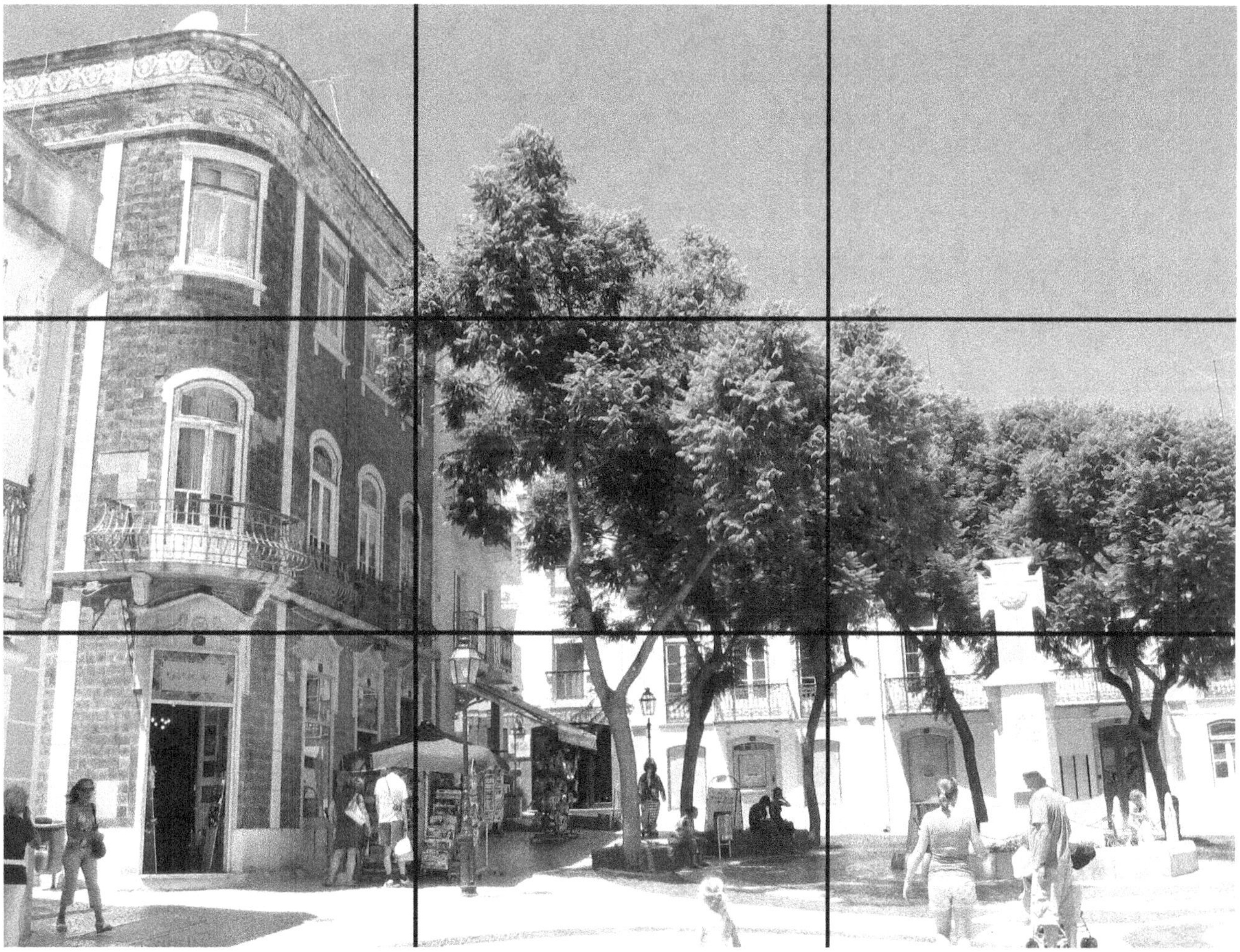

Fotovorlage 1

Bild 2:

Im zweiten Bild ist das Gebäude weiter in Richtung Bildmitte gewandert. Dadurch tritt es als das eigentliche Motiv bzw. als Eyecatcher hervor. Auf dem Platz im Vordergrund sind einige Personen verteilt, was das Bild noch interessanter macht. Insgesamt wirkt die Komposition des zweiten Bildes stimmiger und ausgewogener, daher wurde dieses Foto verwendet und in einem Ölgemälde umgesetzt.

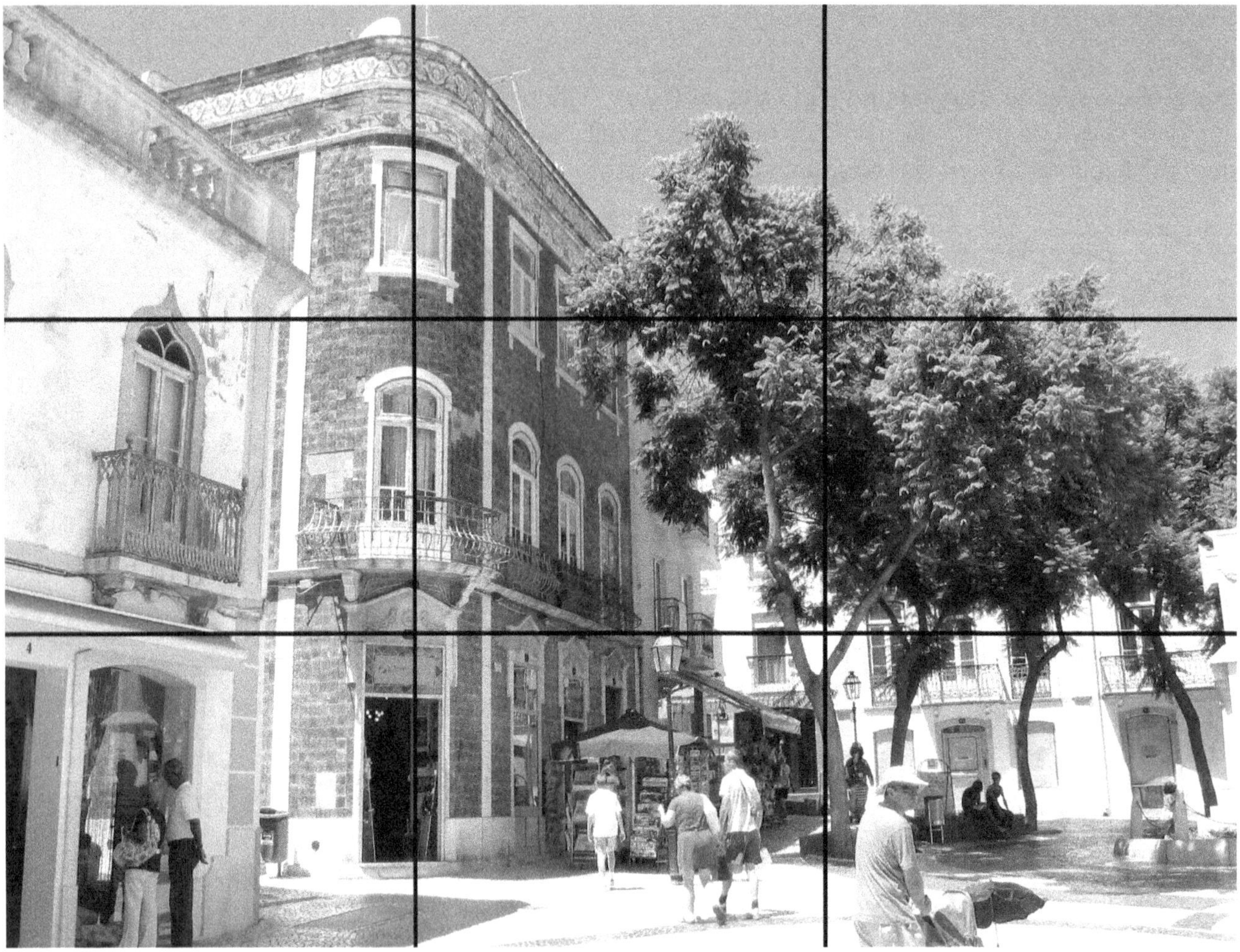

Fotovorlage 2

Bei der Komposition von Fotografien hat man zwar den Nachteil, dass man mit dem arbeiten muss, was man vor der Linse hat, doch besteht der Vorteil, dass man viele Aufnahmen machen kann, von denen man dann die Beste auswählt. Die favorisierte Aufnahme wurde in diesem Fall anschließend als Fotovorlage für ein Ölgemälde verwendet. Es wurden dabei noch ein paar Details verändert, um eine noch bessere Komposition umzusetzen.

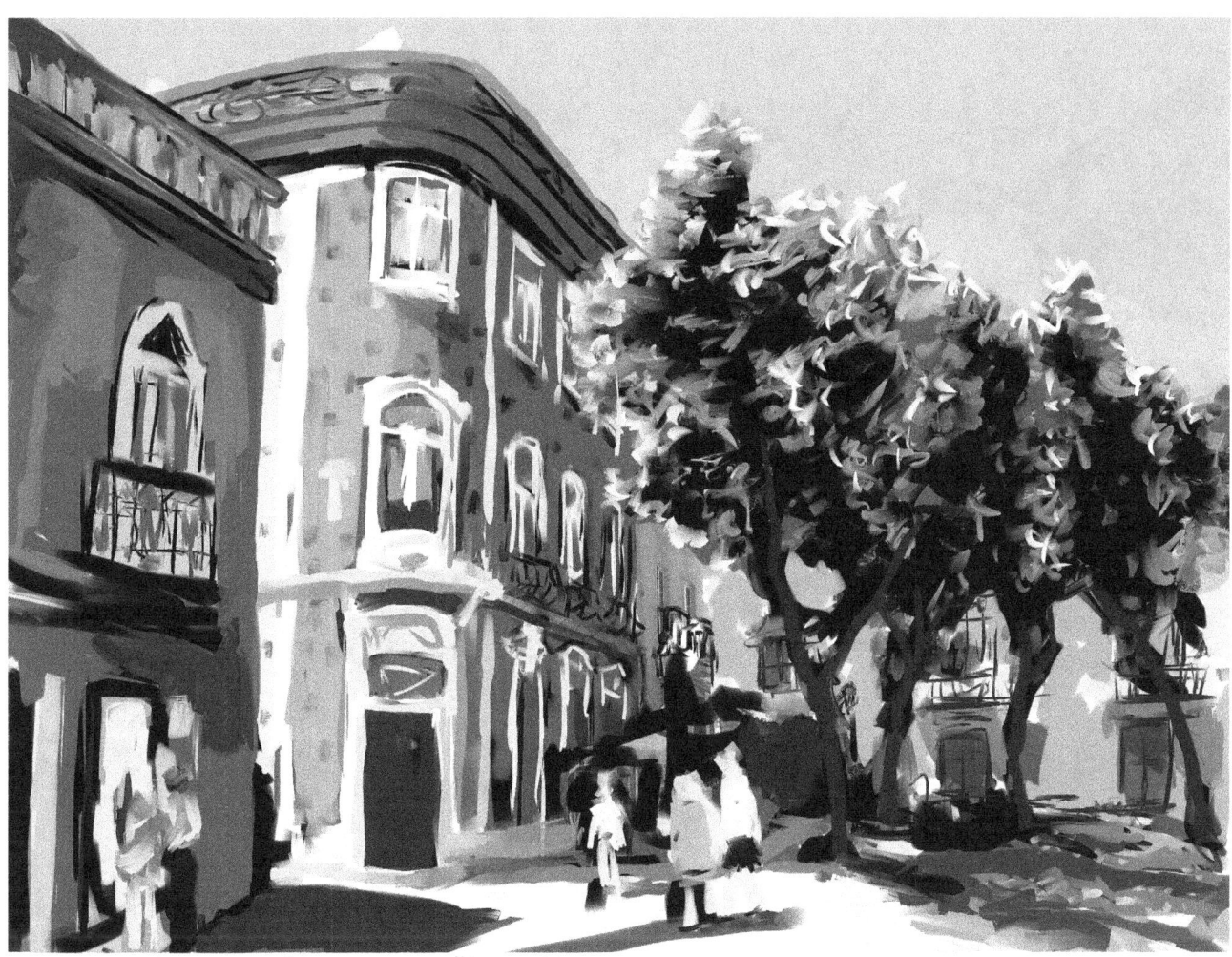

Umsetzung der Fotovorlage in einem Ölgemälde

Ein kleiner Mangel, der in beiden Fotovorlagen auffällt, ist die Lage des Horizonts. Bei Anwendung der Drittelregel, kann man erkennen, dass der Horizont nicht auf einer Drittellinie liegt, was den Bodenbereich des Bildes etwas gedrungen erscheinen lässt. Diese Tatsache stellt keine Katastrophe dar, wurde aber zum Anlass genommen das Gemälde nach unten hin zu erweitern, um die Komposition zu optimieren.

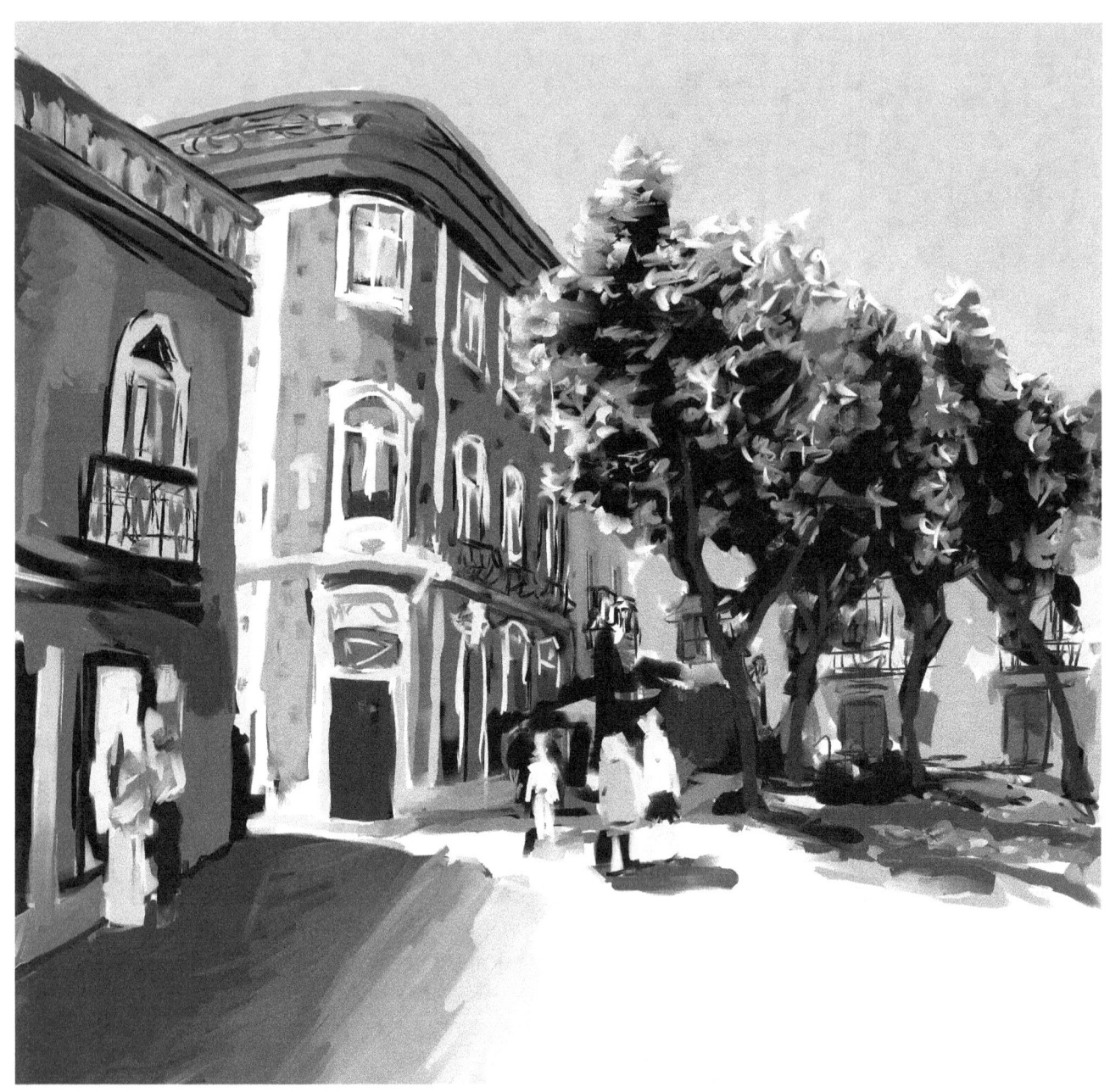

Optimierte Bildkomposition mit Erweiterung nach unten

Welche Bildkomposition den besseren Eindruck hinterlässt ist Geschmackssache. Vergleiche die beiden Varianten und bilde Dir ein Urteil.

3.4 Diagonalenmethode

Bei der Diagonalmethode handelt es sich um eine Kompositionsregel, bei der Diagonalen verwendet werden, um die Bildobjekte zu arrangieren. Die Methode wird in der Fotografie, der Malerkunst und der Zeichenkunst eingesetzt und stellt eine zusätzliche Hilfe zu Methoden wie der Drittelregel oder dem Goldenen Schnitt dar, die wir auf den vorhergehenden Seiten kennengelernt haben.

Edwin Westhoff, Fotograf und Lehrer aus den Niederlanden, fand heraus, dass die Platzierung von markanten Punkten auf bestimmten Diagonalen zu besonders guten Ergebnissen führt. Die Bildwirkung war besser als dies bei der alleinigen Anwendung der Drittelregel war.
Bei der Untersuchung einer Vielzahl von Fotos, Gemälden und Kupferstichen bemerkte Edwin Westhoff, dass die starken Punkte häufig auf einen Millimeter genau auf einer der beschriebenen Diagonallinien lagen. Diese Diagonallinien verlaufen von den vier Ecken des Bildes ausgehend in einem 45° Winkel und entsprechen somit den Winkelhalbierenden der Bildecken. Zugleich bilden die Winkelhalbierenden jeweils die Diagonalen von zwei sich überlappenden Quadraten, die das Rechteckige Bildformat darstellen.

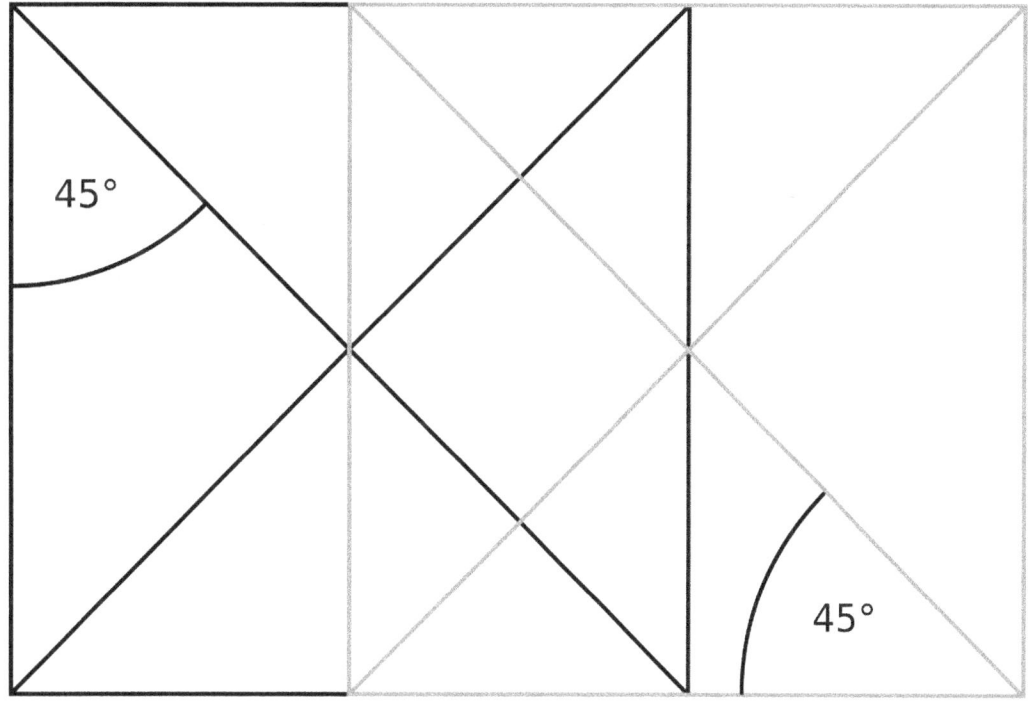

Diagonalenmethode

Die Diagonalmethode ist jedoch keine Regel für die Gesamtkomposition, sondern lediglich als Hilfe für die Platzierung von wichtigen Details zu verstehen. Dabei versteht Edwin Westhoff unter dem Begriff „wichtige Details", Dinge, die für den Künstler psychologisch, emotional oder erzählerisch eine hohe

Bedeutung haben. Nach Auffassung Westhoffs erkennt ein Betrachter sofort die wichtigsten Bilddetails, wenn ein Werk mit Hilfe der Diagonalmethode gestaltet wurde. Mit absoluter Sicherheit lässt sich dies jedoch nicht beweisen.

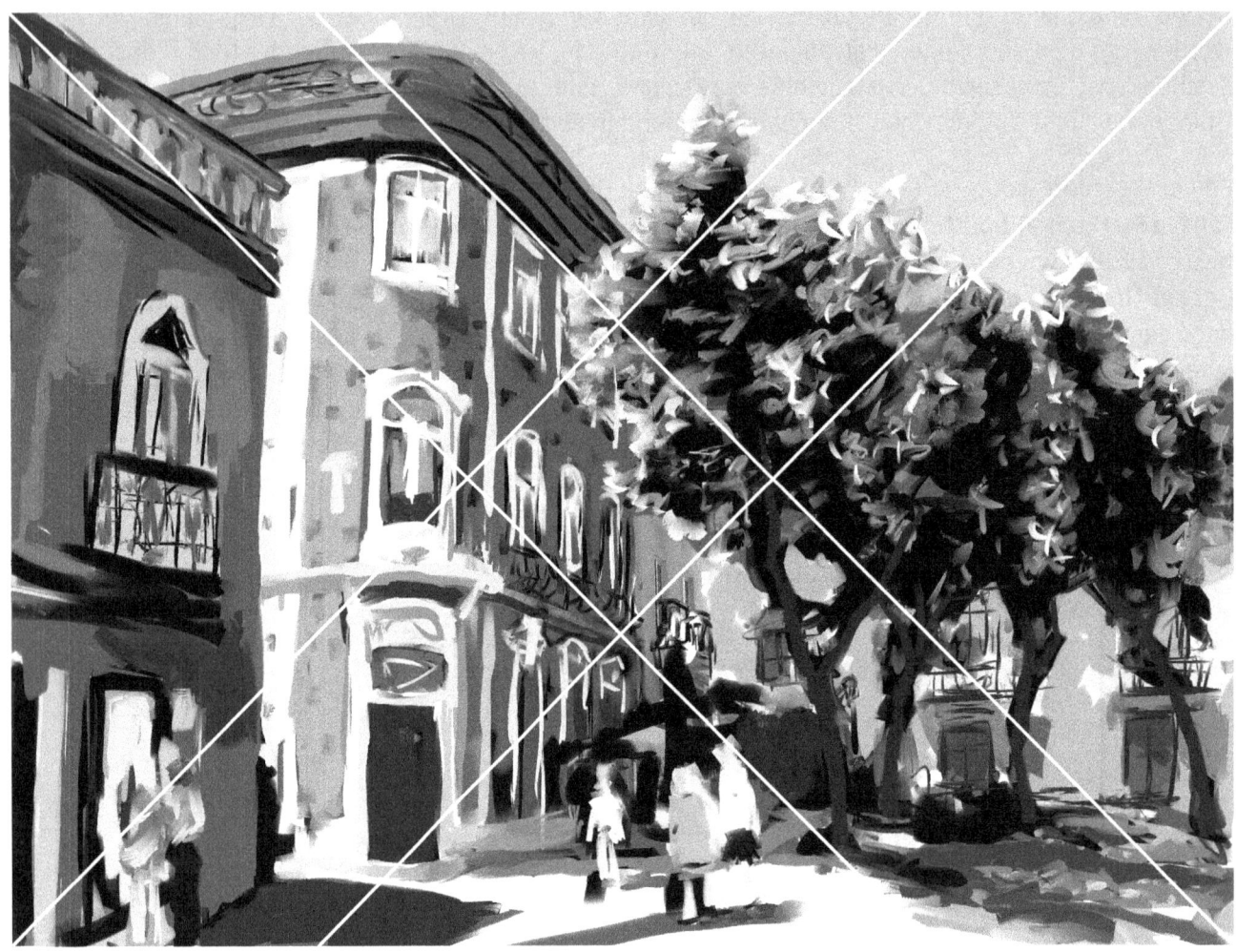

Diagonalenmethode am Stadtbild aus dem vorherigen Kapitel angewendet

In diesem als auch im folgenden Beispiel kann zudem erkennen, dass oft auch Linien den Diagonalen folgen. Als Linien können dabei auch Körper bzw. Körperteile von Personen zu verstehen sein.

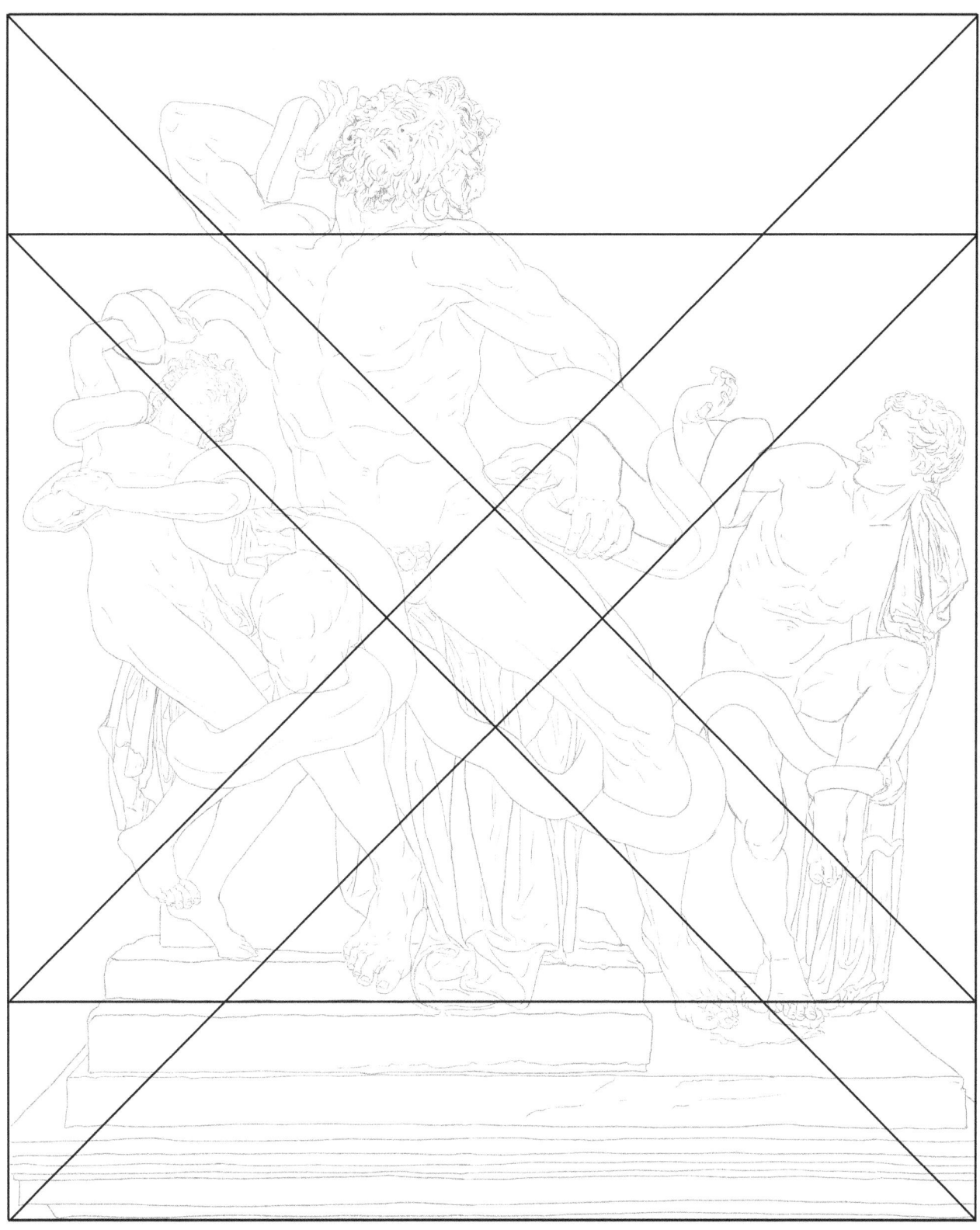

Diagonalenmethode an der Laokoongruppe angewendet

Grafische Gestaltungselemente

» Die Kunst gibt nicht das Sichtbare wieder, sondern macht sichtbar. «

- Paul Klee -

4 Grafische Gestaltungselemente

Bei den grafischen Gestaltungselementen handelt es sich um Elemente wie Punkt, Linie, Kontur, Form, Fläche und Struktur. Es sind die typischen Darstellungsmittel der Zeichnung, die aber auch in der Malerei und Fotografie vorkommen. Bei den grafischen Gestaltungselementen handelt es sich um sehr grundlegende Techniken, mit denen sehr einfach Bildkompositionen geschaffen werden können.

4.1 Punkte

Der Punkt ist das kleinste mögliche Element in einer Zeichnung und das grundlegende grafische Gestaltungselement. Malt oder zeichnet man abstrakte Bilder, wie im Stile eines Wassily Kandinsky, kann man Punkte auch als solche darstellen. Bei einer Arbeit, die reale Objekte zeigt, geht das nicht so einfach. Zugute kommt uns hier, dass sehr kleine Objekte, die ins Auge fallen, auch als Punkte wahrgenommen werden. Am einfachsten gelingt dies, wenn sich ein kleines oder entferntes, isoliertes Objekt vor einem gleichmäßigen Hintergrund befindet und einen starken Kontrast zu seiner Umgebung aufweist. Der Kontrast kann dabei im Tonwert (Helligkeit) oder in der Farbe (Farbkontraste) zu finden sein.

Für eine angenehme und interessante Bildwirkung ist die gekonnte Positionierung wichtig. Wie es bei der Komposition stets der Fall ist, läuft man bei zentraler Platzierung Gefahr, dass das Bild zu starr und langweilig wirkt. Die Positionierung gelingt durch Kompositionstechniken, wie z.B. der Drittelregel, die ebenfalls in diesem Buch beschrieben werden.

In den folgenden Bildern findest Du mehrere Varianten des gleichen Motivs. Es handelt sich um ein Boot, das aufgrund der weiteren Entfernung als Punkt interpretiert werden kann.

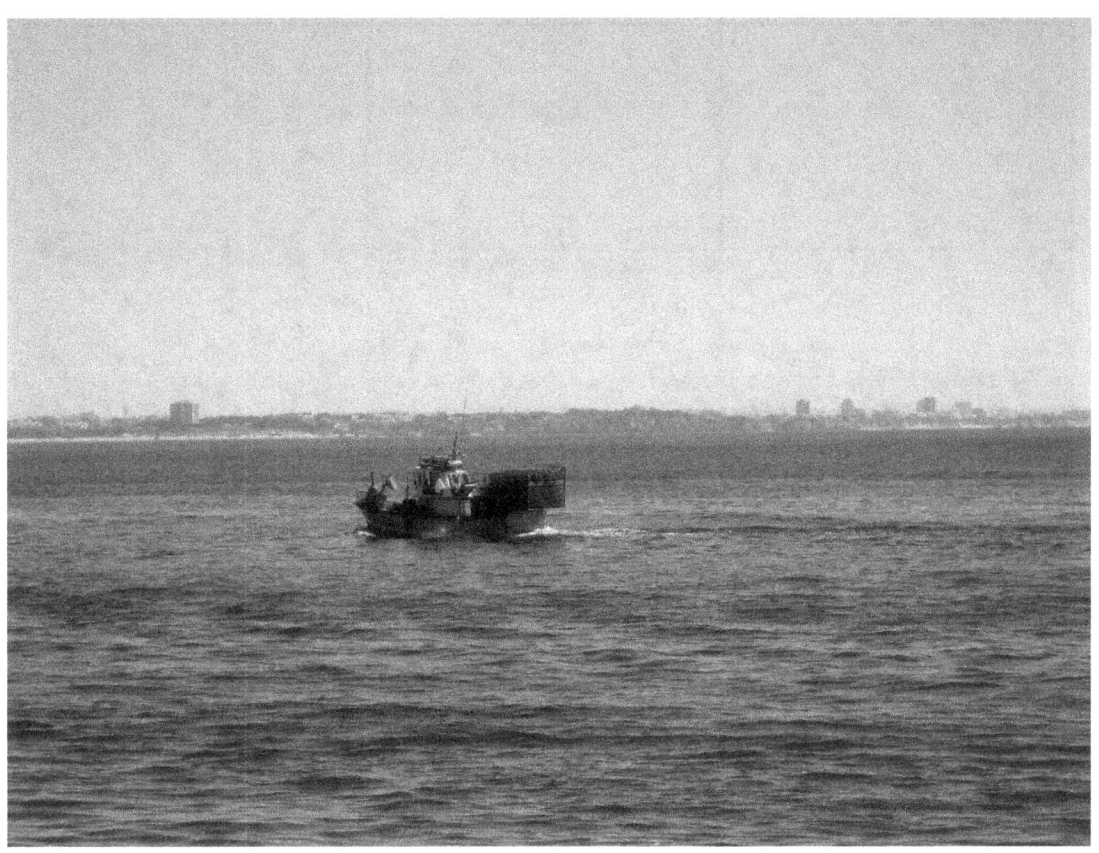

Positionierung des Bootes etwas zu weit links

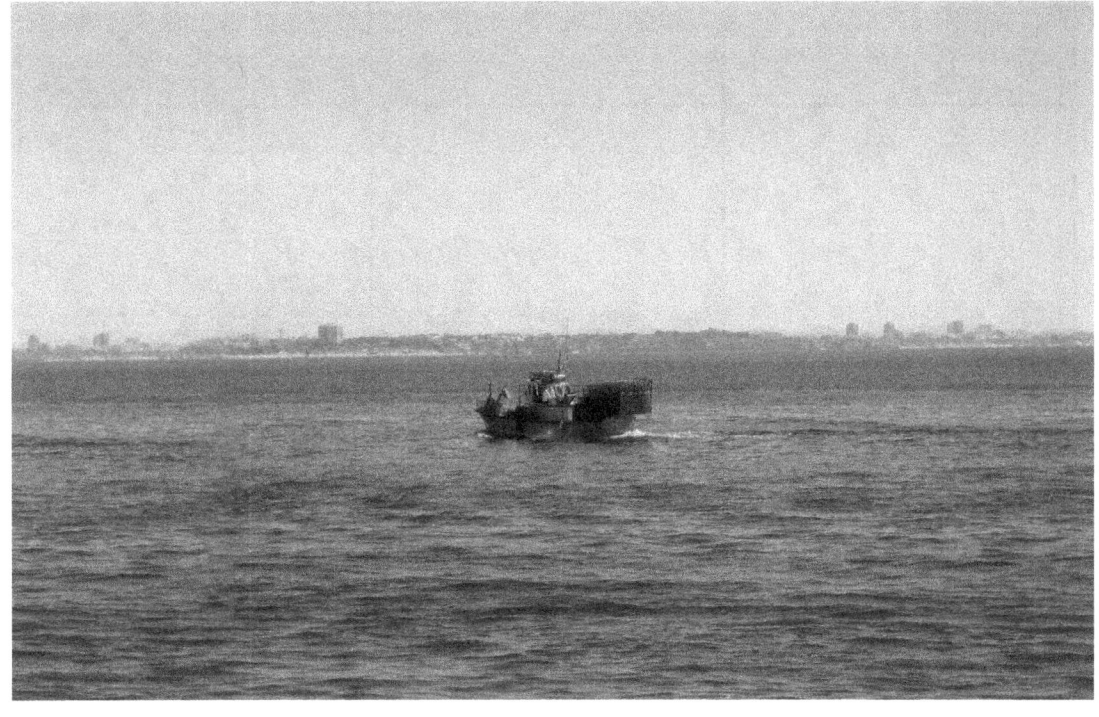

Positionierung zentral in der Bildmitte

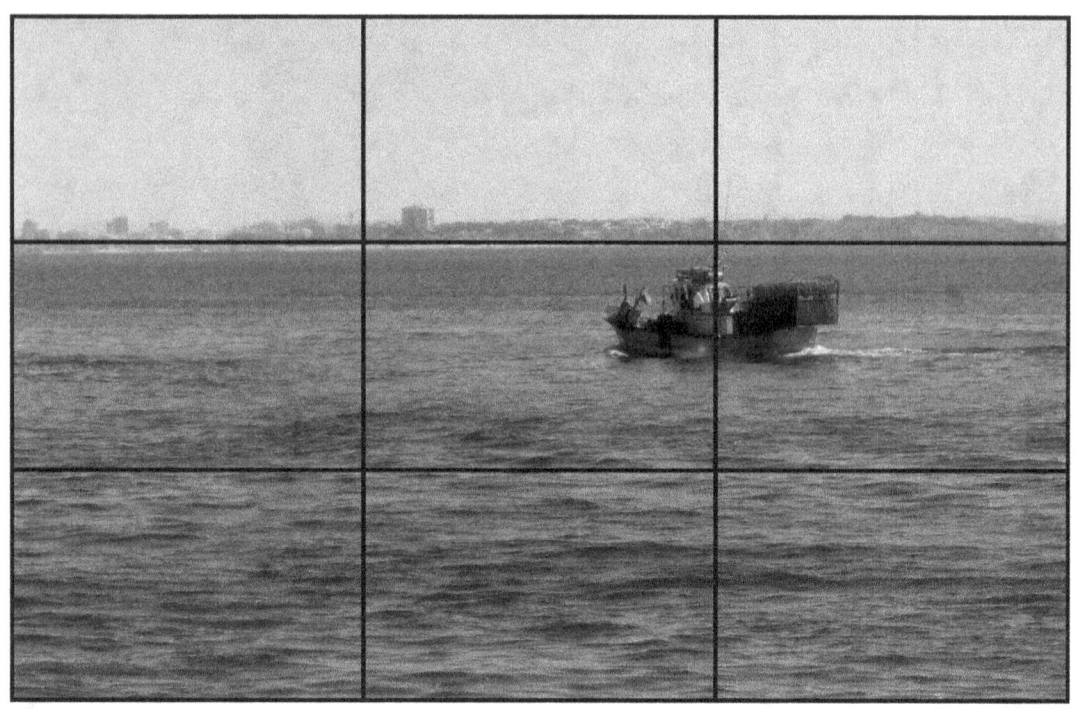

Positionierung anhand der Drittelregel mit dem Horizont auf der oberen Drittellinie

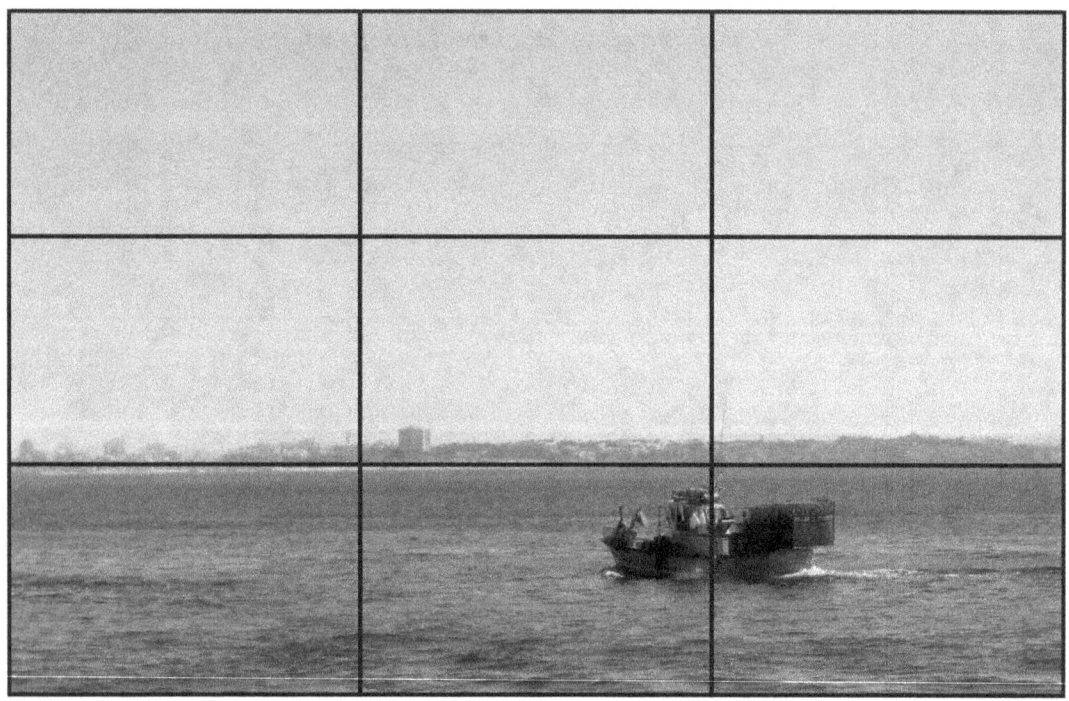

Positionierung anhand der Drittelregel mit dem Horizont auf der unteren Drittellinie

58

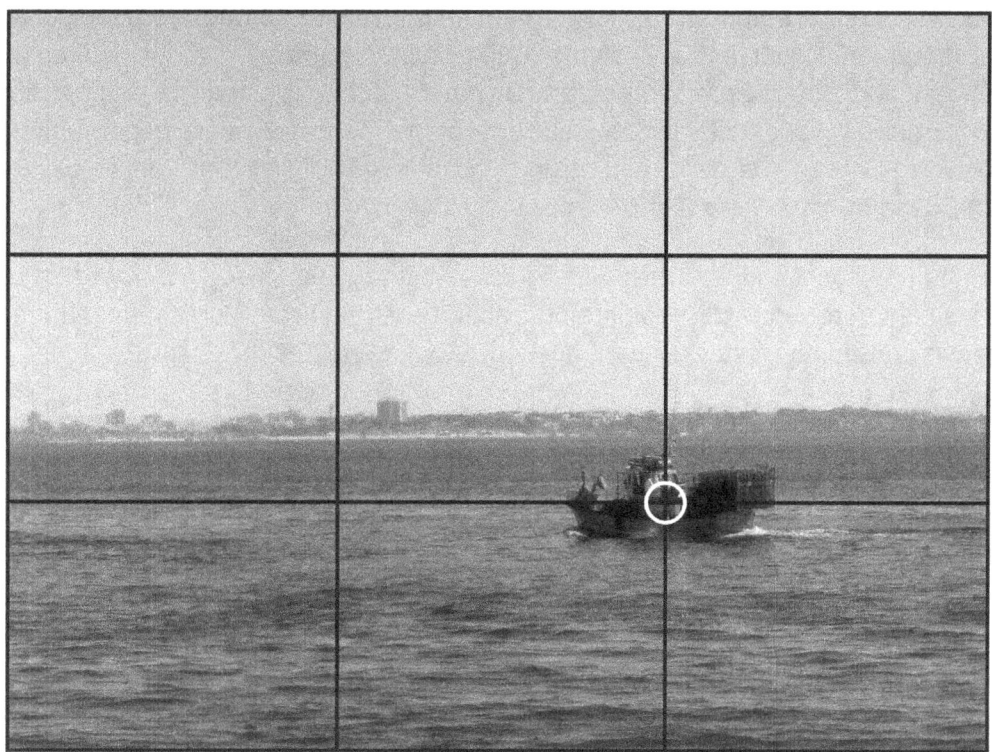

Positionierung anhand der Drittelregel mit dem Boot auf einem Schnittpunkt

Beim Vergleich der unterschiedlichen Varianten, mit dem Punkt-Motiv in verschiedenen Positionen, werden Unterschiede deutlich. Die Wahl fiel am Ende auf die Position auf dem unteren rechten Schnittpunkt der Drittellinien, da die Komposition dadurch am ausgewogensten erscheint.

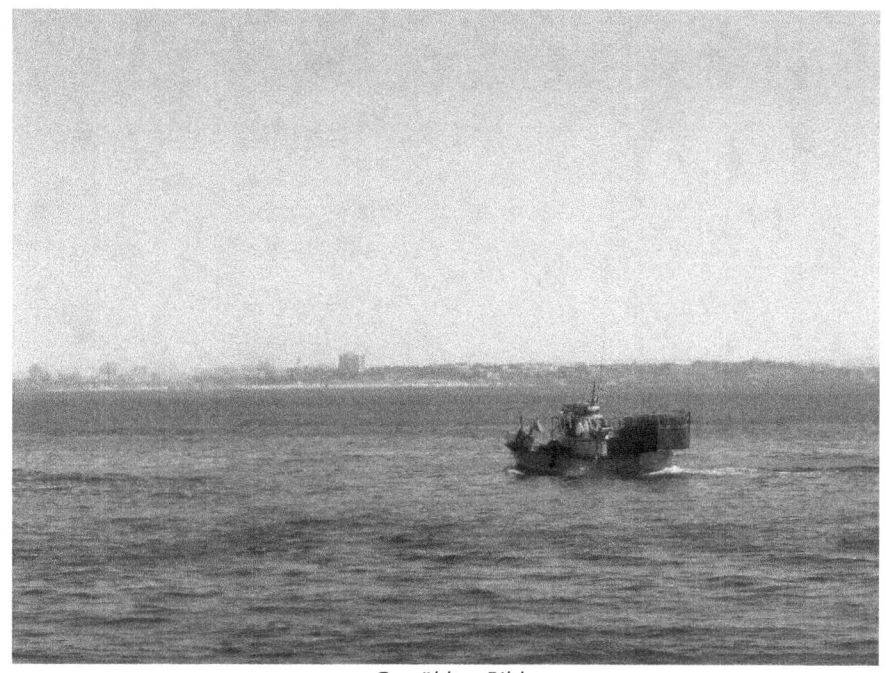

Gewähltes Bild

Stell man zwei oder mehrere Punkte dar, können auch komplexere Kompositionen erschaffen werden. Die zuvor beschriebenen Regeln haben auch hier Gültigkeit. Was hinzu kommt, ist jedoch die Dimension der Distanz. Zwei Punkte interagieren automatisch in einem Bild. Es entsteht für den Betrachter zwangs-läufig eine unsichtbare Linie, die die beiden Punkte verbindet. Wie stark diese gegenseitige Wechselwir-kung ist, wird von Faktoren wie dem Hintergrund und der Auffälligkeit der Punkte bestimmt. Eine zu hohe Dominanz kann durch weitere Bildelemente aufgelockert werden.

Auch mehrere Punkte können eine Linie bzw. eine Kurve bilden. Auch hier handelt es sich um eine Linie, die nur imaginär entsteht. Zusätzlich kann eine Fläche durch mehrere Punkte eingenommen werden. Beide Effekte werden durch Gestaltgesetzte bestimmt, wie dem „Gesetz der Nähe" oder dem „Gesetz der guten Fortsetzung".

Beispielbild 1: Papierkrieger #3 - Vogelspinne

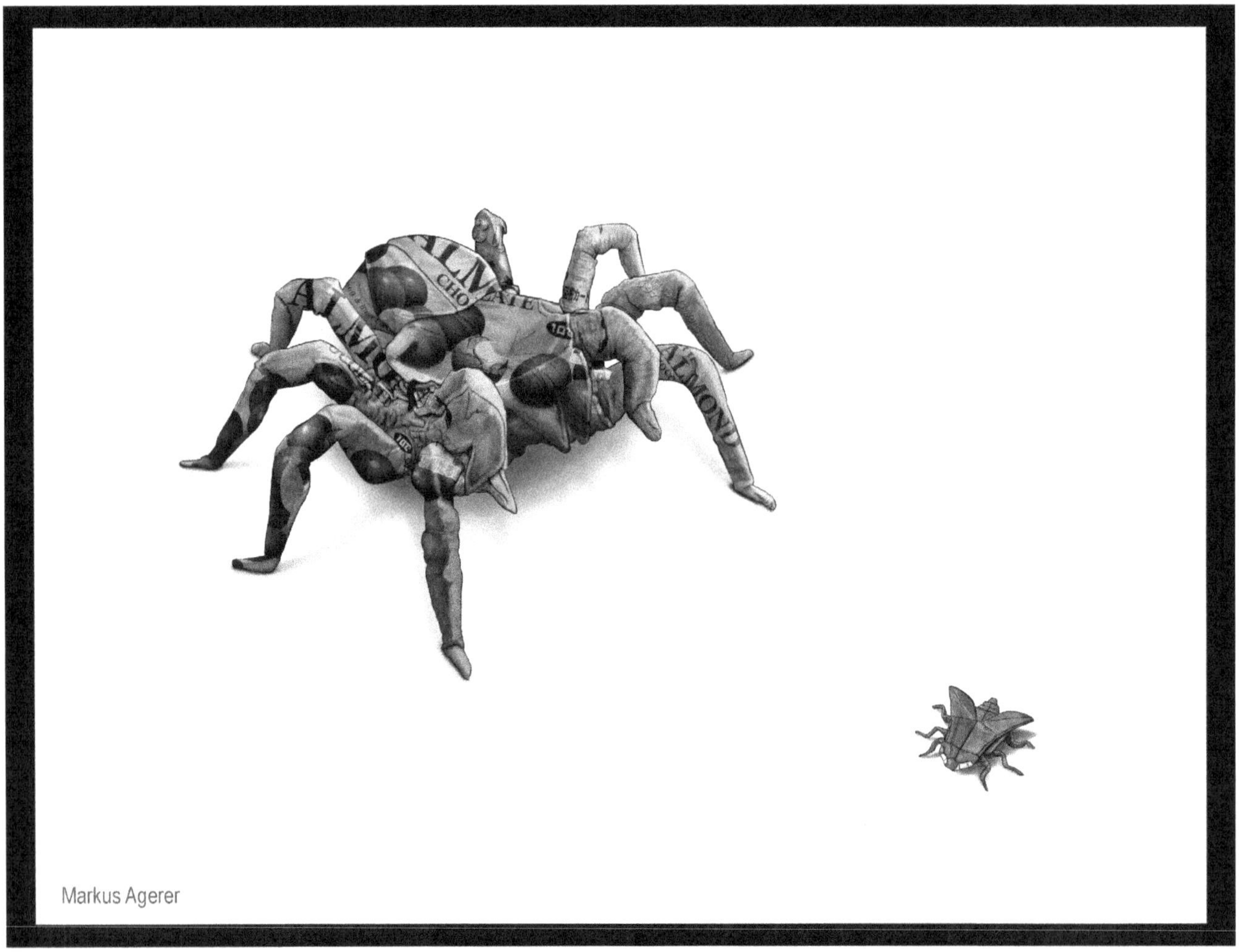

Markus Agerer

Papierkrieger #3 – Vogelspinne

Die Illustration mit den Origamifiguren zeigt neben der optisch dominierenden Vogelspinne auch eine Fliege, die vergleichsweise so klein ist, dass sie als Punkt wahrgenommen wird. Dieser Punkt zieht automatisch die Aufmerksamkeit des Betrachters auf sich und erzeugt im Zusammenspiel mit dem Inhaltlichen Kontrast zwischen Jäger und Gejagtem eine deutliche Spannung im Bild.

Beispielbild 2: Mohnfeld bei Argenteuil

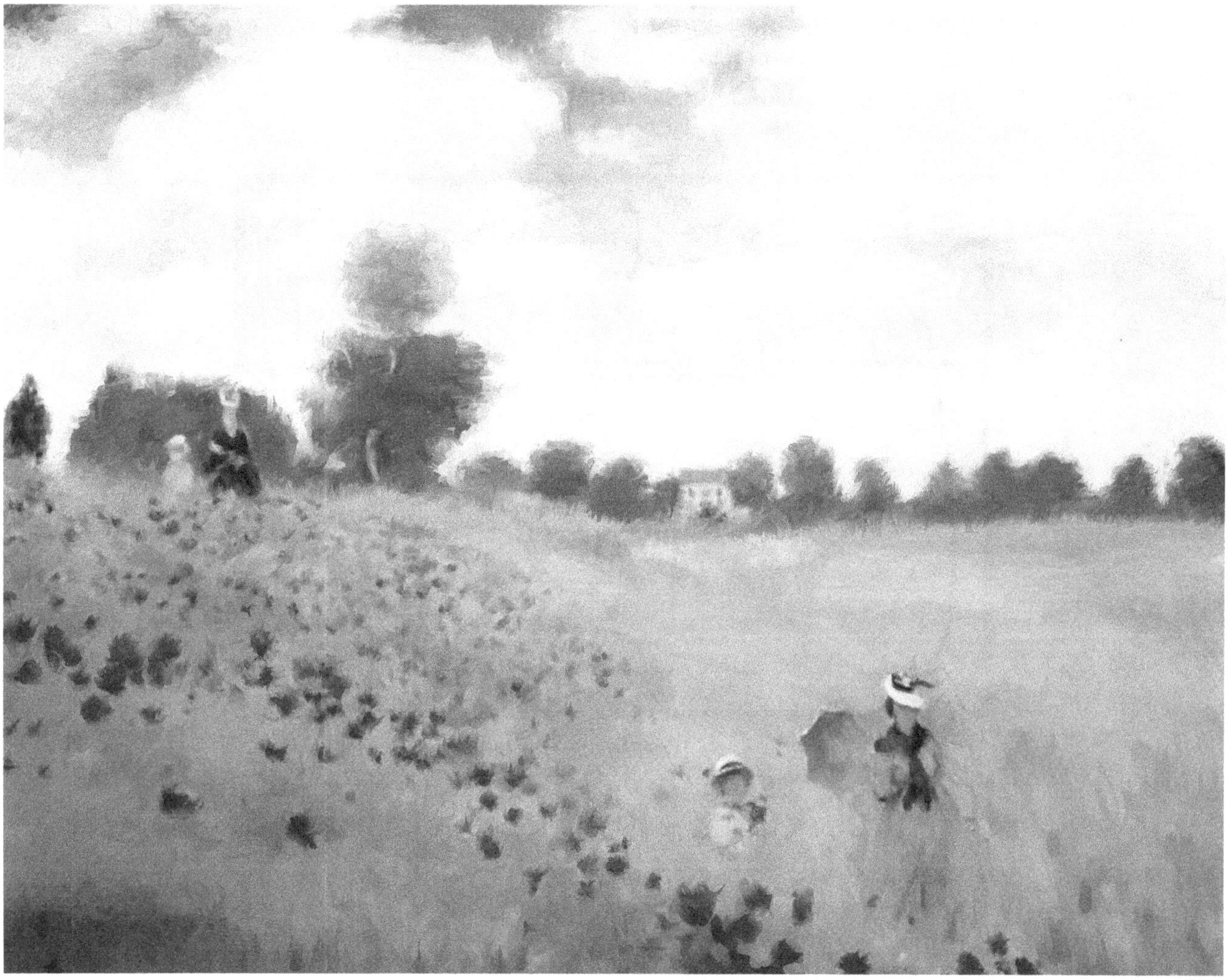

Mohnfeld bei Argenteuil – Replikat
Original: Claude Monet, 1873

Im Beispielbild, dem Mohnfeld bei Argenteuil von Claude Monet, sind zum einen die Blüten der Mohnblumen als Punkte zu erkennen. Sie ergeben eine gewisse Struktur, vermitteln ein Gefühl für die Entfernungen der Bildobjekte zueinander und stellen zudem eine visuelle Brücke zwischen den Personen in der Szene dar. Zum anderen können die vier Personen im Bild als Punkte abstrahiert werden. Eine gedachte Linie zwischen den beiden Paaren entsteht.

4.2 Linien als Gestaltungselement

Wenn wir von Linien als Gestaltungselement sprechen, sind damit sichtbare Linien in einem Bild gemeint. Es geht an dieser Stelle also nicht um Linien, die zur Ausrichtung von Objekten dienen, wie die des Goldenen Schnitts. Vielmehr geht es um Linien, die von den Bildobjekten selbst geschaffen werden und um die Wirkung, die diese Linien auf den Betrachter haben. Diese Wirkung kann zum einen emotional sein, indem zum Beispiel Gefühle wie Stabilität, Enge oder Dynamik vermittelt werden. Auch dynamische Merkmale, wie die Bewegung in eine bestimmte Richtung, können durch Linien verbildlicht werden. Auf der anderen Seite führen Linien häufig auch den Blick des Betrachters durch das Bild, was eine hohe Bedeutung für eine gelungene Bildkomposition hat.

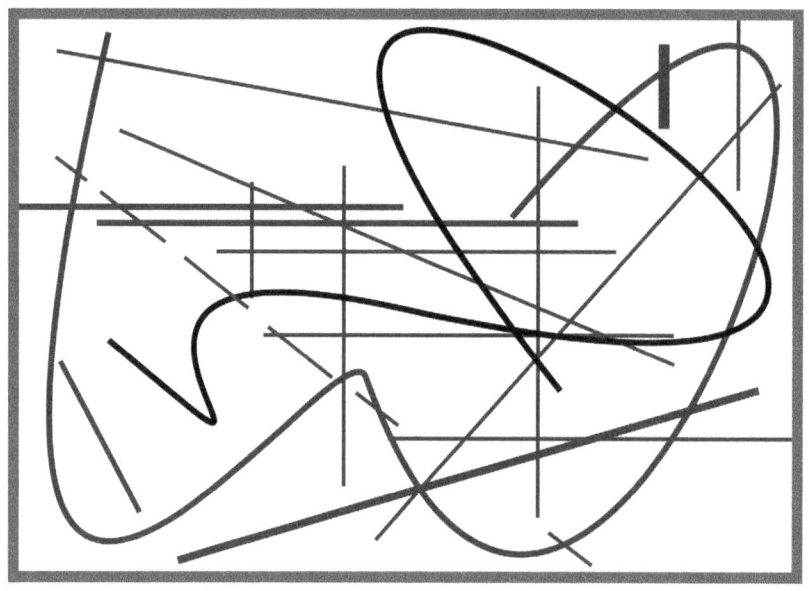

Linien in unterschiedlichen Richtungen

Linien können dabei zeichnerisch entstehen, indem eine Linie konkret abgebildet wird. Diese Technik wird in Zeichnungen und Illustrationen häufig eingesetzt. Auf der anderen Seite können Linien auch durch Begrenzungen entstehen, zum Beispiel an Stellen, an denen sich Licht und Schatten trennen, Flächen mit unterschiedlicher Farbe aneinandergrenzen oder unterschiedliche Muster oder Strukturen aufeinandertreffen. Auf diese Weise entstehen Linien vor allem in Gemälden und Fotografien.

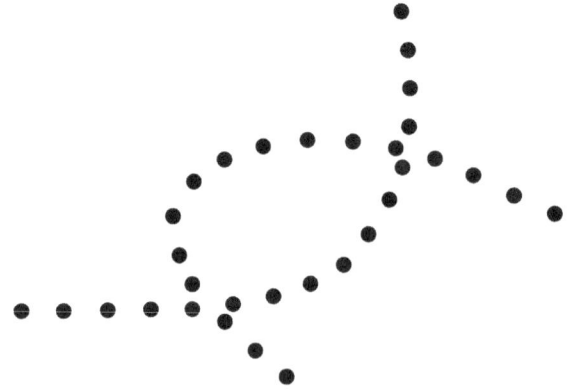

Punkte werden zu zwei Linien

Auch eine Reihe von Punkten kann vom Betrachter gedanklich zu einer Linie vervollständigt werden, wenn die Punkte nahe genug zusammenliegen und eine kontinuierliche Linie beschreiben. Man denke hier an das Gestaltgesetz der Nähe oder auch das Gesetz der guten Fortsetzung.

Man unterscheidet horizontale, vertikale und diagonale Linien sowie Kurven und Blicklinien. Oft ist auch die Rede von sichtbaren und unsichtbaren Linien. Eine Blicklinie, die durch die Blickrichtung einer abgebildeten Person entsteht, ist beispielsweise eine unsichtbare Linie. Auch bei Linien, die durch eine offensichtliche Bewegung eines Objektes im Bild gedanklich entstehen, handelt es sich um unsichtbare Linien.

Unterschiedliche Linien:

- Horizontale
- Vertikale
- Diagonale
- Kurven
- Blicklinien
- Sichtbare Linien
- Unsichtbare Linien

Die unterschiedlichen Arten von Linien in der Bildgestaltung werden im Folgenden näher beschrieben. Dabei soll auch dargestellt werden, wie man sie einsetzen kann.

4.2.1 Horizontale Linien

In einem Bild kommen zwangsläufig mindestens zwei horizontale Linien vor: Die obere und untere Seite des Rahmens. Als dritte Horizontale kann man in vielen Bilden zudem den Horizont finden. Vor allem in Landschaftsbildern stellt der Horizont die Grundlage für die Komposition dar. Er stellt die Referenzlinien für alle enthaltenen Objekte dar und vermittelt das Gefühl von Gravitation in der Bildwelt.

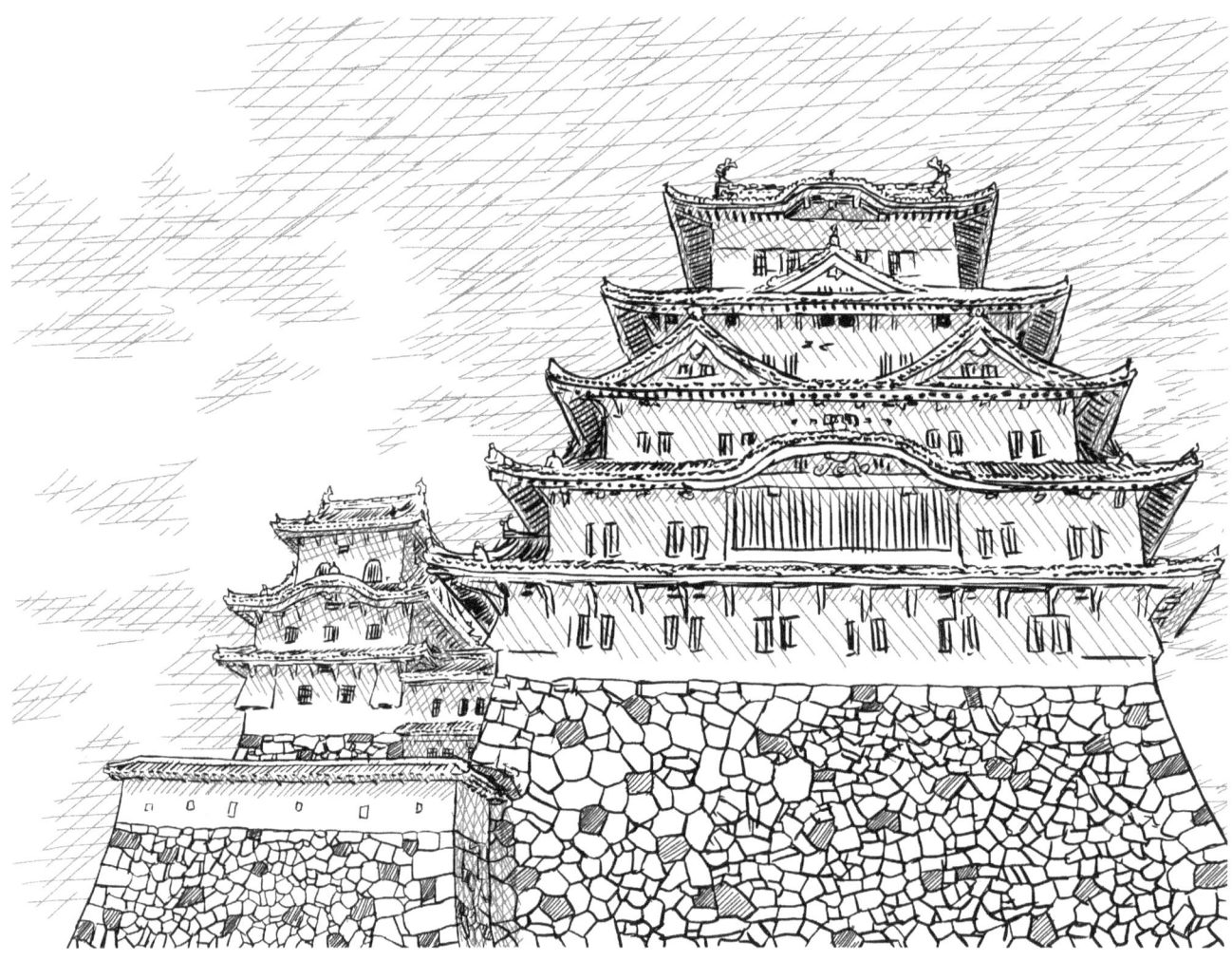

Zeichnung des Schlosses Himeji - Dächer lassen horizontale Linien entstehen

Was der Betrachter mit horizontalen Linien in Verbindung bringt, sind Eigenschaften wie Beständigkeit und Ruhe. Unser Blickfeld ist horizontal ausgerichtet und somit lassen horizontale Linien die Wirkung von Raum und Tiefe entstehen. Allerdings wirken diese Linien wenig dynamisch und bringen noch wenig Bewegung in die Komposition.

4.2.2   Vertikale Linien

Wie auch bei den horizontalen Linien, existieren in einem Bild automatisch mindestens zwei vertikale Linien, die durch den Bildrahmen entstehen. Lässt man weitere vertikale Linien im Bild vorkommen, können diese zusammen mit horizontalen Linien ein gewisses visuelles Gleichgewicht erzeugen. Bei beiden Linienarten sollte man aber darauf achten, dass diese tatsächlich parallel zum Bildrahmen verlaufen, da Winkelabweichungen im Vergleich zum Rahmen sehr leicht auffallen. Typische Objekte, die vertikalen Linien entsprechen, sind Bäume, Menschen, Straßenlampen und ähnliches.

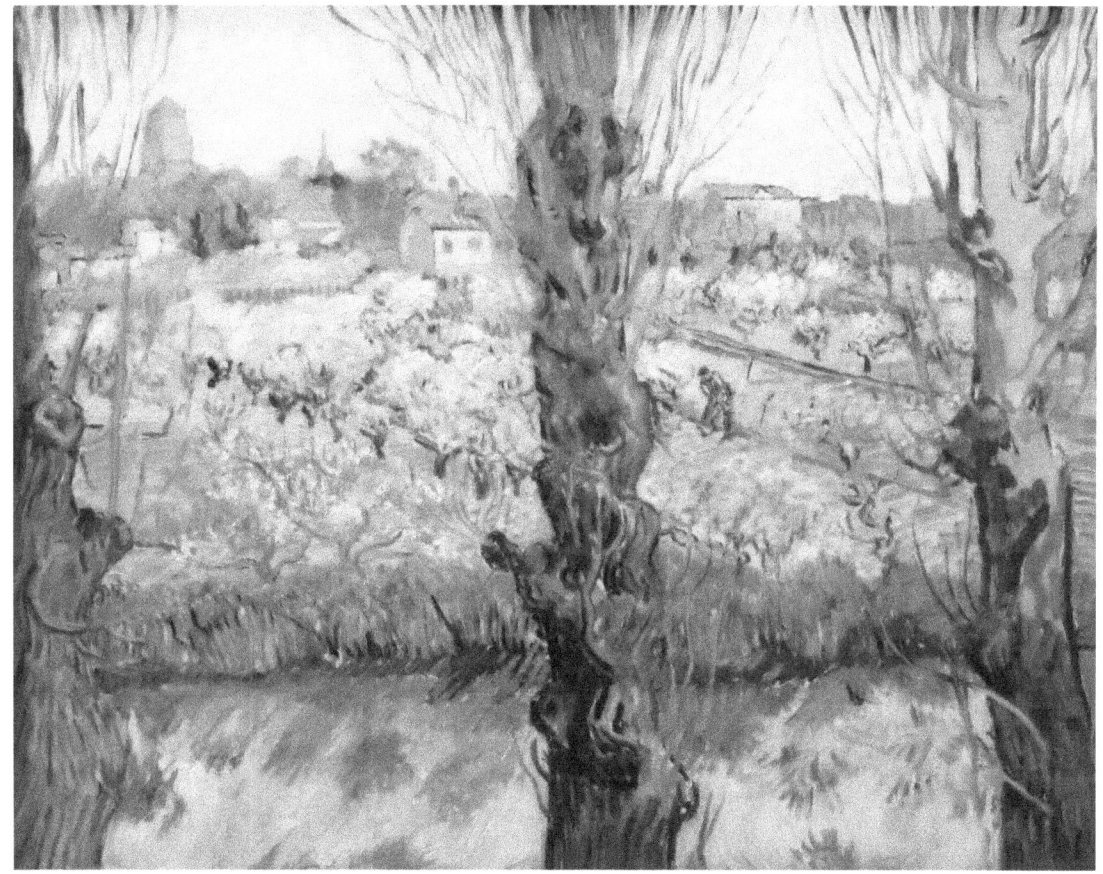

Bäume im Vordergrund entsprechen vertikalen Linien

Bild: Blick auf Arles (Replikat) / Original: Vincent van Gogh, 1889

Vertikale Linien können eher Geschwindigkeit und Bewegung darstellen als horizontale. Werden sie jedoch ungeschickt eingesetzt, können sie wie eine Barriere oder ein Gitter wirken. Außerdem können vertikale Linien den Blick des Betrachters schnell aus dem Bild führen, wenn der Blick nicht durch andere gestalterische Elemente wieder eingefangen wird. Für die Darstellung einer einzelnen vertikalen Linie in einem Bild eignet sich das Hochformat am besten. Das Querformat ist ideal für Kompositionen, in denen mehrere Vertikal abgebildet werden, die eine horizontale Struktur bilden.

4.2.3 Diagonale Linien

Sehr interessant und effektvoll für die Bildgestaltung sind diagonale Linien. Während horizontale und vertikale Linien eher statisch wirken, erzeugen diagonale Linien ein hohes Maß an Dynamik. Mit schrägen Linien suggeriert der Betrachter Bewegung und Geschwindigkeit. Zusätzliche Spannung kann man erzeugen, indem man Diagonalen in unterschiedlichem Winkel darstellt. Der dadurch entstehende Kontrast ist desto größer, je höher der Unterschied im Winkel der verschiedenen Linien ist. Dabei reicht bereits eine einzelne Diagonale, da jede Diagonale Linie einen Kontrast mit den senkrechten und waagrechten Linien des Bilderrahmens erzeugt. Der maximale Kontrast entsteht hier durch Diagonalen im 45°-Winkel.

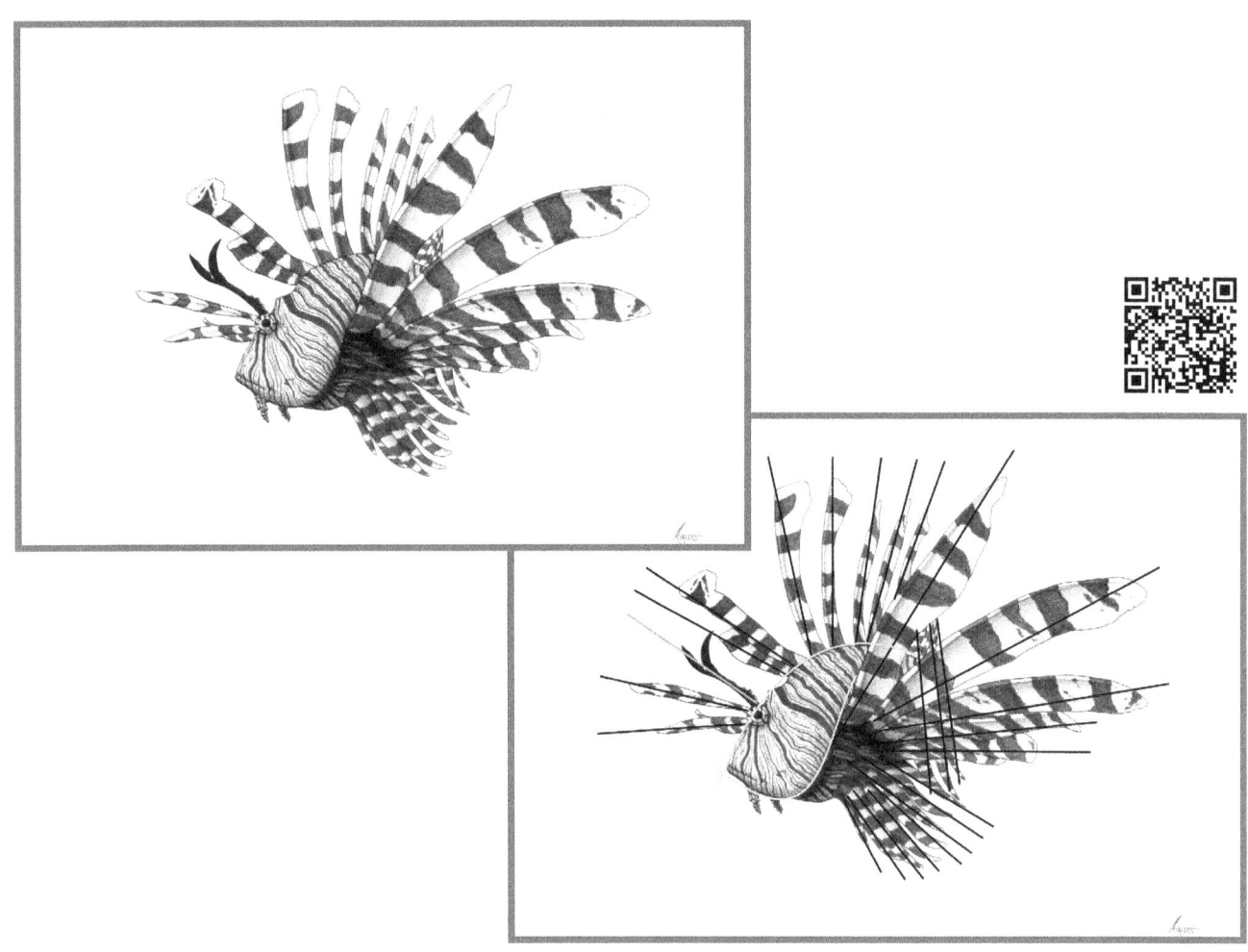

Diagonale Linien in unterschiedlichen Richtungen, die in einem Bild gefunden werden können

(Rotfeuerfisch, Markus S. Agerer)

Ein Beispiel, wie man mit diagonalen Linien Spannung erzeugen kann, ist das Schrägstellen des Horizonts. Durch die Schräglage des Horizonts wird dem Betrachter eine etwas ungewohnte Ansicht dargeboten. Es entsteht eine instabile Szene und vielleicht sogar ein Gefühl des Fallens.

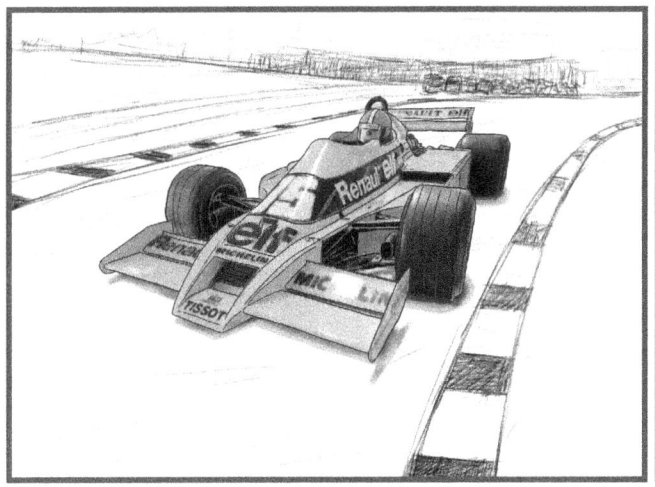 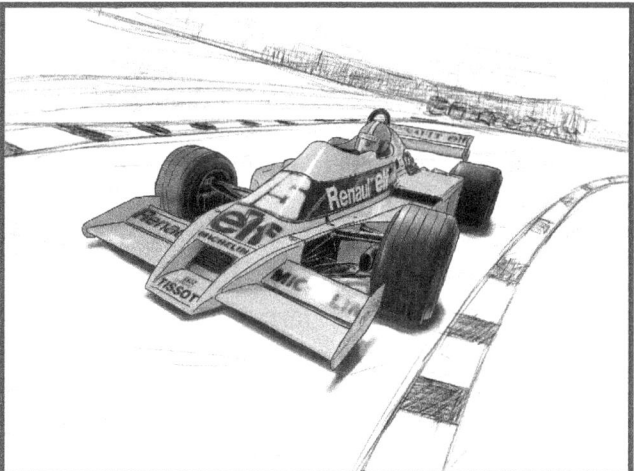

Vergleich zwischen waagrechtem Horizont (links) und schrägem Horizont (rechts)

Im folgenden Bildvergleich mit den Jets kann man erkennen, wie sich die Dynamik im Bild durch die Schräglage der Bildobjekte verändert. Die schräge Lage der Flugzeuge vermittelt Bewegung und Leben in der Zeichnung, während die waagrecht fliegenden Jets vergleichsweise statisch erscheinen.

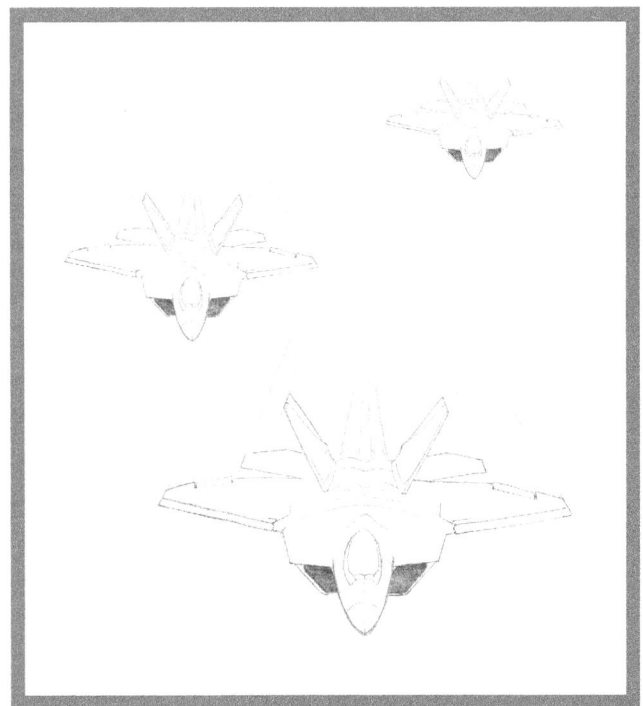 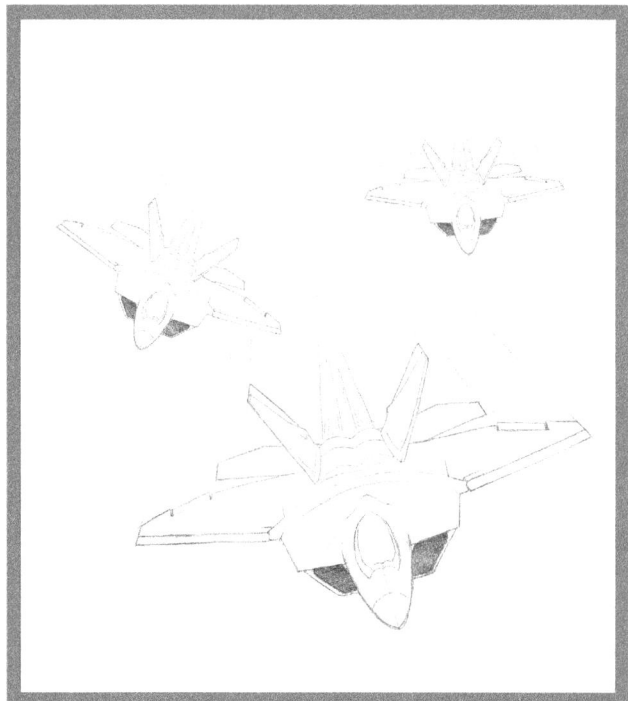

Zeichnung mit Flugzeugen in waagrechter und schräger Ausrichtung

Eine weitere Besonderheit von diagonalen Linien ist, dass sie einen Eindruck von Raum und Tiefe vermitteln können. Nur diagonale Linien können den Perspektiveffekt sichtbar machen. Besonders intensiv kann sich die Tiefenwirkung entfalten, wenn man einen schrägen Blickwinkel auf Bildobjekte abbildet. Überhaupt sind Diagonalen häufig ein Produkt des Blickwinkels, da die meisten Szenen und Objekte eigentlich in erster Linie aus horizontalen und vertikalen Linien bestehen. Aus zeichnerischer Sicht werden die Objekte dann in der sogenannten Übereckperspektive dargestellt.

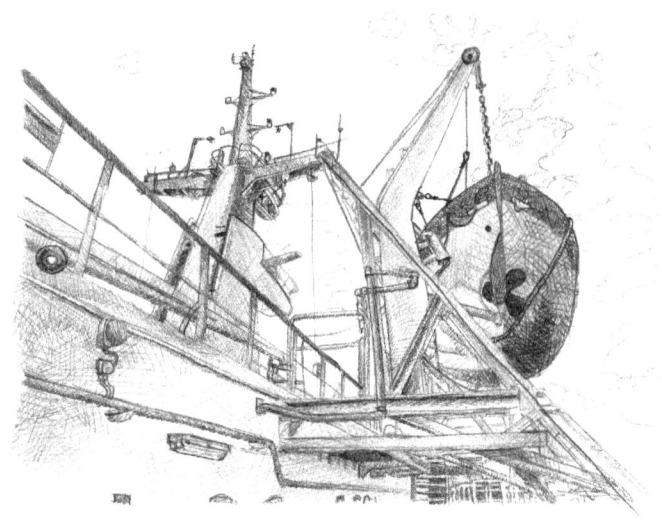

Linien sorgen für Spannung und Tiefe in dieser Bildkomposition

Beispielbild #1: Zeichnung der Laokoon-Gruppe:

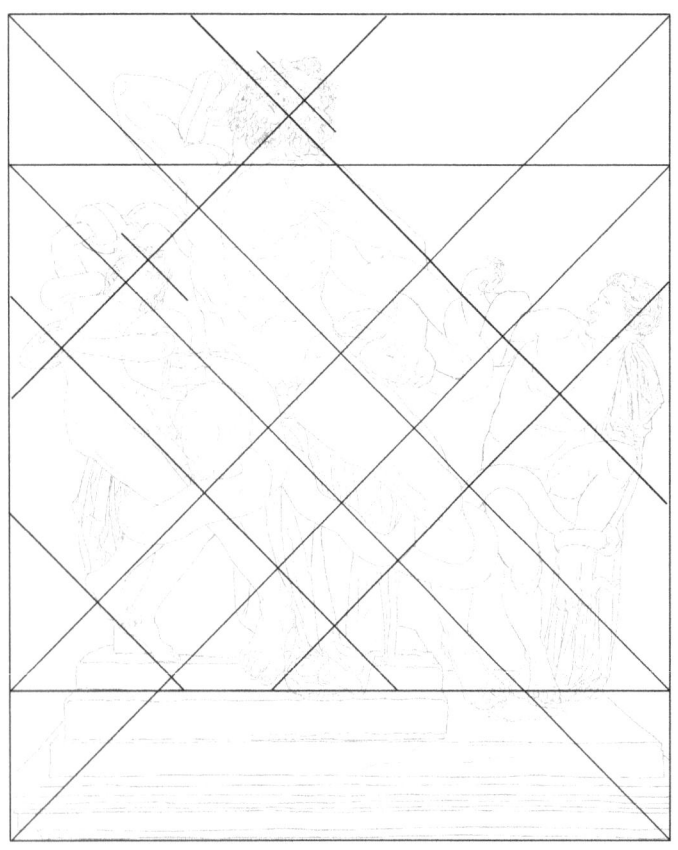

Linienzeichnung der Laokoon-Gruppe

Das Beispielbild zeigt eine Linienzeichnung der sogenannten Laokoon-Gruppe. Bei dieser Personengruppierung handelt es sich eigentlich um eine Marmorskulptur, die den Todeskampf des Laokoons zeigt. Die Plastik stammt aus der römischen Zeit und befindet sich gegenwärtig in den Vatikanischen Museen.

In Bezug auf die Komposition lässt sich erkennen, dass auch bei Skulpturen mit denselben Gestaltungstechniken gearbeitet wurde. Um dies zu verdeutlichen, wurden in der Zeichnung zum einen die Linien der Diagonalenmethode dargestellt und zum anderen weitere Linien, die in einem 45°-Winkel zu den Rändern verlaufen und mit Körperlinien der Figuren übereinstimmen.

Beispielbild #2: Kajikazawa in der Provinz Kai

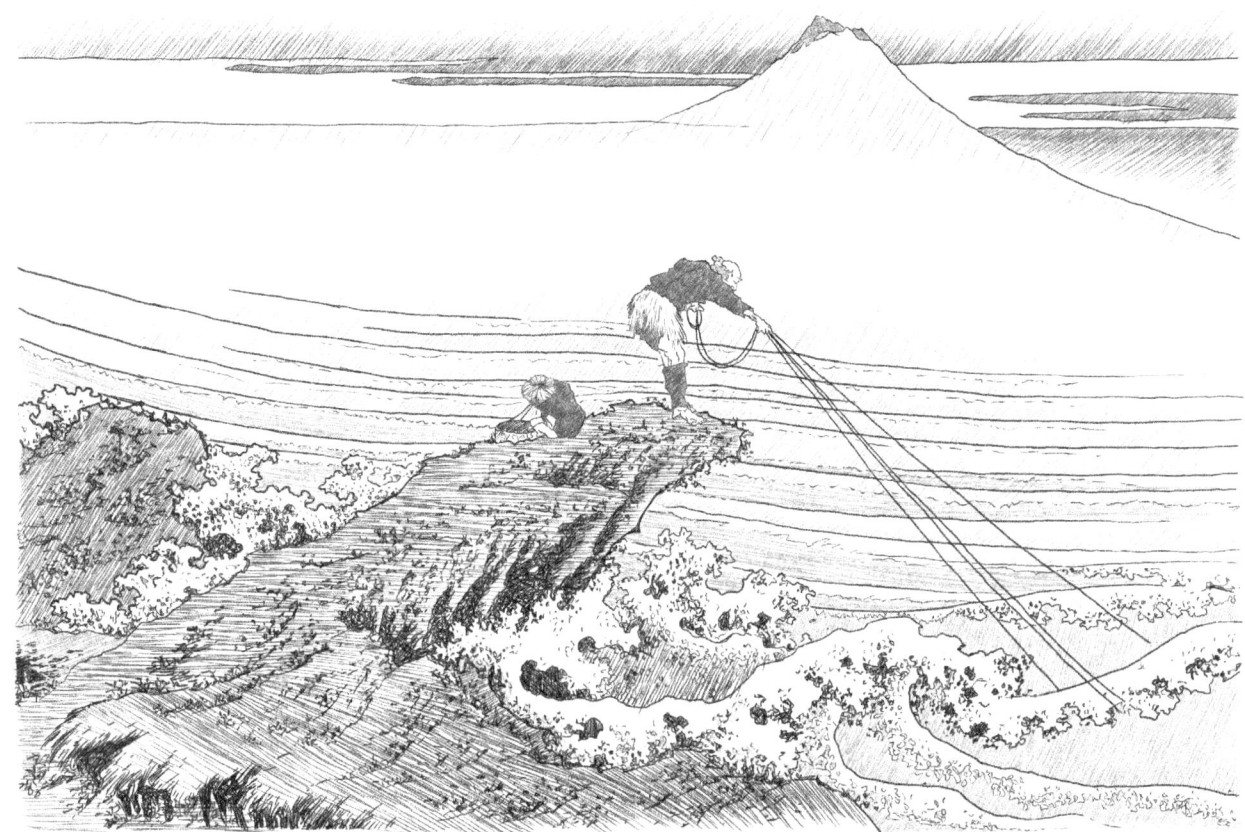

Kajikazawa in der Provinz Kai
Zeichnung nach einem Farbholzschnitt von Katsushika Hokusai, 1831

In der Zeichnung, die von einem Farbholzschnitt des Künstlers Katsushika Hokusai abgezeichnet wurde, sind diagonale Linien sichtbar, die sich fächerartig ausbreiten. Als Kontrast hierzu findet man weitere Diagonalen, die sich in entgegengesetzter Richtung ausbreiten und die anderen Linien kreuzen.

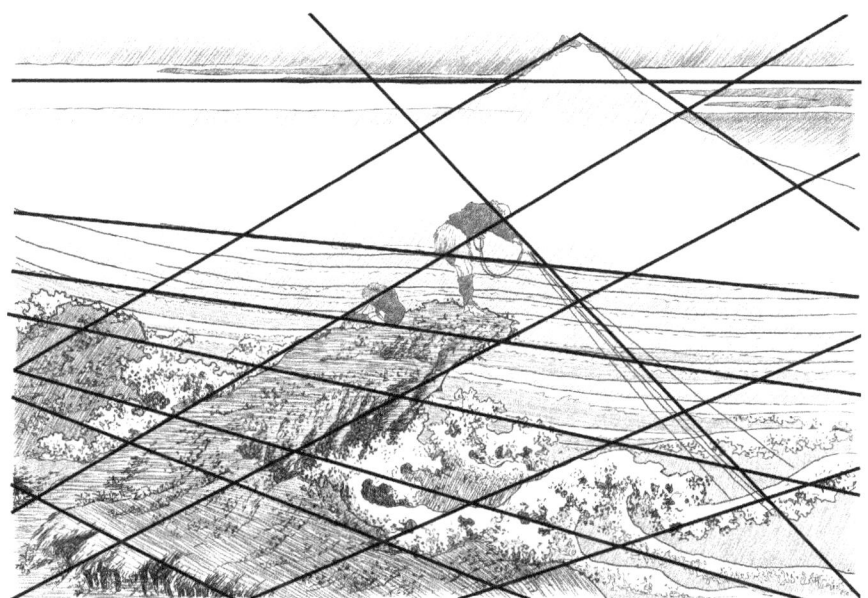

Zeichnung mit hervorgehobenen diagonalen Linien

Ein paar weitere Tricks mit Diagonalen

Diagonale Linien können dazu beitragen, dass der Blick des Betrachters im Bild verweilt. Während vertikale Linien dazu führen können, dass der Blick aus dem Bild hinausgeführt wird, können schräge Linien den Blick von der einen zu anderen Seite des Bildes führen.

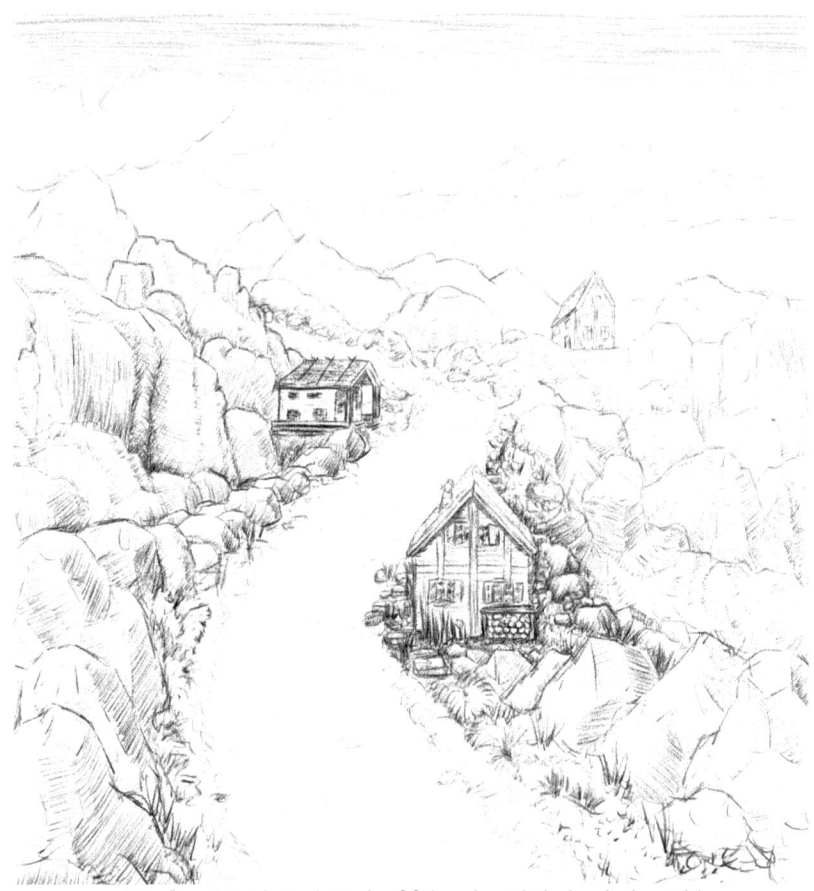

Straße mit Zick-Zack-Verlauf führt den Blick durch das Bild

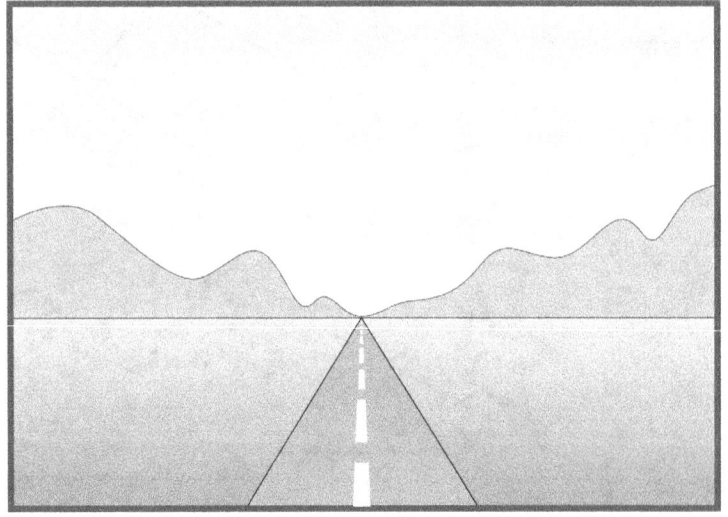

Eine vertikal verlaufende Straße führt den Blick sehr schnell aus dem Bild heraus

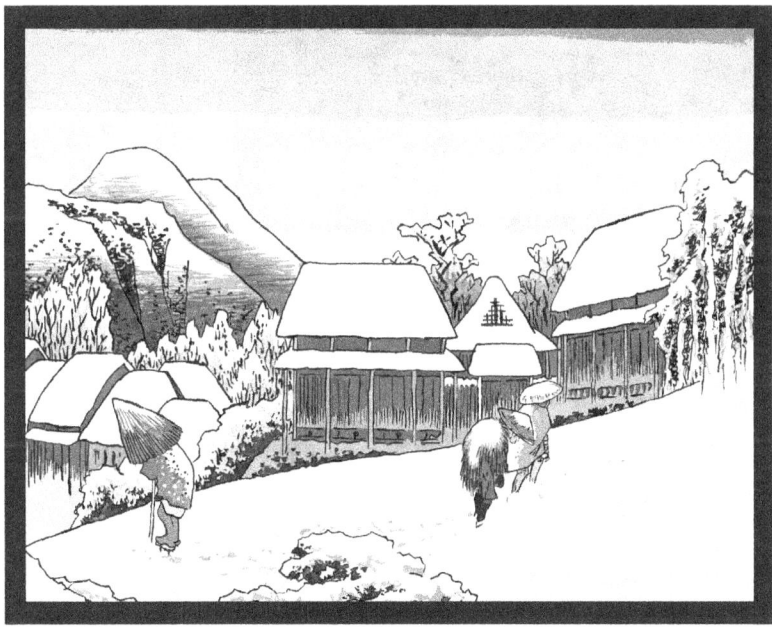

absteigende Diagonale

aufsteigende Diagonale

Oft werden aufsteigende und absteigende Diagonalen eingesetzt um bestimmte Bildwirkungen zu erzeugen. Von aufsteigenden Diagonalen spricht man bei einem Linienverlauf von links unten nach rechts oben, von absteigende Diagonalen spricht man hingegen bei einem Linienverlauf von links oben nach rechts unten.

Absteigende Linien werden eher mit negativen Gefühlen suggeriert und können dazu beitragen den Blick des Betrachters aus dem Bild zu führen. Zudem verbringt der Betrachter weniger Zeit mit den Bilddetails entlang der Diagonalen. Im Gegensatz dazu werden aufsteigende Diagonalen eher mit positiven Gefühlen in Verbindung gebracht und wirken für manche Menschen ästhetischer. Der Blick des Betrachters wird länger im Bild gehalten und verweilt länger auf den Details im Bereich der Diagonalen.

4.2.4 Kurven

Bei Kurven handelt es sich um Linien, die ein besonders starkes aber auch schwerer zu beherrschendes Gestaltungselement darstellen. Kurven wirken elegant und zugleich dynamisch auf den Betrachter. Vor allem, wenn Kurven einen Richtungswechsel aufweisen, besitzen sie eine vergleichslose Ästhetik. Sie vermitteln ein überaus starkes Gefühl von Bewegung und Geschwindigkeit, mit einer deutlich stärkeren Wirkung als es Diagonalen vermögen. Denn Kurven entstehen durch eine kontinuierliche Richtungsänderung, die gerade typisch für Bewegungsabläufe ist.

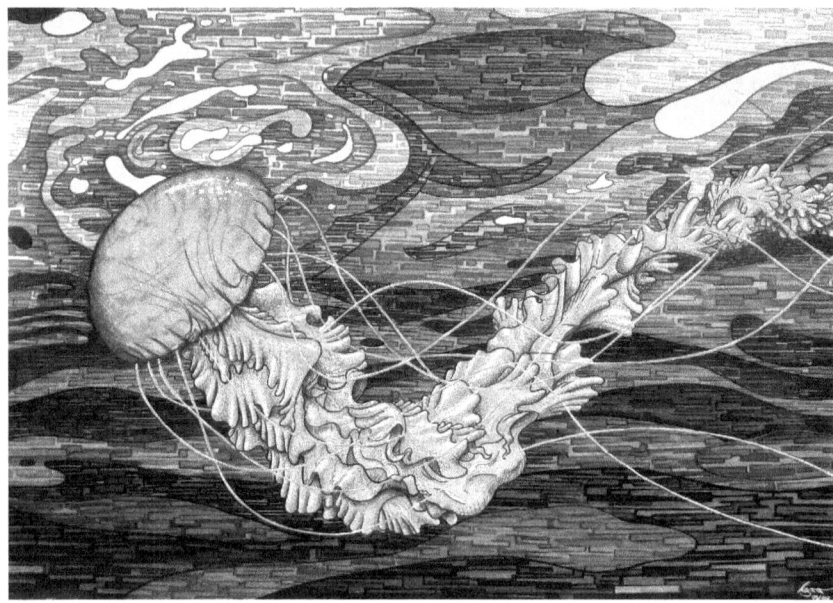

Illustration einer Qualle, die durchs Wasser schwimmt

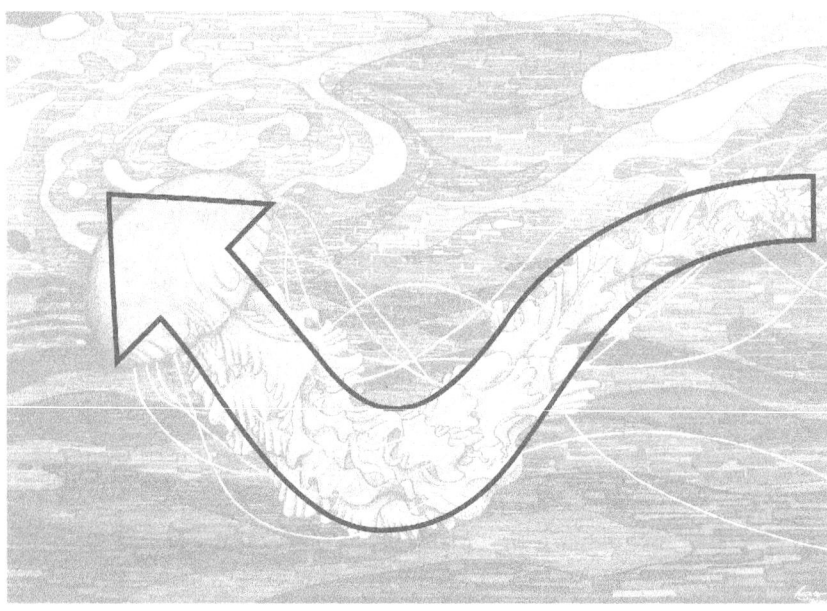

Die kurvenförmige Gestalt lässt die Bewegung der Qualle erahnen

Wie es auch bei diagonalen Linien der Fall ist, folgt das Auge des Betrachters sehr leicht einer Kurve, die man in einem Bild erkennen kann. Auf diese Weise kann man den Blick gezielt durch das Bild führen. Da diese Art von Linien nicht gerade verlaufen, ist die Gefahr geringer, dass man den Blick des Betrachters zu früh aus dem Bild herausführt.

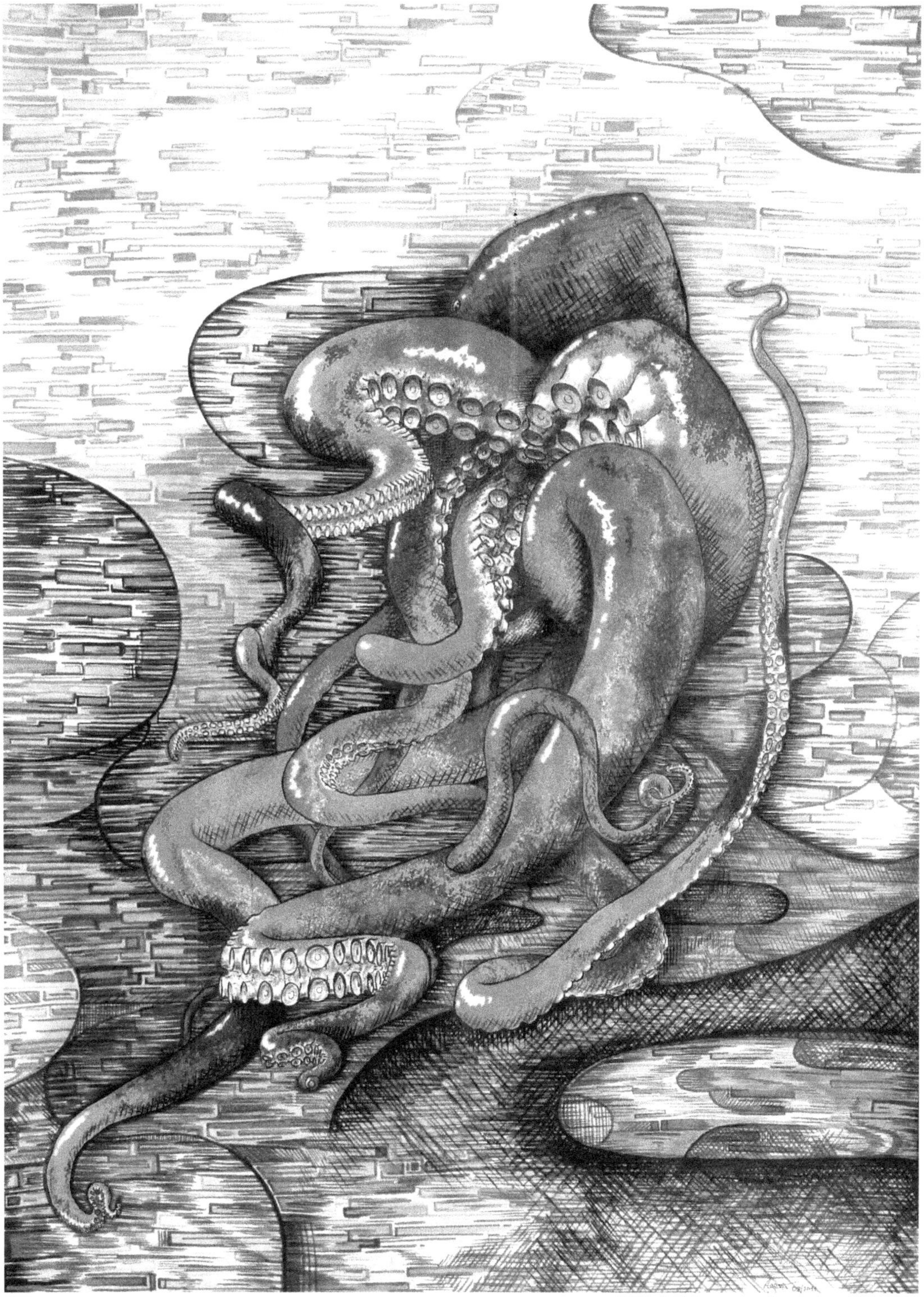

Die Illustration mit dem Kraken lebt von den vielen Kurven, die in unterschiedlicher Richtung verlaufen

Aus handwerklicher Sicht haben Kurven das Problem, dass sie schwieriger zu finden sind. Während man Diagonalen für eine Bildkomposition oft noch gezielt erzeugen kann - indem man zum Beispiel den eigenen Blickwinkel verändert – müssen Kurven von vorneherein im Motiv vorhanden sein. Dieser Umstand macht die Bildgestaltung mit Kurven deutlich schwieriger. Allerdings müssen Kurven nicht immer echte Linien sein. Es ist auch möglich, dass eine Reihe von Punkten als Kurve interpretiert wird. Es wirken hier die Gestaltgesetze „Gesetz der Nähe" und „Gesetz der guten Fortsetzung". Ebenso kann eine passende Aneinanderreihung von Geraden eine gedachte Kurve erzeugen.

Das folgende Bild ist ein weiteres, besonders gutes Beispiel für den Einsatz von Kurven. Bei dem Bild handelt es sich um eine Komposition von Caravaggio. Die wichtigsten Kurven sind dabei durch Linien markiert. Was man bei der Linienführung sofort feststellt, ist wie der Blick des Betrachters geleitet wird. Aber auch die entstehende Dynamik und Bewegung im Bild ist sofort wahrnehmbar.

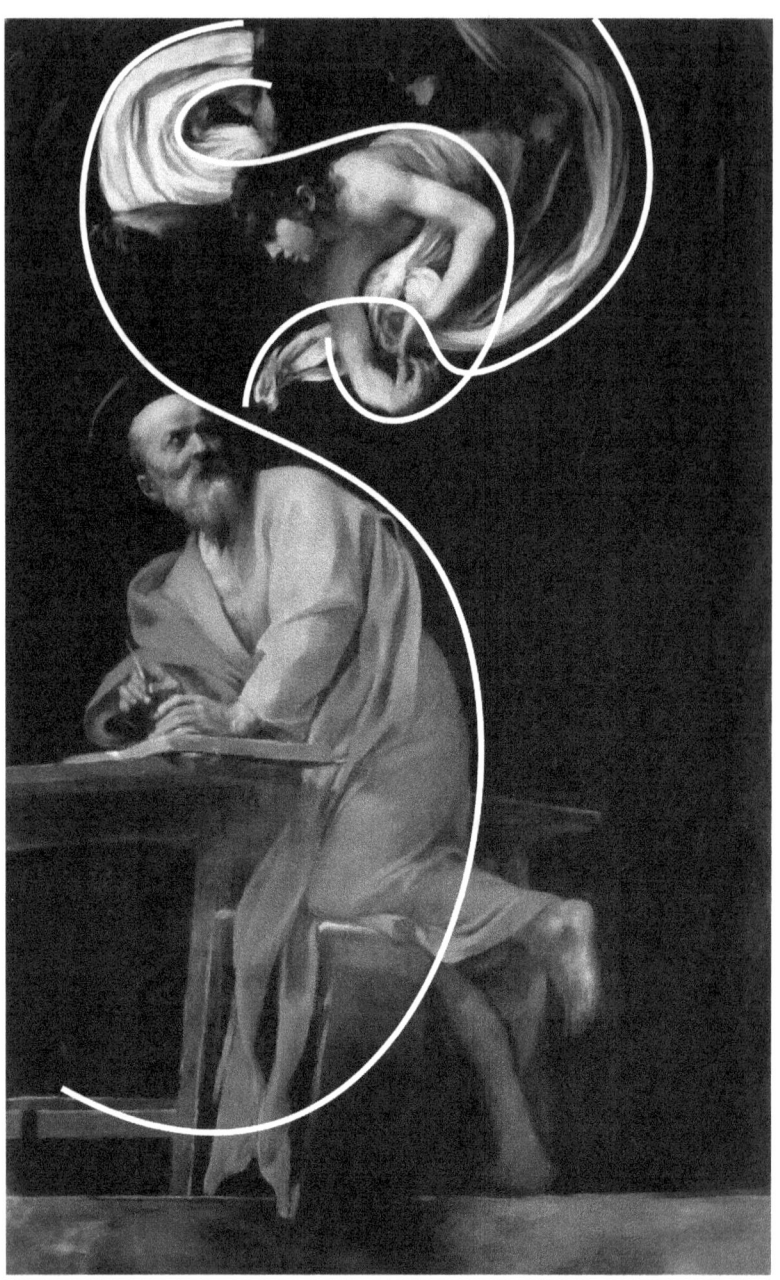

Matthäus mit dem Engel - Replikat - mit eingezeichneten Kurvenlinien

Original: Michelangelo Merisi da Caravaggios, 1602

4.2.5　Blicklinien

Bei Blicklinien handelt es sich um sogenannte unsichtbare Linien. Denn obwohl eigentlich keine Linie zu sehen ist, nimmt der Betrachter eine imaginäre Linie war, die von den Augen einer porträtieren Person ausgeht. Blicklinien werden vom Betrachter sehr schnell wahrgenommen, da ein menschliches Gesicht in einem Bild die Aufmerksamkeit auf sich lenkt, wie kein anderes Element. Daher sind diese gedachten Linien extrem stark und führen den Blick des Betrachters sofort in eine Richtung. In vielen Bildern werden Blickrichtungen ganz gezielt eingesetzt, um die Aufmerksamkeit auf ein bestimmtes Detail zu lenken.

Ähnlich ausdrucksstark sind Blicke die zwei Personen erwidern. Ein Beispiel hierfür finden wir in dem Bild, das im vorhergehenden Unterkapitel gezeigt wurde: „Matthäus mit dem Engel" von Caravaggio. Ein anderes gutes Beispiel für Blicklinien ist die „Berufung des Hl. Matthäus", welches ebenfalls von Caravaggio stammt. Eine nähere Beschreibung des Gemäldes liest Du im Folgenden.

Beispielbild: Berufung des Hl. Matthäus

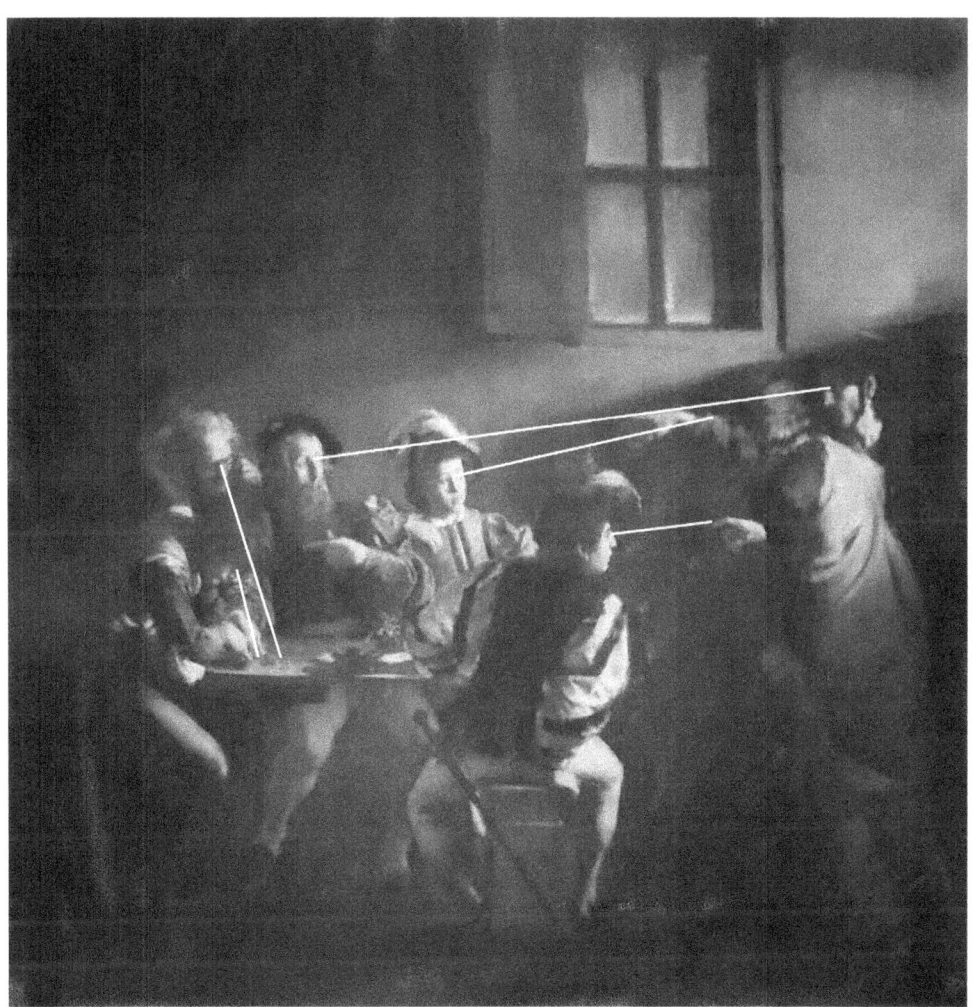

Berufung des Hl. Matthäus - Replikat - mit eingezeichneten Blicklinien
Original: Michelangelo Merisi da Caravaggios, 1599/1600

Ein besonders gutes Beispiel für den Einsatz von Blicklinien ist das Gemälde „Berufung des Hl. Matthäus", das Michelangelo Merisi da Caravaggios gegen 1600 gemalt hat. Es zeigt eine biblische Szene, in der Jesus Christus ein Zollhaus betritt, dort den Zöllner Matthäus sieht und ihn auffordert ihm zu folgen. Zwischen dem Mann mit dem Bart (vermutlich Matthäus) und Jesus besteht ein direkter Blickkontakt. Der Mann in der Mitte des Bildes blickt ebenfalls zu Jesus. Die beiden Zöllner ganz links im Bild scheinen von dem Ereignis ungerührt und beschäftigen sich weiterhin lediglich mit dem Zählen ihrer Einnahmen. So kann sich der Betrachter anhand der Blicklinien ausmalen, was in diesem Moment vor sich geht. Unterstützend zu den Blicklinien findet man in dem Bild weitere unsichtbare Linien, die von den deutenden Fingern ausgehen. Jesus Christus und sein Begleiter Petrus deuten in Richtung der Männer links und führen damit auch den Blick des Betrachters automatisch in diesen Bereich des Gemäldes. Ob der Mann mit dem Vollbart in der linken Bildhälfte auf sich selbst oder einen der Männer links von ihm deutet, ist in der Kunstwelt indes umstritten.

4.3 Konturen

Unter der Kontur versteht man den Umriss (auch Silhouette) eines Bildelements. Konturen stellen ein bedeutendes Gestaltungsmittel in der Malerei und Zeichnung dar. In der Malerei entstehen Konturen durch deutliche Farbübergänge auf sehr engem Raum. Bei einem Übergang von beispielsweise blau auf gelb entsteht eine sichtbare Kontur. Auch starke Tonwertunterschiede auf engem Raum machen eine Kontur sichtbar.

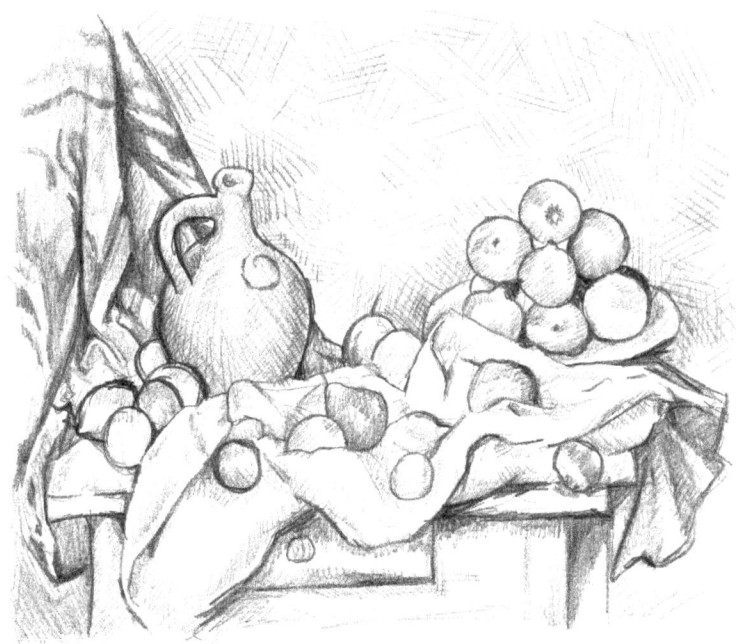

Zeichnung mit deutlich dargestellten Konturen
Skizze nach einem Stillleben von Paul Cézanne „Stillleben mit Vorhang, Krug und Obstschale"

Konturen zählen in den Bereich der grafischen Gestaltungselemente. Mit ihnen lassen sich nur zweidimensionale Formen wiedergeben. Beim Zeichnen aber auch in der Malerei werden Konturen oft verstärkt, indem man den Umriss des Elements mit einer schwarzen Linie nachzeichnet. Diese Konturlinien geben auch Gemälden einen zeichnerischen Aspekt. In der Realität existieren diese ausdrücklich gezeichneten Umrisse selbstverständlich nicht.

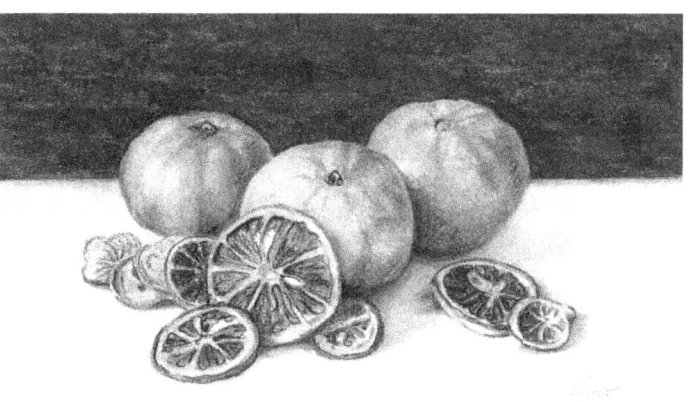

Darstellung ohne explizit dargestellte Konturen

Gestaltung mit Konturen

Je nachdem wie stark die dargestellten Konturen ausgeprägt sind, können Sie im Bild eine sehr dominante Charakteristik entfalten und den Gesamteindruck eines Bildes maßgeblich prägen. Wie bereits geschrieben, kann man mit ihnen auch einem Gemälde einen zeichnerischen und grafischen Eindruck verleihen. Bildgestaltung mit Konturen gelingt auch durch den Verlauf der Konturen. Sie können rund und geschwungen aber auch kantig und dramatisch verlaufen.

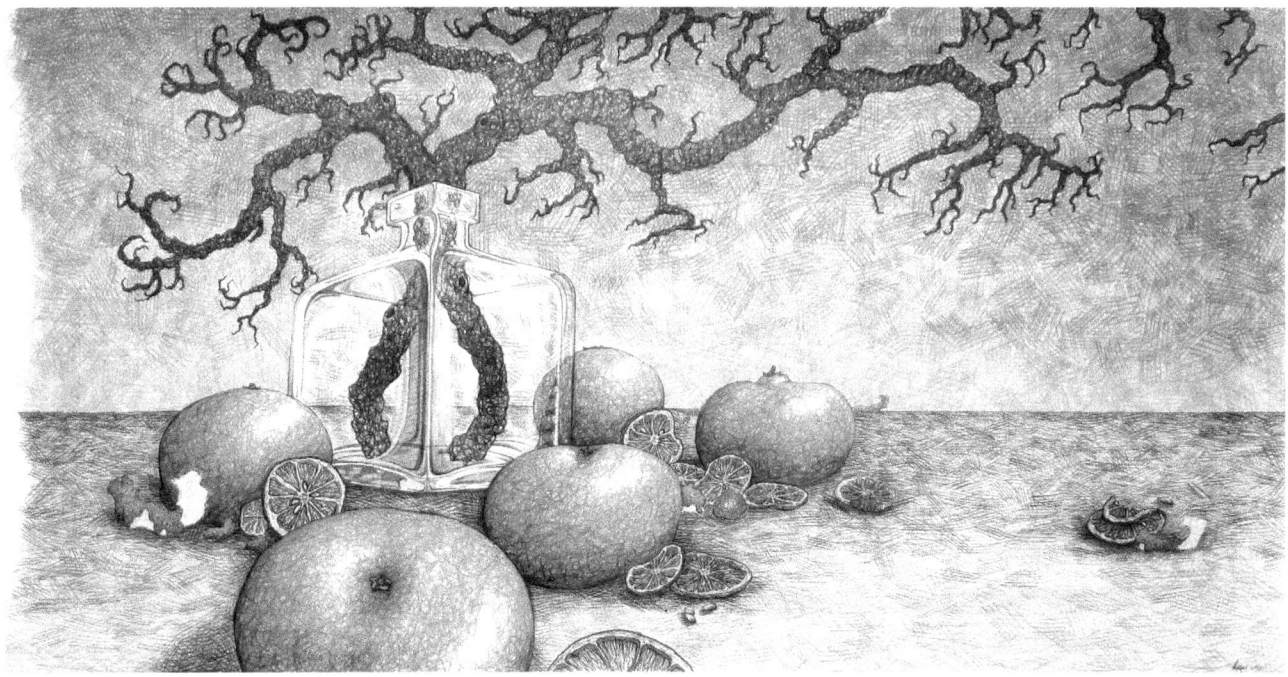

Kontrast zwischen runden Linien (Mandarinen) und kantigen Linien (Ast) in einem Stillleben

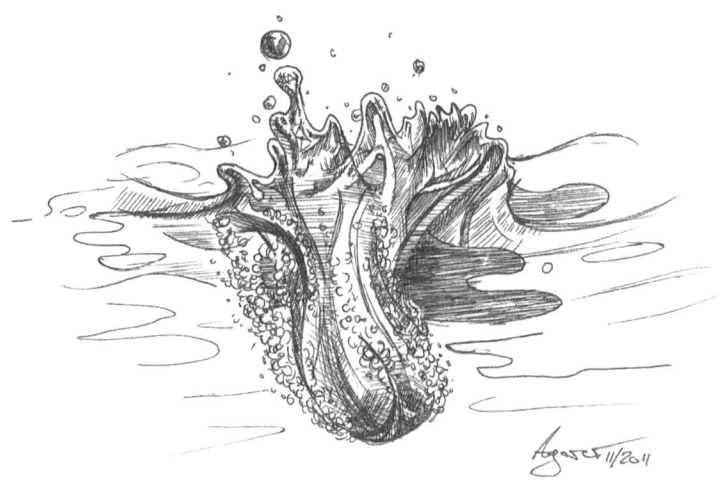

Zeichnung mit überwiegend runden Konturen

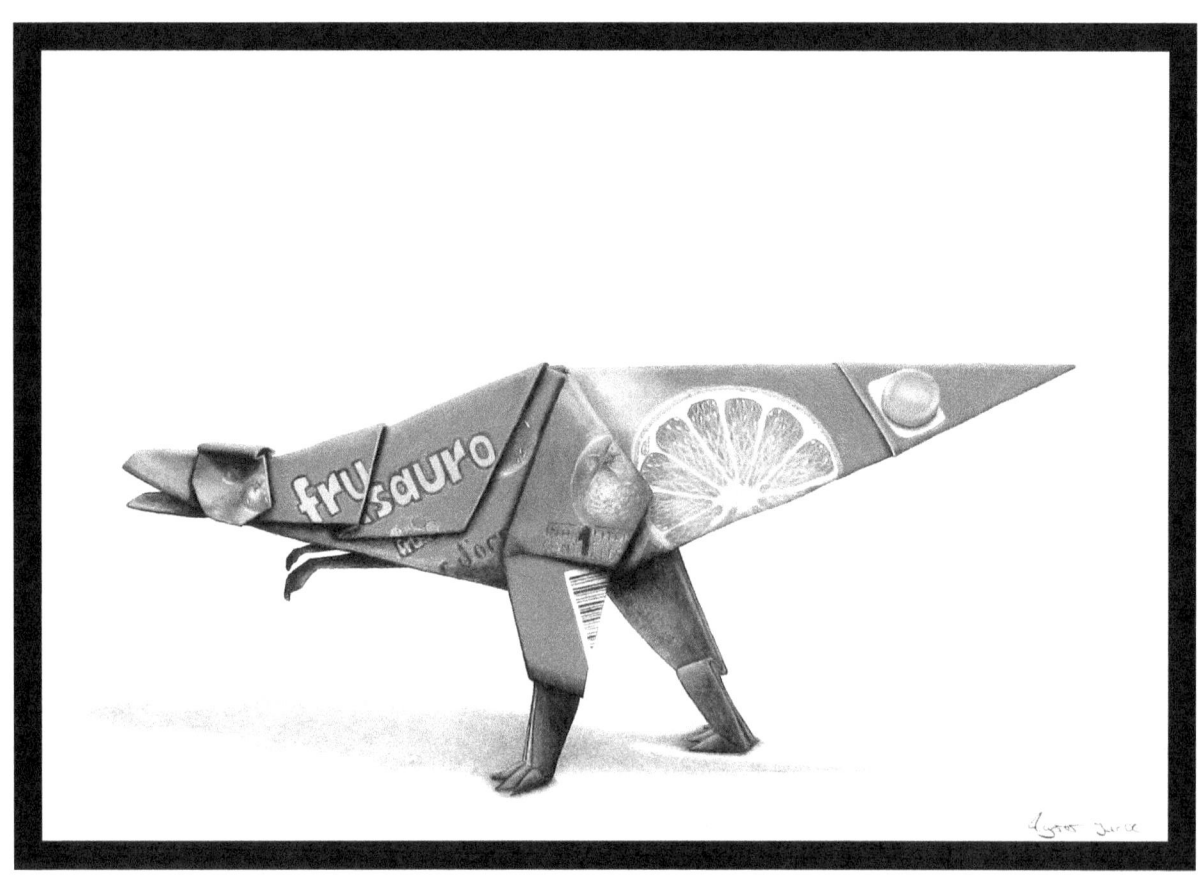

Die Illustration „Papierkrieger #4 – T-Rex" zeigt vor allem kantige Konturen

Da Konturen zumeist geschlossen sind, bilden sie Formen, womit wir bereits zur Überleitung des folgenden Themas kommen: Fläche und Form.

4.4 Fläche & Form

Wie bereits im vorhergehenden Unterkapitel erwähnt, kommen wir nach Punkt, Linie und Kontur nun zur Fläche. Mit der Fläche eröffnen wir eine weitere Dimension in der Bildebene und treffen somit auf das erste zweidimensionale grafische Gestaltungselement.

4.4.1   Fläche

Mit der Fläche haben wir, wie mit der Linie, ein Bildelement, das potentiell unendlich ist. Das heißt im konkreten Fall natürlich immer auch, dass eine Begrenzung dadurch gegeben ist, dass ein Bild, wie groß auch immer, spätestens am Bildrand endet. Allerdings bedeutet dies wiederum nicht, dass Linie und Fläche nicht als Unendliches intendiert und vom Betrachter folglich auch als unendlich imaginiert werden können. Hier treten die realen Begrenzungen eines Kunstwerkes in ein produktives Spannungsverhältnis zur schöpferischen Fantasie des Künstlers und des Betrachters. Insofern ist die Fläche als Element der Bildgestaltung zugleich konkret, nämlich in ihrer realen Begrenzung und überschreitet diese Begrenzung zugleich als ein abstrakter Begriff. In der Bildkomposition wird die Fläche zumeist jedoch lediglich als Träger von Struktur/Textur oder Farbe wahrgenommen.

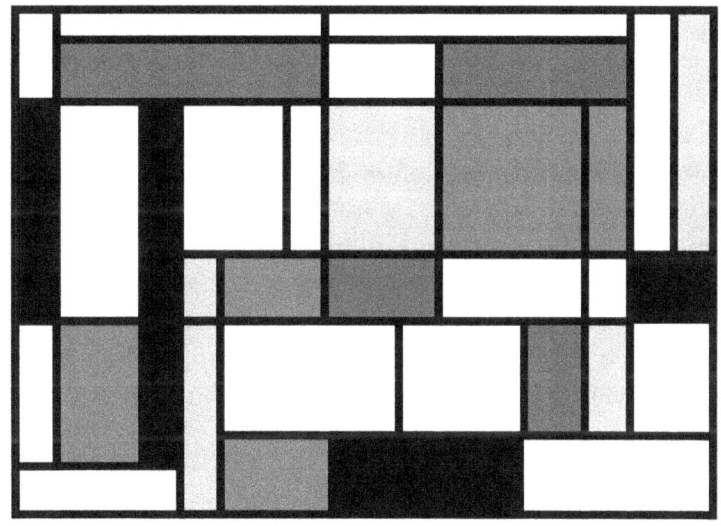

Auf Flächen basierendes Bild
Reproduktion eines Gemäldes von Piet Mondrian

4.4.2   Form

Jede Fläche, die in einem Kunstwerk begrenzt ist (und sei es einfach nur der Bildrand), bildet eine Form. Der Betrachter nimmt bei einer Form zuerst die Ecken wahr, dann erst die Kanten. Erst als Drittes folgt der Flächeninhalt. Im Vordergrund steht also die äußere Form und nicht der Inhalt einer Fläche. Eine Tatsache, die man bei der Bildgestaltung nie außer Acht lassen sollte.

Grundlegend bei der Wahrnehmung von Formen sind die einfachsten Grundformen. Diese Grundformen sind das Dreieck, der Kreis, das Oval, das Quadrat und das Rechteck. Die Bezeichnung Grundformen rührt daher, weil diese Formen nicht weiter reduziert oder vereinfacht werden können, ohne dabei ihre Charakteristik zu verlieren. Nur in ihrer ursprünglichen Form können sie ihre "Bedeutung" und Funktion beibehalten. Die einfachen Grundformen bilden also eine Art Wortschatz unserer Wahrnehmung. Veränderungen dieser Form hätten ähnliche Auswirkungen, wie die willkürliche Veränderung einzelner Wörter für die Bedeutung eines Textes.

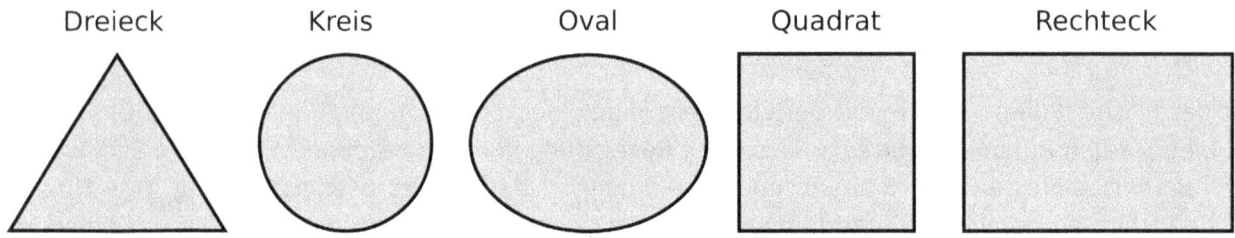

Geometrische Grundformen für die Bildkomposition

4.4.3 Die Wirkung von Formen

Für die menschliche Wahrnehmung scheinen Formen ein Gewicht und somit auch einen Schwerpunkt zu besitzen. Der Schwerpunkt ist auch als das Zentrum der Form begreifbar. Allerdings lässt sich dieser Schwerpunkt nicht als physikalisches "Gravitationszentrum" in einem wissenschaftlichen Sinn erfassen. So kann es sein, dass bei komplexen Formen, die aus mehreren Grundformen gebildet werden, mehrere solcher "Gravitationszentren" wahrgenommen werden können.

Ein solches Zentrum oder auch ein als solches empfundener Schwerpunkt markieren einen speziellen Ort innerhalb der Form. Die Form selbst gewinnt auf diese Weise einen zusätzlichen Punktcharakter und wird so in der Wahrnehmung zu einem exakten Ort innerhalb der Komposition. Bezogen auf einen bildbestimmenden Punkt außerhalb der Form entsteht ein Zweiklang zwischen zwei Elementen, die nicht gleichwertig sind. Auf diesen Zweiklang von Formgewichten und das daraus entstehende Gleichgewicht, werden wir im späteren Verlauf des Buchs noch einmal zurückkommen.

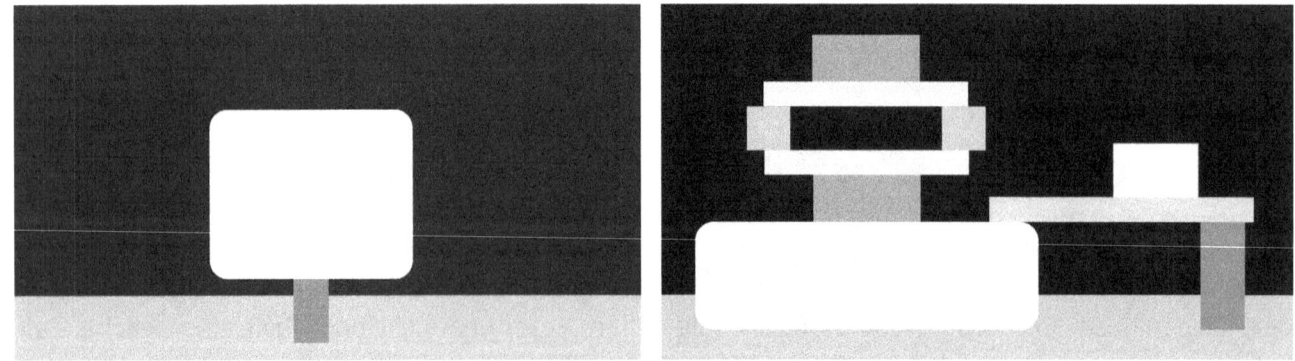

links: Komposition im Gleichgewicht mit leicht erkennbarem Schwerpunkt.

rechts: Komposition im Gleichgewicht mit komplexerem Aufbau

Auch die Form trennt, so wie die Linie, zwei Bereiche. Bei der Linie haben wir zwei offene Bereiche, bei der Form haben wir einen offenen Bereich außerhalb und einen geschlossenen Bereich im Inneren. Jede Form präsentiert sich somit auf zwei Betrachtungsweisen: Zum einen als geometrisches Element innerhalb einer Bildkomposition. Hier steht die Form in einer Art Wechselwirkung mit der Bildfläche und weiteren Bildelementen. Zum anderen bietet die Form eine innere Komposition, die durch ihre Kontur begrenzt ist. Im einfachsten Falle ist dies die Bildfläche selbst. Doch auch jede eigenständige Form innerhalb der Bildfläche kann den Rahmen eines eigenen Bildes darstellen.

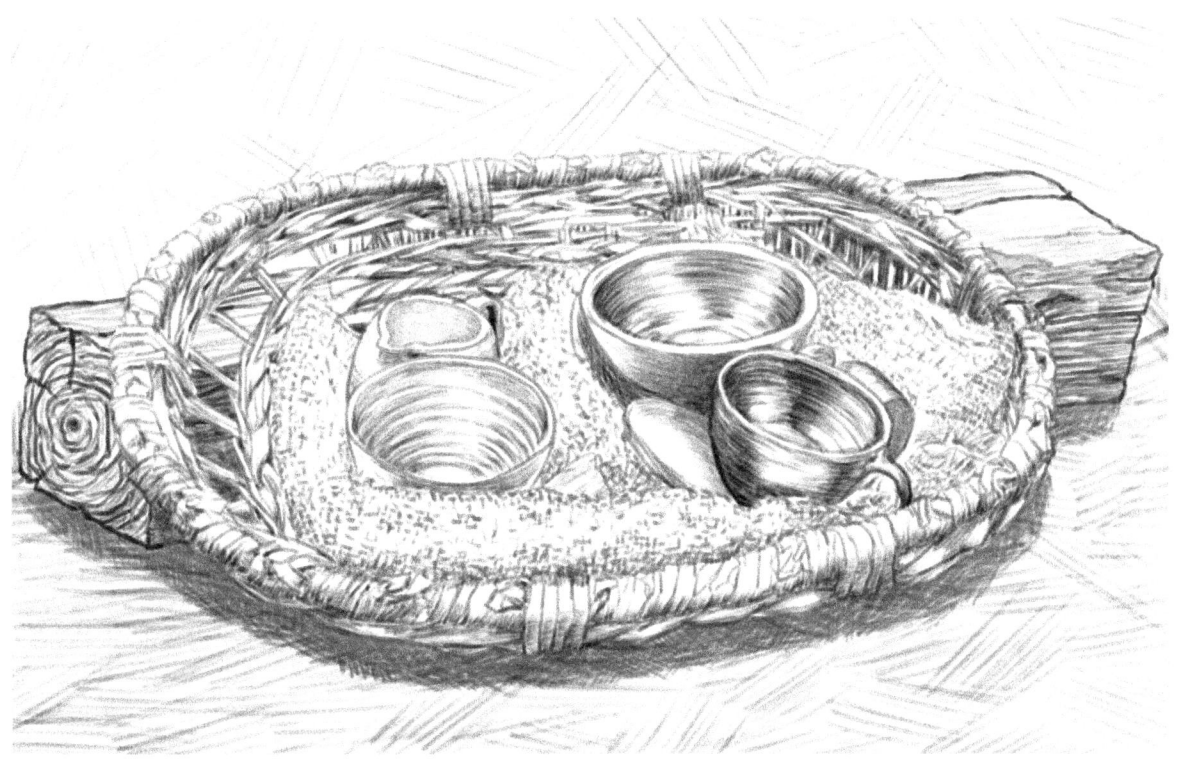

Der Korb bildet eine geschlossene Form mit einer inneren Komposition

Der Schwerpunkt ist dabei die Kraft, die den Blick in das Innere der Form zieht. Die Ecken und Kanten stellen die Verbindung zu dem dar, was außerhalb der Form liegt. Außerdem beeinfluss die Formsymmetrie die Orientierung der Form im Bild, die zum Beispiel schräg oder gerade sein kann. In Zusammenhang mit dem Schwerpunkt der Form, können dadurch Gefühle wie Instabilität oder auch Festigkeit vermittelt werden.

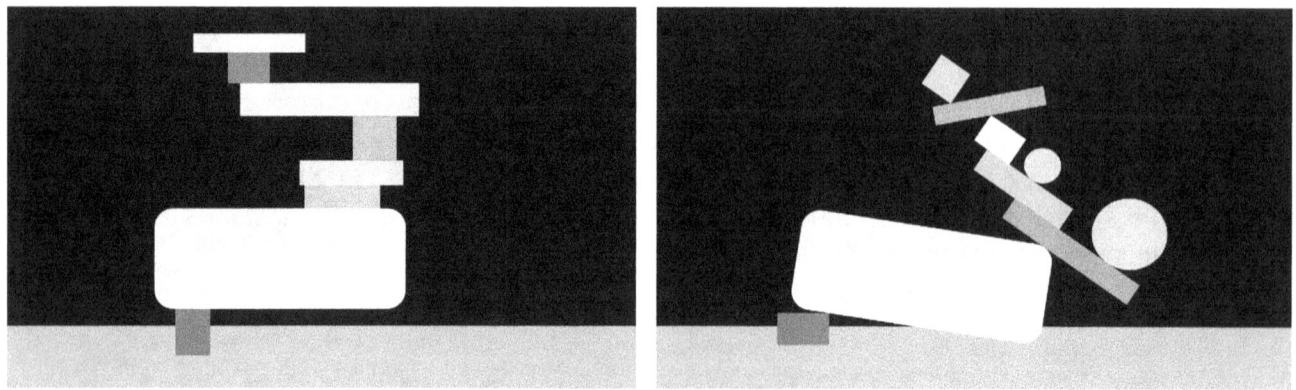

links: Komposition im Ungleichgewicht

rechts: Spannung in der Komposition durch ungewisses Gleichgewicht

Auf die Wirkung der einfachen Grundformen in einer Bildkomposition, werden wir im folgenden Kapitel eingehen. Betrachtet werden dabei Kreis und Oval, Quadrat und Rechteck sowie das Dreieck.

4.5 Geometrische Formen

Geometrische Formen haben als Gestaltungselement einen bedeutenden Einfluss auf die Bildkomposition. Sie stehen für bestimmte Gefühle und Charakteristiken, welche sie dem Betrachter vermitteln. Geometrische Formen können durch die Kontur des Motivs ganz einfach vorhanden sein aber auch durch mehrere Objekte entstehen, die Zusammengenommen eine bestimmte Form ergeben. Somit eigenen sich geometrische Formen als Gestaltungselement auch sehr gut, um Objekte in einem Bild zu arrangieren.

4.5.1 Dreieckskomposition

Eines der am häufigsten verwendeten Stilmittel, das wir in Gemälden, Zeichnungen und Fotografien immer und immer wieder entdecken können, ist die Dreieckskomposition. Besonders intensiv wurde diese Methode in der Epoche der Renaissance eingesetzt, da das Dreieck ein Symbol für die göttliche Dreifaltigkeit war.

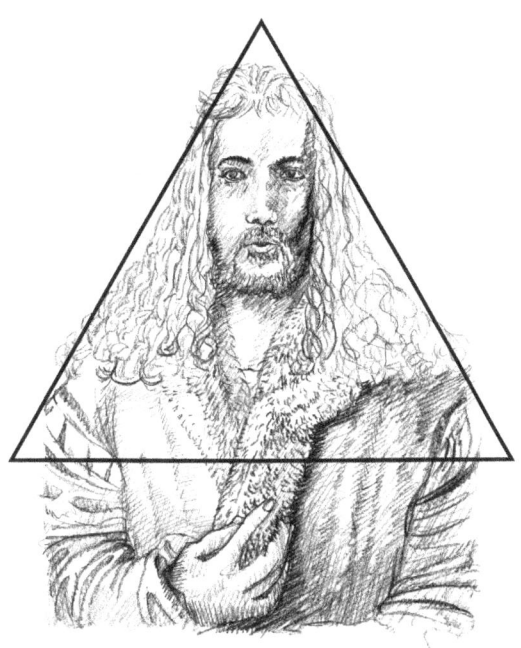

Dreieckskomposition in einem Portrait
Bleistiftzeichnung eines Selbstportraits von Albrecht Dürer

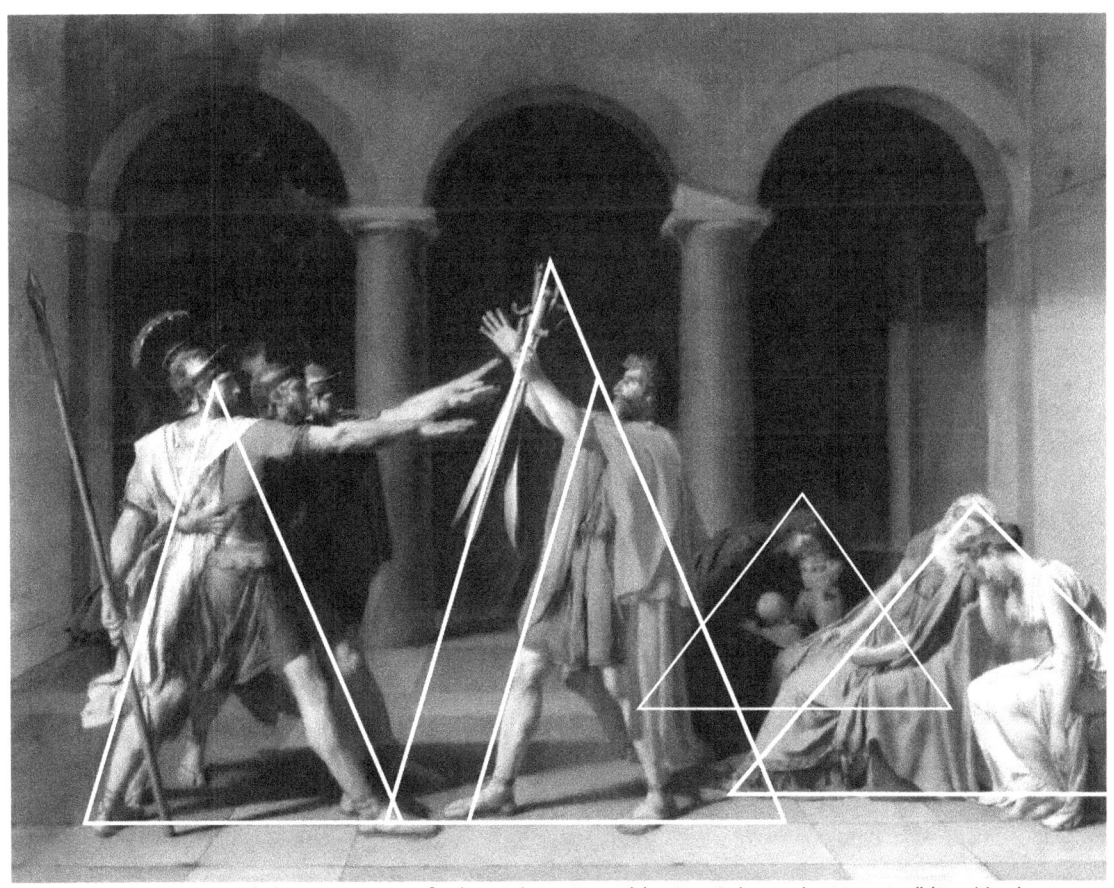

Mehrere Dreieckskompositionen finden sich im Gemälde „Der Schwur der Horatier" (Replikat)
Original: Jacques-Louis David, 1784

Aber auch heutzutage wird gerne auf diese Kompositionstechnik zurückgegriffen. Das Dreieck als Anordnungsprinzip von Bildgegenständen verkörpert Klarheit, Ruhe und Harmonie. Die Form wirkt solide wie ein Berg und gibt dem Betrachter dadurch automatisch ein Gefühl von Stabilität.

Ähnlich wie auch der Goldene Schnitt, hat die Form des Dreiecks eine besonders harmonisierende und ordnende Wirkung. Man sollte sich jedoch darüber bewusst sein, dass gleichschenklige oder gleichseitige Dreiecke häufig starr und statisch wirken. Lebendigere Werke entstehen, indem man asymmetrische Dreiecke als Grundlage für die Komposition verwendet.

Dreieckskomposition im Stillleben

In Stillleben wird die Dreieckskomposition sehr häufig angewendet. Dabei kann man die Form eines Dreiecks erschaffen, durch die Staffelung von unterschiedlich hohe Gegenstände. Auch die Tiefe des Raums kann verwendet werden, indem man einige Objekte weiter nach hinten schiebt, um die Spitze des Dreiecks zu formen.

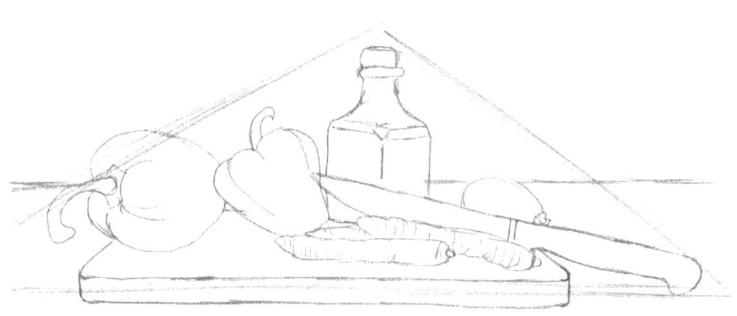

Entwurf eines Stilllebens mit einer Dreieckskomposition

Bei vielen Stillleben kann man zudem eine Differenzierung zwischen zwei unterschiedlichen Arten der Dreieckskomposition feststellen: Dem rechtwinkligen Dreieck und der Pyramidenform.

Rechtwinklige Dreieckskomposition

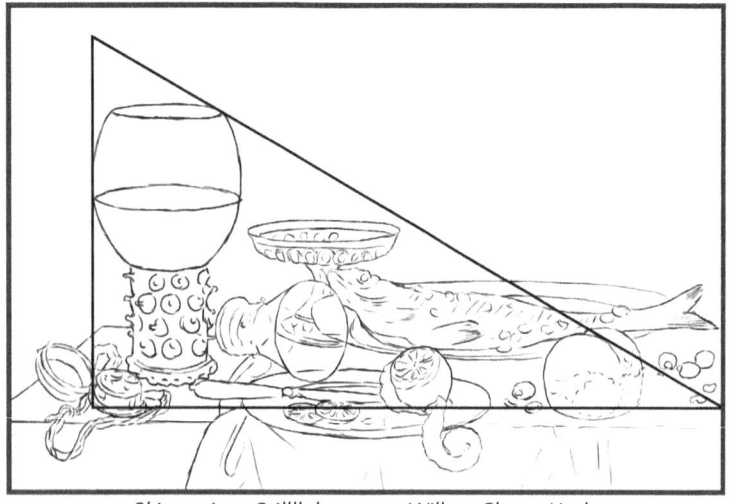

Skizze eines Stilllebens von Willem Claesz Heda "Stillleben mit Römer und Uhr", 1629

Bei der rechtwinkligen Dreieckskomposition handelt es sich um ein Arrangement auf dem Tisch, das von einer der beiden vertikalen Seiten des Bildes ausgeht. Die senkrechte Seite des Dreiecks befindet sich weit rechts oder links im Bild und bildet mit der waagrechten unteren Seite des Dreiecks einen rechten Winkel.
Bei dieser Gestaltungsmethode ist nur eine Kompositionsstütze vorhanden. Das Zentrum des Bildes wandert in der Regel automatisch aus der Mittel des Bildes heraus.

Pyramide

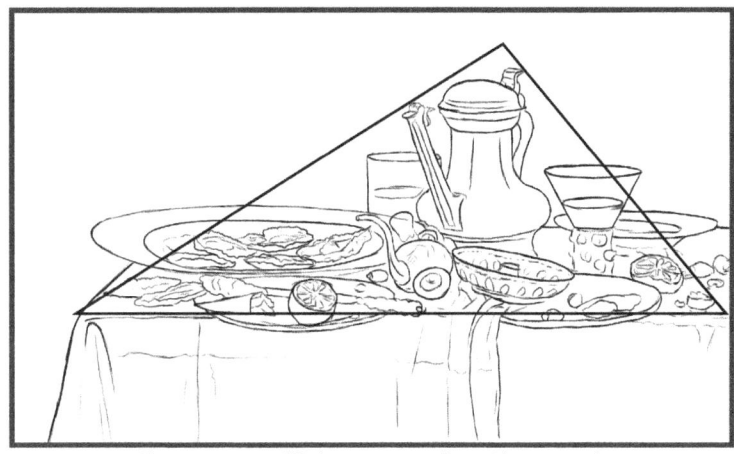

Skizze eines Stillllebens von Willem Claesz Heda
"Stillleben mit Zinnstücken"

Die Pyramidenform kann einem gleichschenkligen Dreieck entsprechen - muss sie aber nicht. Beliebter ist die schräge Pyramide, da hier der Schwerpunkt der Komposition aus der Mitte des Bildes herauskommt. Bilder wirken dadurch weniger statisch – man denke hier auch an die Gestaltungstechniken des Goldenen Schnitts und der Drittelregel. Auch dieses Schema arbeitet mit nur einer Kompositionsstütze.

Doppeltes Dreieck

Eine Variante ist das doppelte Dreieck, bei dem zwei Dreiecke zu einer Gesamtkomposition arrangiert werden.

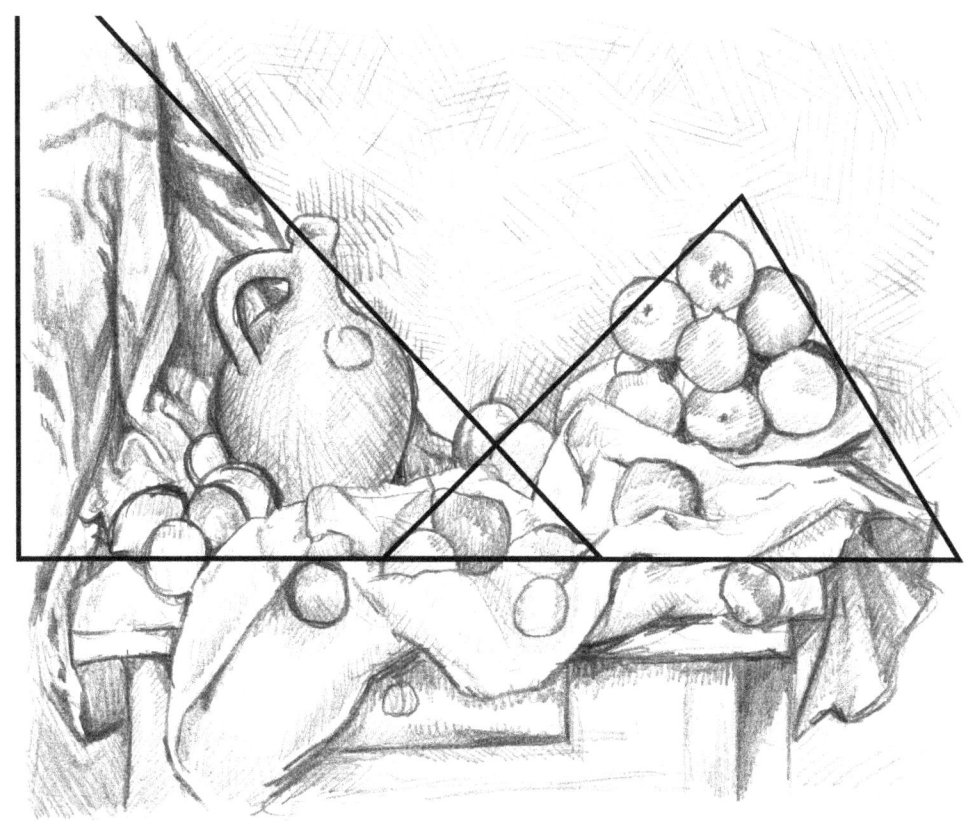

Skizze eines Stilllebens von Paul Cezanne
„Stillleben mit Vorhang, Krug und Obstschale", ca. 1894

4.5.2 Kreis und Oval

Kreise und Ovale Formen in der Bildkomposition erzeugen die Wirkung von Geschlossenheit. Alles, was sich innerhalb dieser geometrischen Form befindet, wird von ihr vereinnahmt. Außerdem erzeugen runde Formen zusätzlich ein gewisses Gefühl von Bewegung – also Rotation.

Damit die Form eines Kreises oder Ovals in einem Bild auch als solches erkannt wird, muss sie sehr klar umrissen sein und gut zu erkennen sein. Die Schwierigkeit bei der Umsetzung dieses Ziels besteht in dem Umstand, dass Kreise und Ovale oft schwer zu finden oder zu erzeugen sind. Ein beliebtes Beispiel findet man in Stillleben. Hier können Früchte, Gemüse oder andere Bildobjekte in eine runde Schale gelegt werden, welche dann aus einem Blickwinkel eher von oben betrachtet wird.

Bei der Anwendung dieser Kompositionshilfe sollte der Zeichner jedoch immer bedenken, dass Kreise und Ovale die Aufmerksamkeit des Betrachters sehr stark binden. Aus diesem Grund sollte man diese Formen mit Bedacht und sehr gezielt einsetzen.

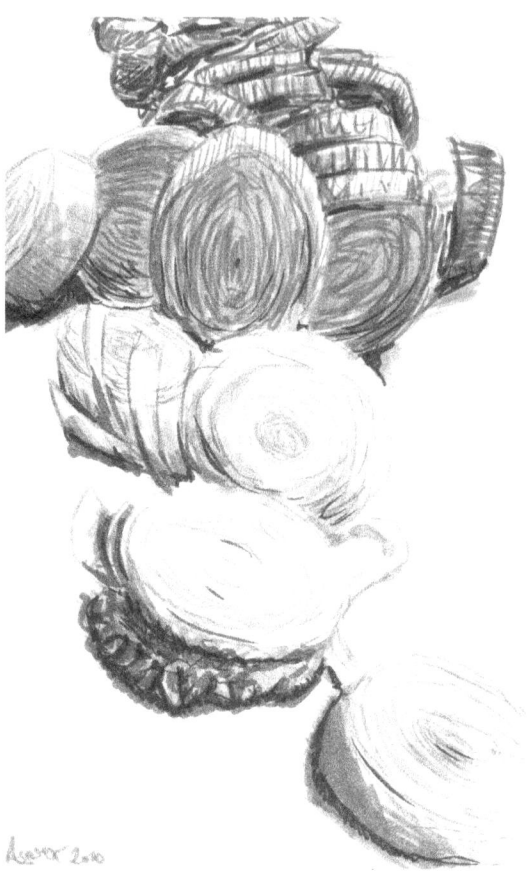

Stillleben mit geschnittenem Lauch

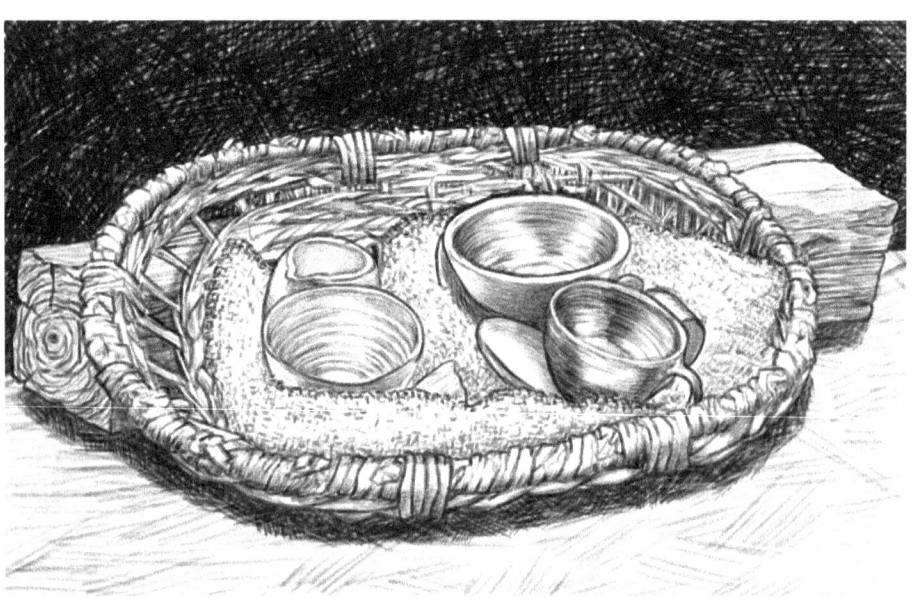

Stillleben mit Tassen in einem ovalen Korb

4.5.3   Quadrat & Rechteck

Das Rechteck als geometrische Kompositionshilfe wird eher selten verwendet. Die Form entspricht nicht typischen natürlichen Formen und kommt in erster Linie bei Objekten vor, die von Menschenhand geschaffen wurden. In Stillleben werden rechteckige Objekte oft in Kombination mit runden Objekten arrangiert, um einen Kontrast zu setzen. Auch die Verwendung in Form eines Rahmens innerhalb des Bildes ist immer wieder zu sehen.

Stillleben mit Bildern und Bilderrahmen

Beim Einsatz von Rechtecken in der Komposition muss allerdings beachtet werden, dass diese streng geometrischen Formen statisch und bewegungslos wirken. Sie lassen in der Regel keine Dynamik oder Bewegung im Bild entstehen. Vielmehr assoziiert man Rechtecke - allen voran das Quadrat – mit Schwerkraft, Solidität, Präzision und der scharfen Abgrenzung von seiner Umwelt. Dies sind verschiedenen Aspekte, die man bei der Bildgestaltung beachten sollte, aber auch gezielt einsetzen kann.

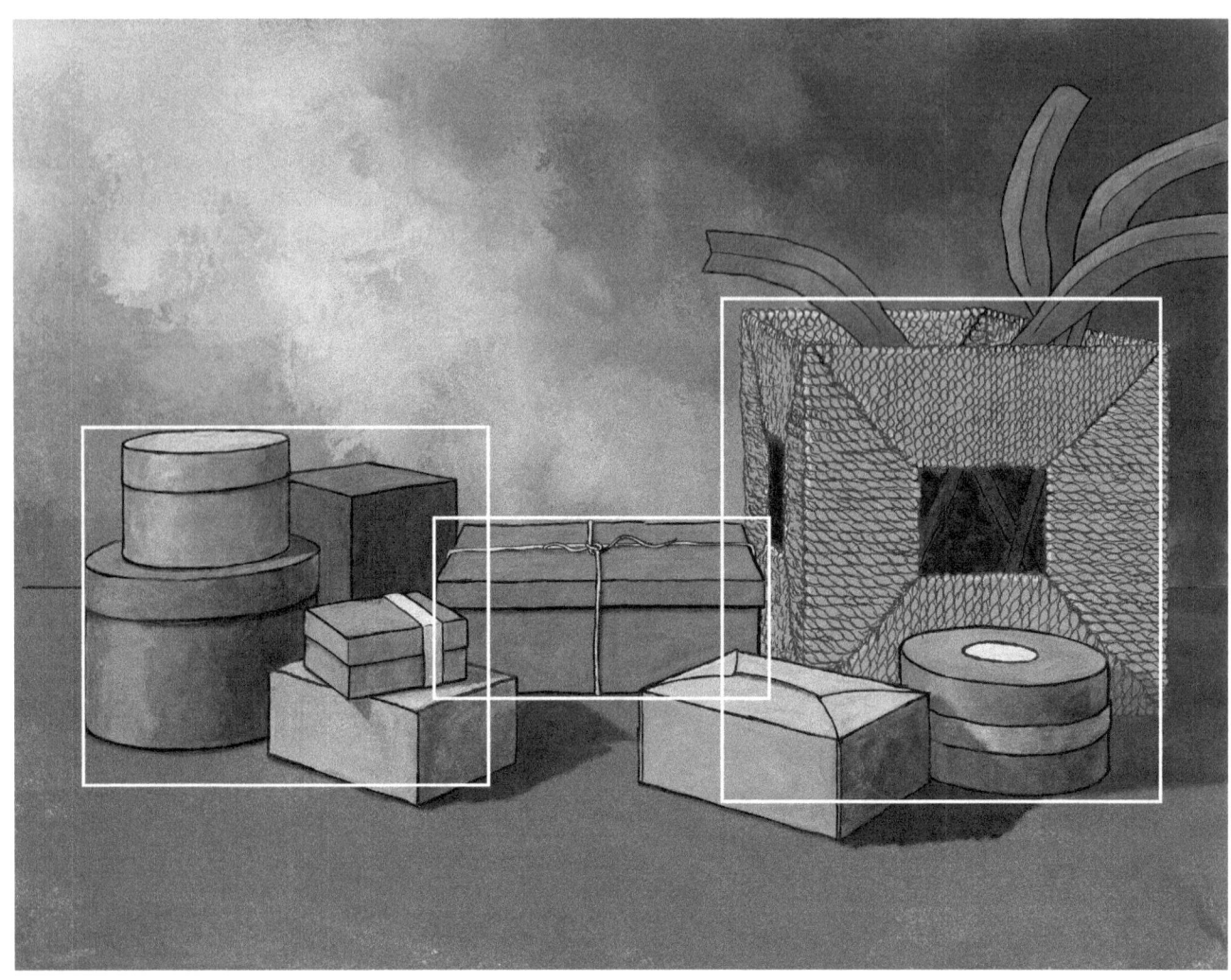

Stillleben mit Rechteck-Komposition

4.6 Struktur

Linien werden dazu eingesetzt Formen abzugrenzen, wodurch Flächen entstehen. Wie wir im vorhergehenden Unterkapitel bereits gelernt haben, dienen Flächen häufig als Träger von Struktur. Die Struktur ist darin das, was man als die Substanz der Fläche bezeichnen könnte. Kompositorisch haben wir dann also die Abfolge Linie - Form - Fläche. Die Struktur ist in Relation zur Form wesentlich kleiner. Sie wird vom Betrachter daher nicht als Einzelnes wahrgenommen. Strukturen können aber dennoch nicht nur Form oder Hintergrund einer Komposition dominieren, sondern auch ganze Bildflächen. Aus diesem Grund ist die Struktur also "flächenbildend".

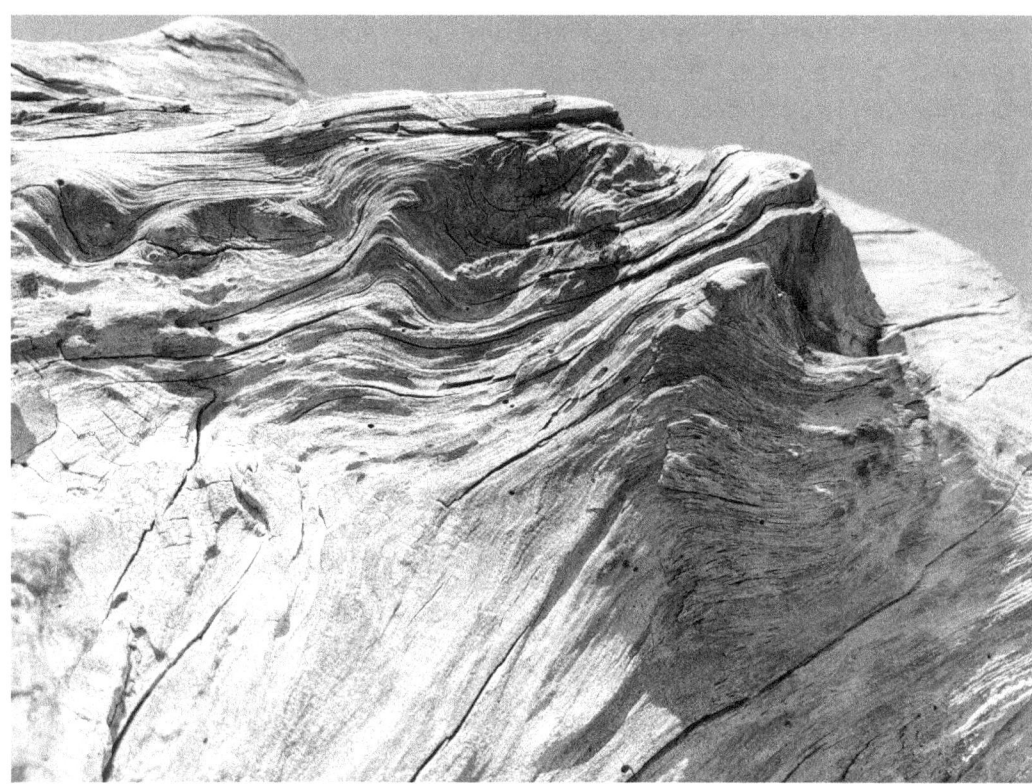

Strukturen eines alten Stück Holzes

Strukturen lassen bestimmte "Ordnungsprinzipien" erkennen. Aus einer gewissen Ferne oder von oben betrachtet können auch größere, vielfältige Einheiten eine Struktur bilden. Ihre Wirkung auf den Betrachter bleibt aber erhalten, solange diese Elemente noch als Einzelnes erkannt werden können. Die Anordnung solcher Elemente, z.B. frei, rhythmisch oder in strenger Zuordnung, ermöglicht unterschiedliche "Ordnungsprinzipien", die von chaotisch bis hin zu ganz exakten Rastern reichen. Solche "Ordnungsprinzipien" können gerade bei Strukturen ganz genau wahrgenommen werden. In diesem Zusammenhang muss man auch zwischen Raster und Struktur unterscheiden. Wobei die Grenzen nicht klar gezogen werden können und mitunter auch "im Auge des Betrachters" liegen. Ein Raster nimmt man z.B. dann wahr, wenn viele und sehr gleichmäßige Elemente genutzt werden.

Raster   ## Struktur

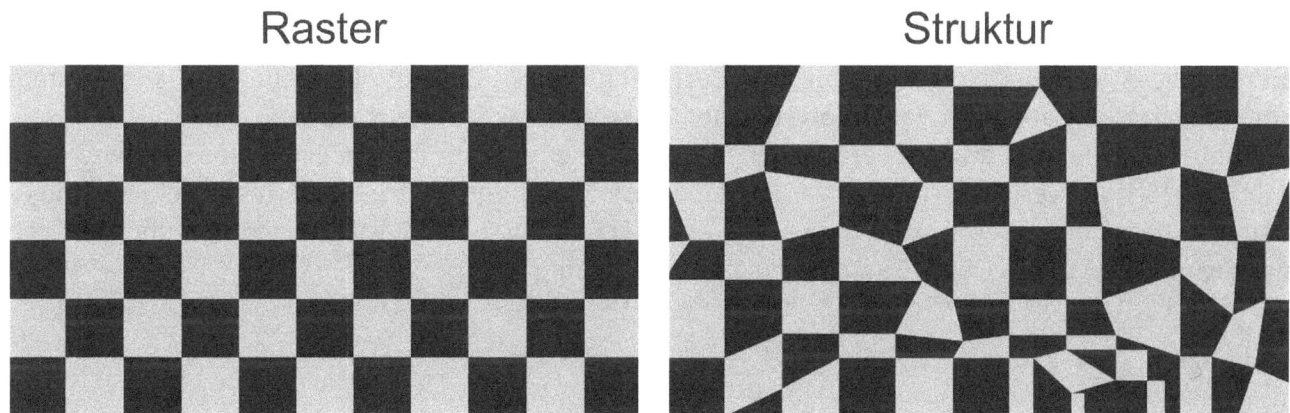

Vergleich zwischen Raster und Struktur

Einzelne Objekte können durch den Einsatz von Strukturen verfremdet werden. Etwa indem man sie mit durchsichtigem Material wie Gläser oder bestimmten Stoffen "überzieht". Eine ähnliche Funktion erfüllen Gitter und Zäune. Die Struktur des überlagerten Objekts wird so bis zu einem gewissen Grad zurückgenommen. Verfremdung durch Struktur kann auch durch das Medium selbst bewirkt oder bedingt sein. Beispiele dafür sind Bleistiftschraffuren, Pinselstriche, aber auch die Beschaffenheit von Zeichenpapier (z.B. Rauheit) oder von Filmmaterial (z.B. beim Filmkorn). Und auch Druckraster ermöglichen Strukturbildung.

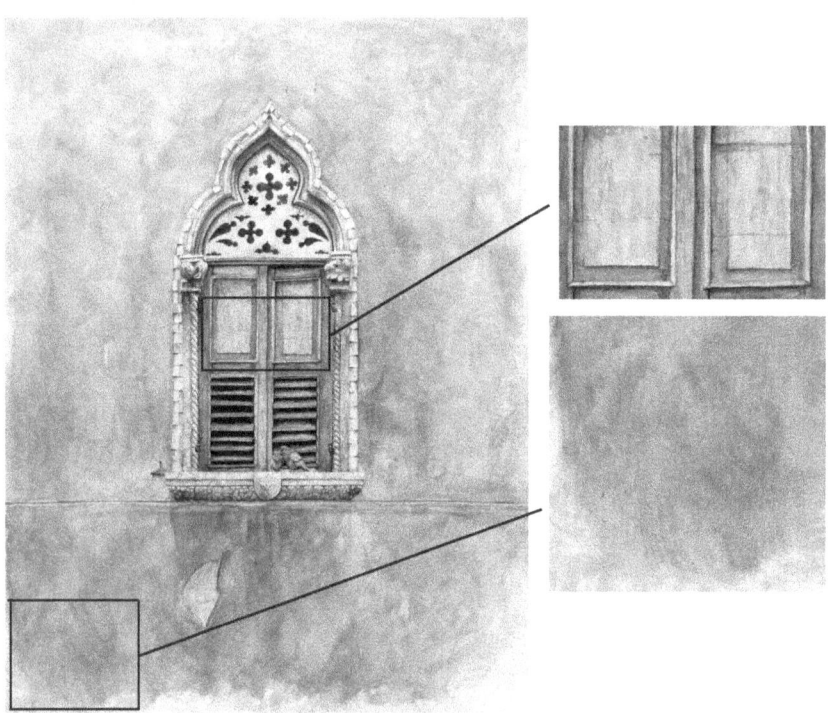

Strukturen des Holzes und Strukturen durch Pinselstriche

4.6.1   Komposition und Strukturgröße

Bildkompositionen bestehen in der Regel aus Objekten unterschiedlicher Größe. Natürlich werden die größten Objekte vom Betrachter auch aus der weitesten Distanz betrachtet. Im Akt der Wahrnehmung werden diese größten Objekte zueinander in Beziehung gesetzt. Die erste Betrachtungsebene entsteht somit durch die Relation von Hauptmotiv und der Größe anderer Motivbestandteile.
Die Betrachtung erfolgt also auf verschiedenen Ebenen. Sie beginnt mit dem Bildganzen und wird dann Schritt für Schritt "verfeinert". Dabei werden dann aus näherer Entfernung immer mehr Details wahrgenommen. Eine solche Betrachtungsweise wird durch Erkenntnisse der Gestaltpsychologie untermauert, die davon ausgeht, dass Objekte immer erst als Ganzes erkannt werden.

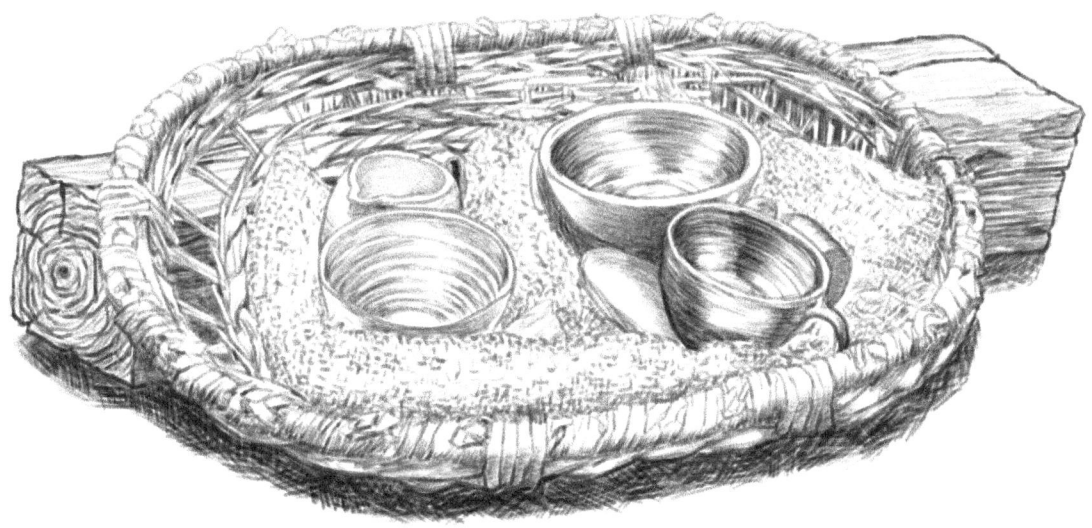

Mehrere Strukturen in einer Zeichnung:
Holzstruktur, grob geflochtener Korb & fein geflochtenes Gewebe

Die Strukturen sind am besten aus derselben Distanz vergleichbar. Dabei gibt es für jede Strukturgröße eine geeignete Distanz für den Betrachter. Strukturen, die sehr grob bzw. sehr fein sind, werden so gut wie nie gleichzeitig wahrgenommen. Für den Fall, dass die Struktur selbst das Hauptmotiv des Bildes darstellt, ist für eine zufriedenstellende Bildgestaltung ein Strukturkontrast erforderlich. Dieser muss auf der größten Betrachtungsdistanz wirken.

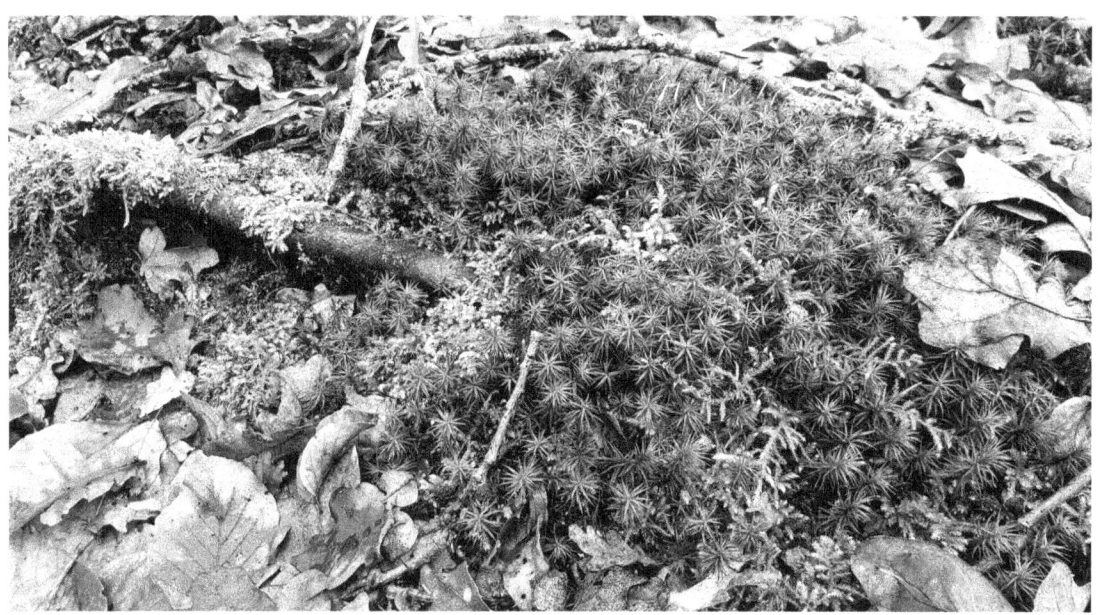

Strukturkontrast

4.7 Negativer Raum

Unter dem Begriff *negativer Raum* versteht man den Bereich des Bildes, der das Motiv nicht enthält. Bei einem Hauptmotiv und mehreren Nebenmotiven ist es i.d.R. der Raum zwischen den Objekten. Dabei hat der negative Raum eine besondere Kraft und ihm kommt somit eine nicht zu unterschätzende Bedeutung zu. Seine volle Wirkung kann der negative Raum entfalten, wenn er tatsächlich leer ist. Der leere Raum führt dazu, dass die Aufmerksamkeit komplett auf das eigentliche Motiv gelenkt wird und zwischen mehreren Motiven Spannung aufgebaut wird. Ein anderer Effekt ist der, dass der negative Raum selbst eine interessante Form ergibt.

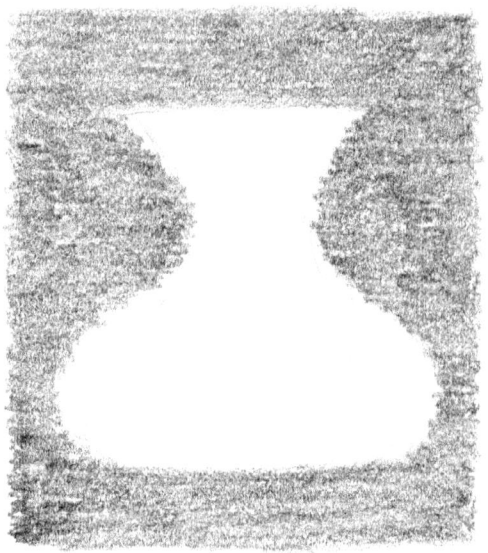

Negativ-Skizze – Darstellung von Objekten durch leeren Raum

In einem Landschaftsbild kommt negativer Raum durch den Himmel zustande, wenn Objekte in ihn hineinreichen. Dies können Felsen, Bäume oder andere Dinge sein. In einem Stillleben kann sich der negative Raum zwischen den Objekten des Stilllebens entfalten. Der leere Raum kann dabei Spannung aufbauen oder selbst eine Art eigenen Körper bilden. Auch zwischen den Freiräumen von Architektur kann man den negativen Raum finden. Auch hier lässt er sich wunderbar als Gestaltungselement einsetzen. Darüber hinaus gibt es selbstverständlich noch unzählige weitere Szenen, in denen man den negativen Raum finden kann.

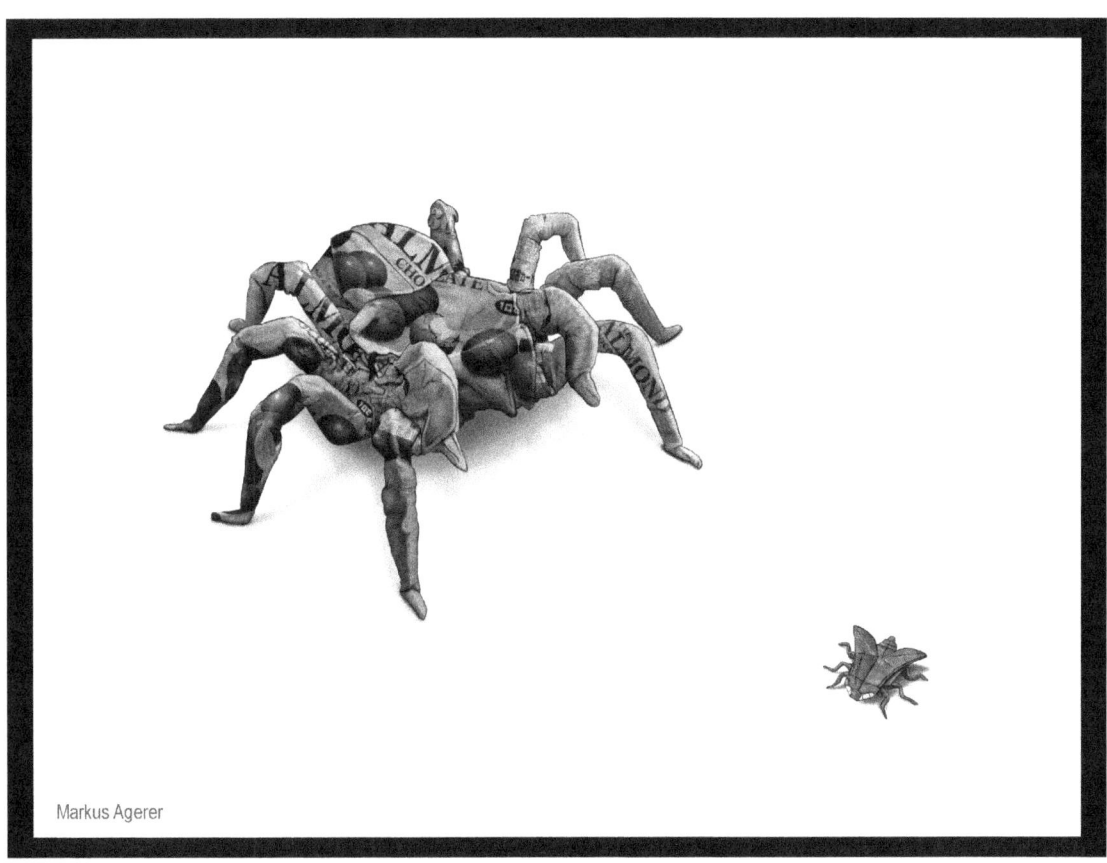

Markus Agerer

Spannung zwischen Haupt- und Nebenmotiv entsteht durch den leeren Raum

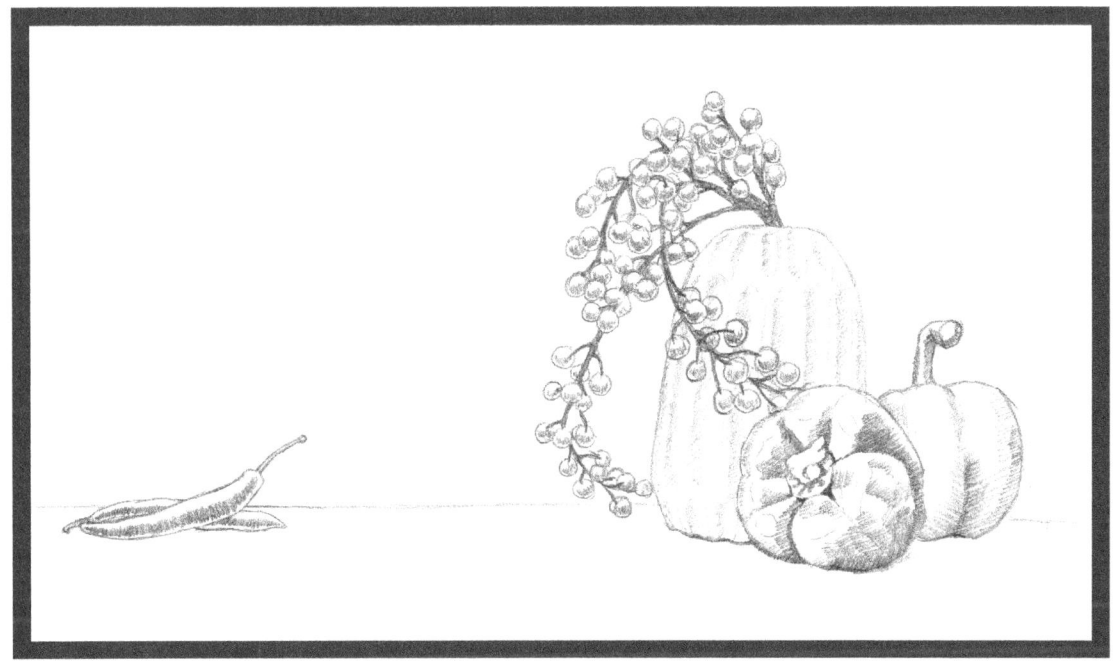

Spannung kann auch in einem Stillleben durch negativen Raum aufgebaut werden

Weitere Gestaltungselemente

» *Zeichnen ist eine Form des Nachdenkens auf dem Papier.* «

- Saul Steinberg -

5 Weitere Gestaltungselemente

Neben den Methoden zur Unterteilung des Bildgrundes und den grafischen Gestaltungselementen gibt es noch weitere Gestaltungtechniken, die von ebenso hoher Bedeutung für die Bildkomposition sind aber auf andere Weise funktionieren.

5.1 Das Format

Eine grundlegende Entscheidung bei der Bildgestaltung ist die Wahl des Formats. Dabei kann im ersten Schritt zwischen Hochformat und Querformat unterschieden werden. Das gleiche Motiv kann je nach Wahl des Formats eine völlig unterschiedliche Wirkung auf den Betrachter haben. Die beiden wichtigsten Formate sind das Querformat und das Hochformat. Ganz allgemein lässt sich feststellen, dass das Querformat eher die Breite hervorhebt, während das Hochformat hauptsächlich die Höhe betont. Dementsprechend eigenen sich bestimmte Formate bevorzugt für bestimmte Motive.

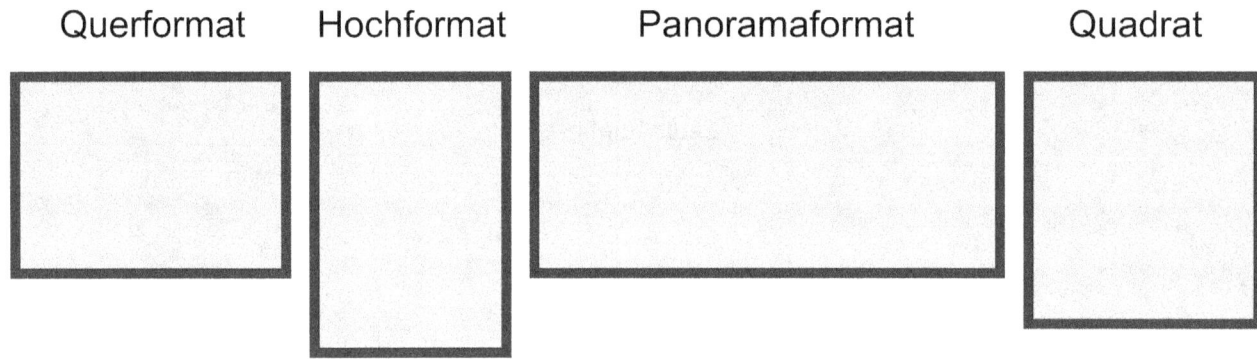

Unterschiedliche Blattformate

5.1.1 Querformat

Ein besonders typisches Beispiel für das Querformat sind Landschaftsbilder, da dieses Format vor allem die Weite betont. Dies passt zu der Art und Weise, wie Landschaften in der Regel dargestellt werden sollen. Außerdem entspricht das Querformat unserem eigenen Blickfeld, da unsere Augen nebeneinander angeordnet sind. Auch Stillleben und Szenen, in denen mehrere Personen zu sehen sind, werden sehr häufig im Querformat abgebildet. Bei der Komposition wird das Hauptmotiv oft außermittig nach links oder rechts versetzt positioniert, so wie es Regeln wie der Goldenen Schnitt empfehlen.

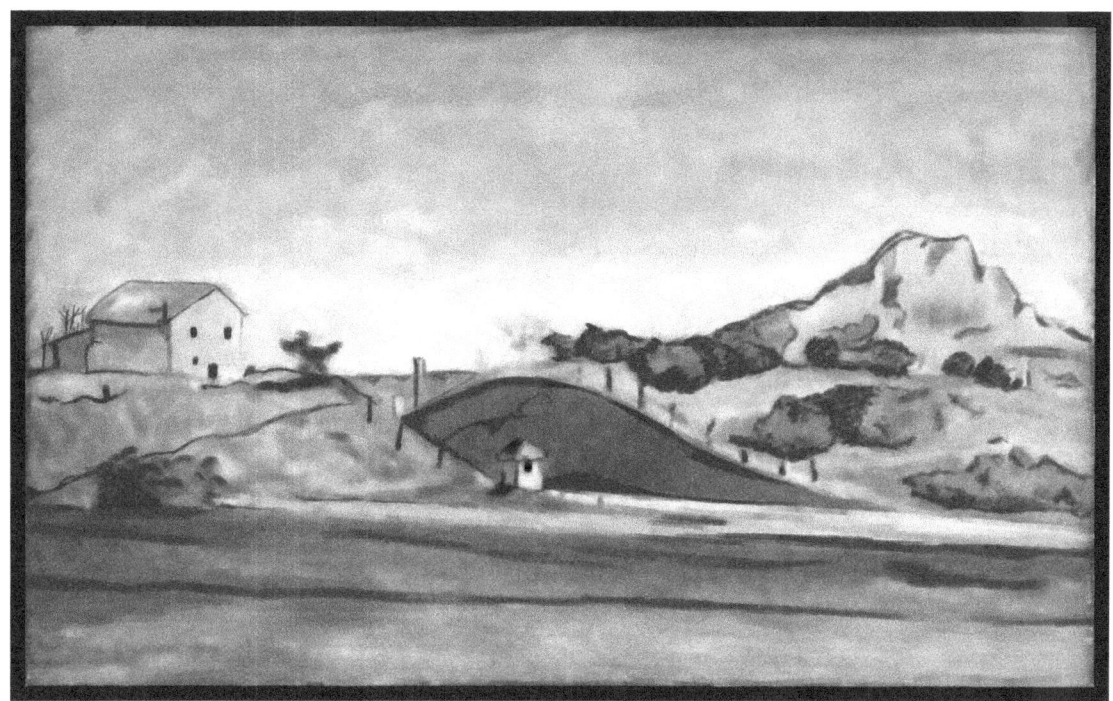

Landschaftsbild im Querformat „Der Bahndurchstich" – Replikat

Original: Paul Cézanne, ca. 1870

5.1.2 Hochformat

Ein typischer Anwendungsfall für das Hochformat sind Portraits, da die senkrechte Bildausrichtung zur Form des menschlichen Körpers und Gesichts passt. Auch wenn hohe Gebäude dargestellt werden, greift man in der Regel zum Hochformat. Bei Landschaftsbildern eignet sich das Hochformat dann, wenn der Himmel betont werden soll - auch wenn man normaler Weise für Landschaften das Querformat einsetzt.

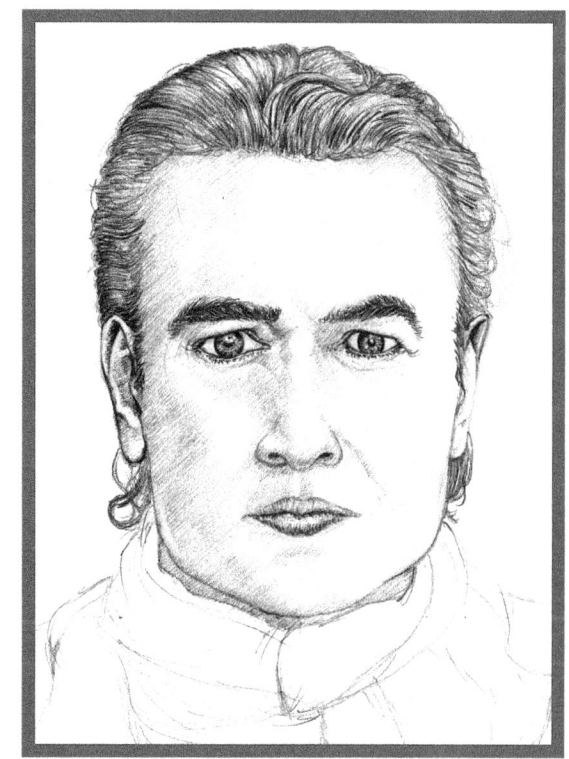

5.1.3   Panoramaformat

Das Panoramaformat ist eine Erweiterung des Querformats. Es handelt sich um ein Format, das noch weiter in der Breite ausgedehnt ist als dies bei gewohnten Querformaten der Fall ist. Die Faszination am Panoramaformat liegt drain begründet, dass die Ansicht über das, was wir mit unserem menschlichen Sichtfeld überblicken können, hinausgeht.

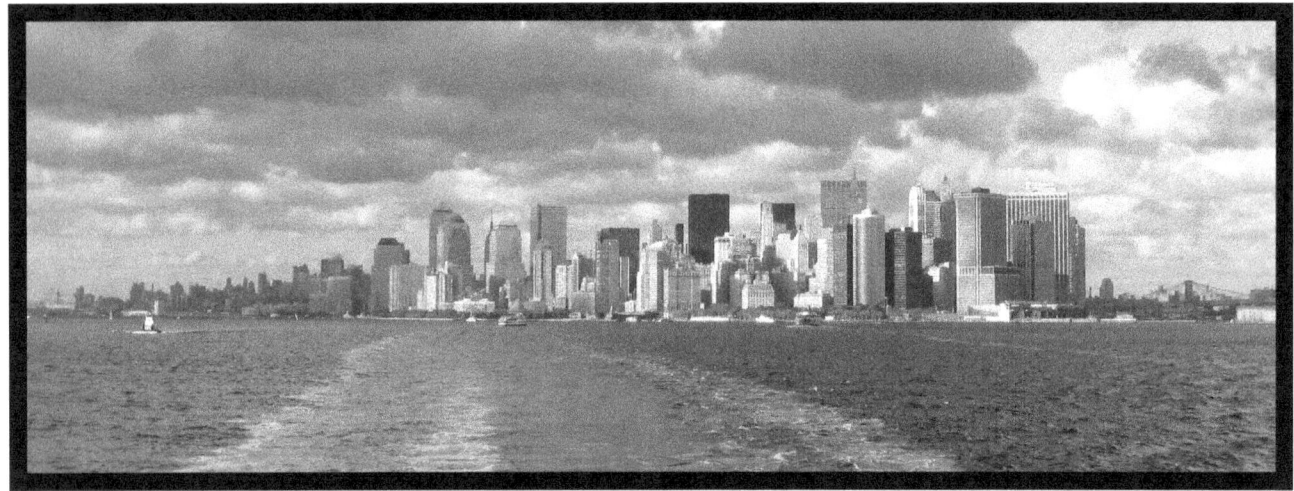

Panoramabild einer Stadtansicht von New York

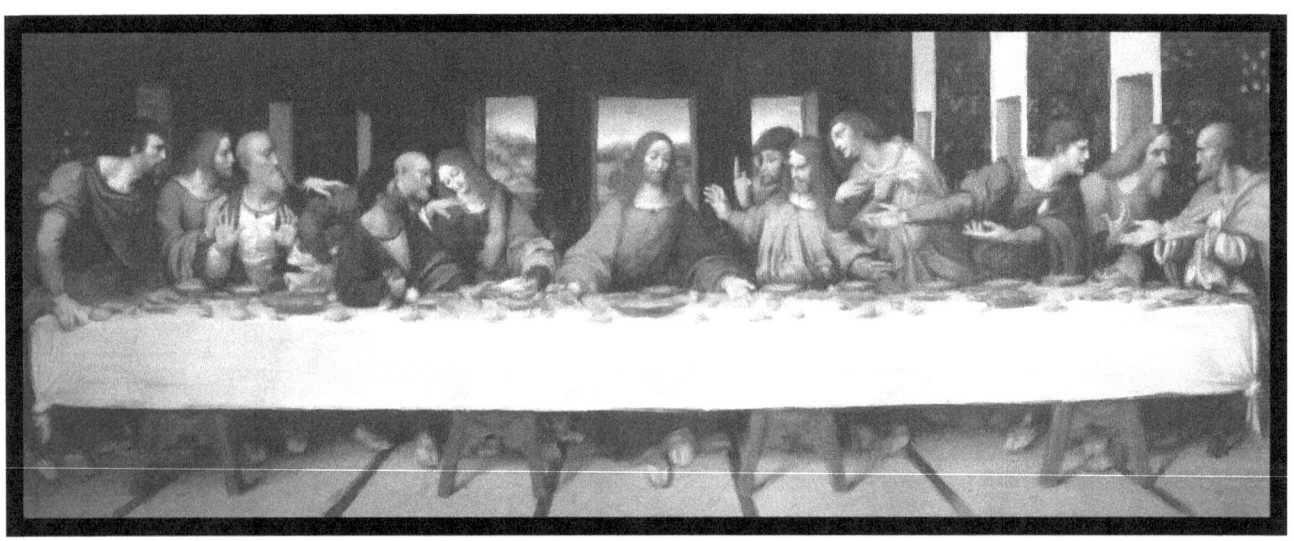

Panoramaformat bei einem Gruppenportrait: „Das Abendmahl" – Replikat

Original: Leonardo da Vinci, 1494 bis 1497

5.1.4   Quadratisches Format

Für das quadratische Format ist es nicht so leicht eine passende Bildkomposition zu finden. Die wenigsten Motive sind eben quadratisch. Daher wird das quadratische Format weniger häufig gewählt. Bei einem quadratischen Bildformat wird meist auch eine quadratische Geometrie im Motiv erwartet aber auch in anderen Fällen kann es sich eignen.

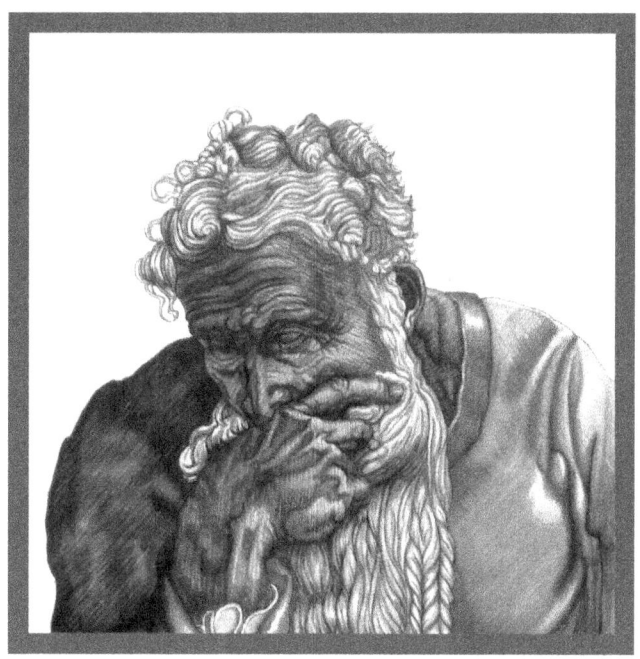

Portrait im quadratischen Format
„Jeremia" nach einem Gemälde von Michelangelo Buonarroti

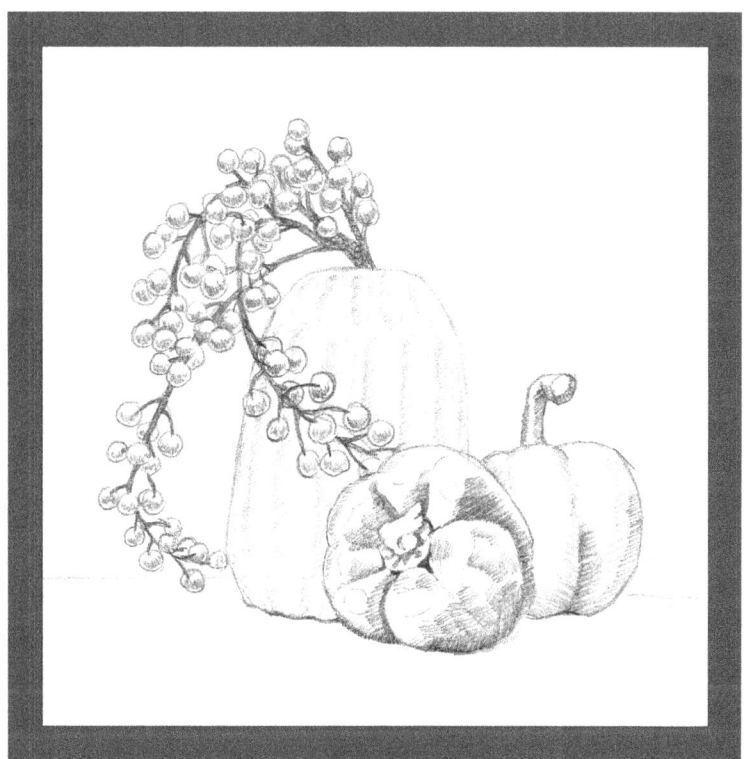

Stillleben im quadratischen Bildformat

5.2 Kontraste für die Bildgestaltung einsetzen

Mit dem geschickten Einsatz von Kontrasten kann man Bilder spannungsreicher gestalten und bestimmte Objekte gezielt hervorheben. Dabei gibt es mehrere verschiedene Arten von Kontrasten, die auf unterschiedliche Weise funktionieren.

Welche Kontraste gibt es nun? Oft ist mit dem Wort Kontrast automatisch der Hell-Dunkel-Kontrast gemeint. Doch es gibt noch viele weitere Kontraste. Im Prinzip handelt es sich bei Kontrasten einfach um Gegensätze, die sich sehr stark voneinander abheben können. Im Folgenden sollen die wichtigsten Arten von Kontrasten näher beschrieben werden:

5.2.1   Der Hell-Dunkel-Kontrast

Der Hell-Dunkel-Kontrast entsteht durch die unterschiedliche Helligkeit von Elementen. Dabei kann dieser Tonwertkontrast sowohl bei den unbunten Farben Schwarz, Weiß und Grau vorkommen, ist aber auch bei den Buntfarben in gleichem Maße vorzufinden. Bei Buntfarben spricht man von der Farbhelligkeit.

In der Bildgestaltung wird der Hell-Dunkel-Kontrast sehr häufig und sehr gezielt eingesetzt. Man kann einem Bild damit Tiefe verleihen oder auch die Aufmerksamkeit auf bestimmte Elemente lenken. Während Flächen mit gleicher Helligkeit auf gleicher Ebene zu liegen scheinen, entsteht durch starken Tonwertkontrast Plastizität. Helle Elemente wirken so als würden sie weiter im Vordergrund liegen, während dunkle Elemente in den Hintergrund zurücktreten. Maler und Zeichner setzen den Hell-Dunkel-Kontrast bewusst ein, um Licht und Schatten klar voneinander zu trennen. Im Bild werden dadurch die Konturen besser erkennbar, was zu einer Anmutung von Körperlichkeit und Dreidimensionalität führt.

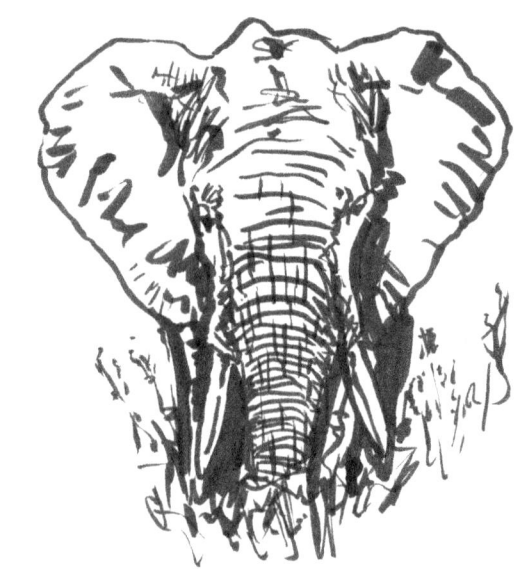

Extremer Hell-Dunkel-Kontrast einer reinen Schwarz-Weiß-Zeichnung

Der andere Effekt des Hell-Dunkel-Kontrasts ist die Gewichtung von Bildelementen bzw. Bildbereichen. Helle Elemente ziehen die Aufmerksamkeit des Betrachters an. Diese Objekte wirken dadurch wichtiger als Dinge, die im Dunklen liegen. Diese Methode kann man in unzähligen Bildern unterschiedlichster Künstler aus verschiedenen Epochen der Kunstgeschichte entdecken. Immer wieder ist festzustellen, dass die bedeutsamen Elemente hell dargestellt werden, während Dinge, mit denen sich der Betrachter nicht weiter beschäftigen soll, im Dunkel vernebelt werden und verschwinden.

Beispielbild 1: Berufung des Hl. Matthäus

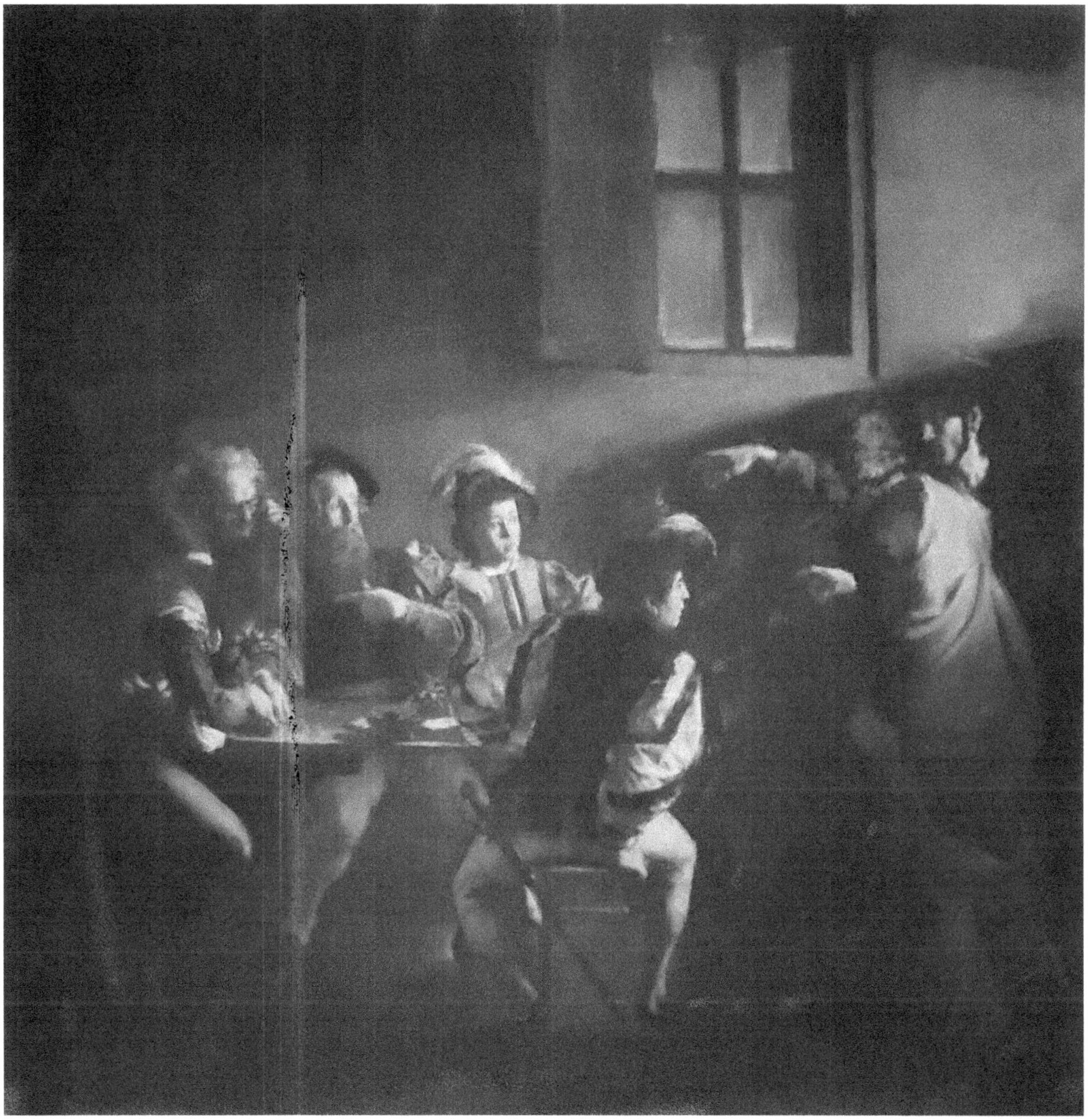

Berufung des Hl. Matthäus - Replikat

Original: Michelangelo Merisi da Caravaggios, 1599/1600

Ein besonders gutes Beispiel für den Einsatz des Hell-Dunkel-Kontrasts ist die „Berufung des Hl. Matthäus" vom Maler Caravaggio. Man kann in dem Bild sehr klar erkennen, dass ein klar definiertes Licht von der rechten Seite in den Raum fällt. Das Licht Fällt auf die Personen im Raum und scheint diese geradezu aus der Dunkelheit herauszuschneiden. Bildbereiche außerhalb des Lichtstrahls versinken hingegen im Schatten.

![Die Nachtwache - Replikat]

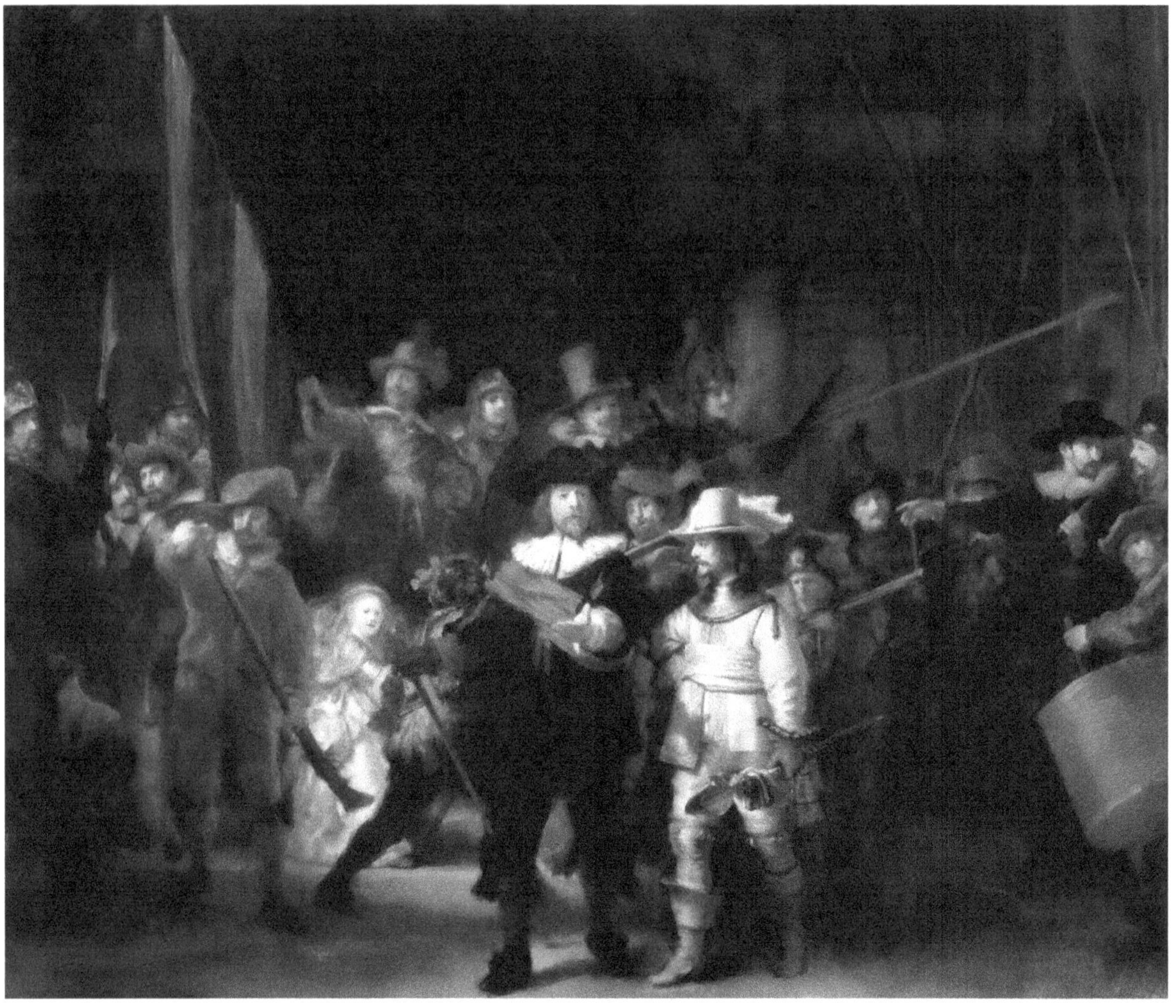

Die Nachtwache - Replikat

Original: Rembrandt van Rijn, 1642

Im Beispielbild „Die Nachtwache" kann man sehr deutlich die Gewichtung von Bildelementen mittels Licht beobachten. Bei dem Gemälde handelt es sich um ein Gruppenportrait einer Schützengilde, in dem 34 Personen gezeigt werden. Zwei Figuren werden durch den gezielten Einsatz von Licht und ihre helle Kleidung deutlich hervorgehoben. Es handelt sich dabei um den Leutnant im Vordergrund und ein Mädchen im Mittelgrund.

Bei der zweiten Figur im Vordergrund handelt es sich um den Hauptmann. Dieser ist durch ein starkes Licht, das auf sein Gesicht und den Kragen fällt, immer noch klar hervorgehoben. Der Rest der Szene ist deutlich dunkler dargestellt. Es sei an dieser Stelle jedoch darauf hingewiesen, dass der besonders starke Hell-Dunkel-Kontrast möglicher Weise auch durch das natürliche Nachdunkeln der zahlreichen Firnis-Schichten entstanden ist. Im Originalzustand war der Kontrast eventuell nicht so extrem herausgearbeitet.

5.2.2 Weitere Farbkontraste

Nach der Theorie von Itten kann man sieben Farbkontraste unterscheiden. Hierzu zählt auch der bereits zuvor beschriebene Hell-Dunkel-Kontrast, da sich dieser auch in der Farbhelligkeit finden lässt. Aufgrund seiner überragenden Bedeutung im Bereich der Zeichnung, wurde dem Hell-Dunkel-Kontrast jedoch eine ausführlichere Beschreibung im Rahmen des vorhergehenden Unterkapitels gewidmet.

- Hell-Dunkel-Kontrast / Tonwert-Kontrast
- Farbe-an-sich-Kontrast
- Kalt-Warm-Kontrast
- Qualitätskontrast
- Quantitätskontrast
- Komplementärkontrast
- Simultankontrast
- Sukzessivkontrast

Da sich dieses Buch dem monochromen Zeichnen widmet, soll auf die einzelnen Farbkontraste nicht weiter eingegangen werden. Der Vollständigkeit halber seien diese Kontraste jedoch zumindest erwähnt.

5.2.3 Inhaltlicher Kontrast

Eine völlig andere Art von Kontrasten sind inhaltliche Kontraste. Sie entstehen durch gegensätzliche oder widersprüchliche Inhalte im Bild. Dies sind Gegensätze wie Hart-Weich, Groß-Klein, Arm-Reich, Hässlich-Schön usw. Zum Beispiel Menschen, die im Winter bei Schnee und Eis baden gehen, erzeugen diesen inhaltlichen Kontrast. Auch die zierliche Blume, die durch den Asphalt bricht, ist ein gutes Beispiel.

Durch kontrastreiche Bildinhalte, kann man bestimmte Gefühle beim Betrachter hervorrufen. Wenn man die inhaltlichen Kontraste zugleich noch mit den Farbkontrasten verstärkt, können diese Eindrücke sogar noch intensiviert werden.

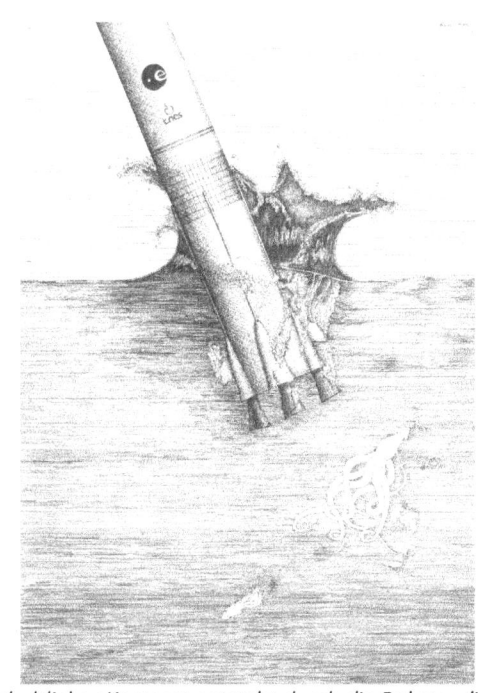

Ein Inhaltlicher Kontrast entsteht durch die Rakete, die nicht im Weltraum fliegt, sondern im Wasser untergeht

5.2.4 Formenkontrast

Formenkontraste entstehen beim Aufeinandertreffen von unterschiedlichen Formen, wie es bei der Kombination von runden und eckigen Formen der Fall ist. Häufig bilden Formen zugleich Flächen, was
wiederum einen Flächenkontrast hervor-
ruft. In diesem Fall tritt auch ein Gegensatz
von symmetrischen und asymmetrischen
Flächen hervor. Auch bei Linienkontrasten
kann man von Formkontrasten sprechen.
Diese entstehen beim Vorhandensein von
Linien unterschiedlicher Dicke, Richtung,
Farbe, Durchgängigkeit etc.

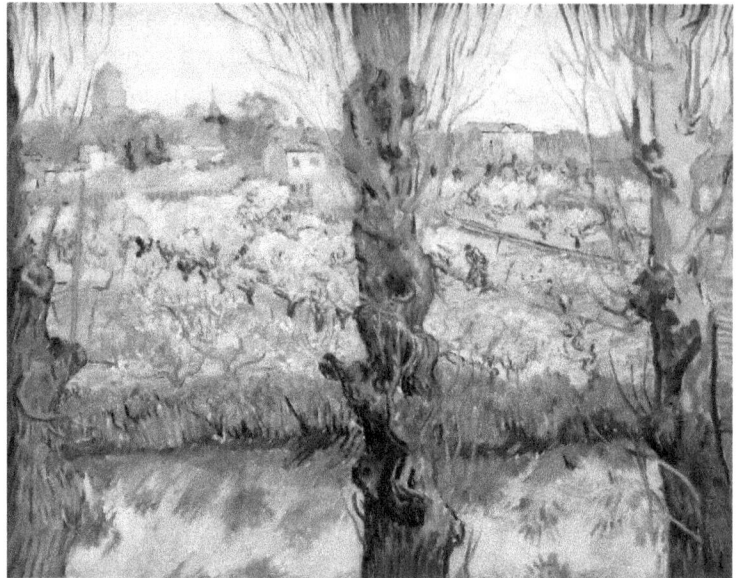

*Ein Kontrast entsteht durch die senkrechten Bäume und das waagrecht
verlaufende Ufer*

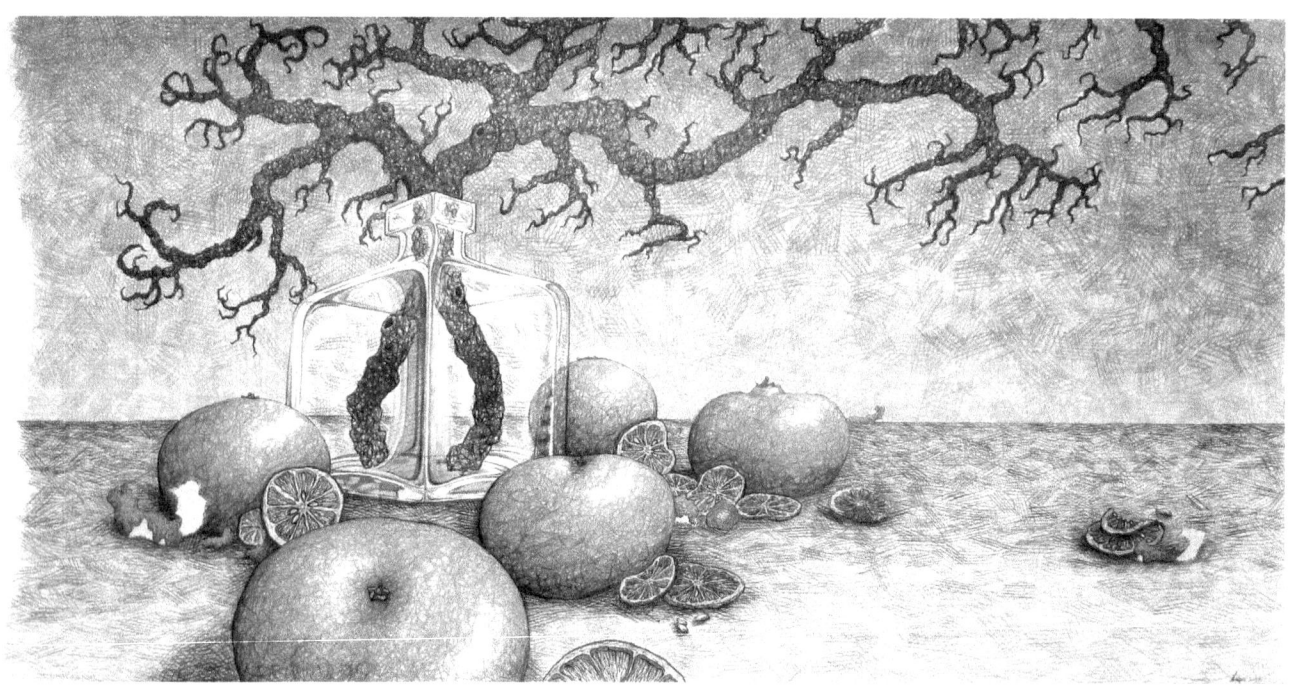

Kontrast zwischen runden Linien (Mandarinen) und kantigen Linien (Ast) in einem Stillleben

5.3 Perspektive & Raum

Unter dem Begriff Perspektive ist der Blickwinkel zu verstehen, unter dem der Künstler das Motiv abbildet. Im Umkehrschluss ist es auch der Standpunkt, von dem aus der Betrachter des Bildes die Szene zu sehen bekommt. Die Perspektive verändert sich automatisch, wenn sich der Künstler bewegt – sei es nach oben, unten, links, rechts, vor oder zurück. Auch jede Neigung oder neue Ausrichtung des Blicks verändert die Perspektive.

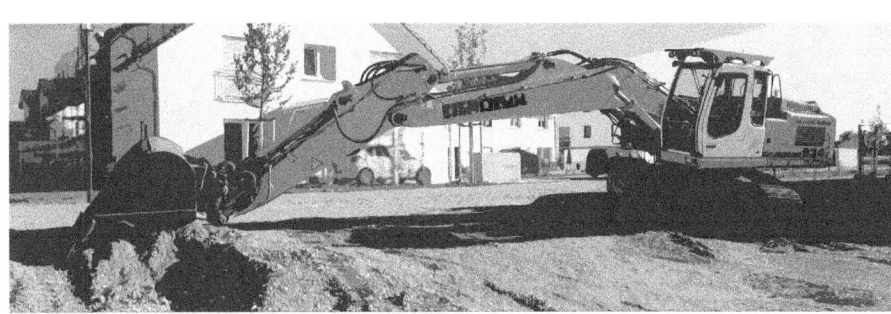
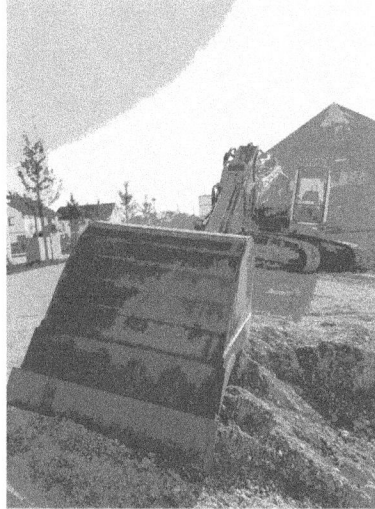
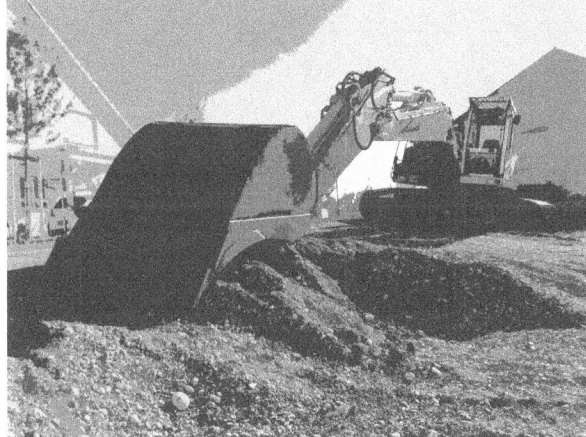
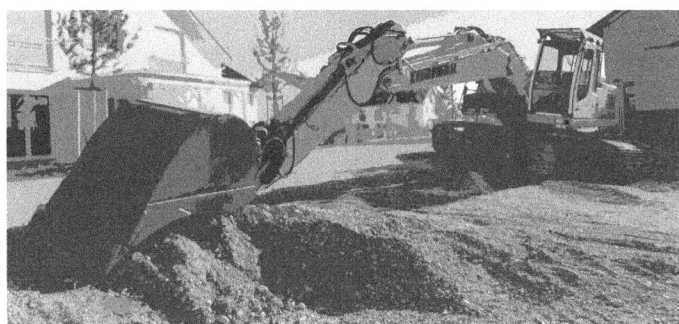

Ein Motiv aus unterschiedlichen Blickwinkeln

Die Perspektive ist für die Bildgestaltung von sehr großer Bedeutung. Eine Veränderung kann zu völlig anderen Ergebnissen führen und die Bildwirkung beträchtlich verändern. Der Blick von oben (Vogelperspektive) erzeugt beispielsweise einen komplett anderen Eindruck als der Blick von der Seite - auch wenn man am Motiv ansonsten nichts verändert.

Der Grund dafür, dass sich die Perspektive verändert, ist die dritte Dimension, durch die erst der Raum entsteht. Vor allem in weiten Landschaften erleben wir die dritte Dimension in Form von Tiefe. Im nahen Umfeld entsteht eher das, was wir als Plastizität bezeichnen. Dinge wirken dreidimensional – plastisch. In der bildenden Kunst können beide Arten, wie wir die dritte Dimension wahrnehmen, durch unterschiedliche Methoden vermittelt werden.

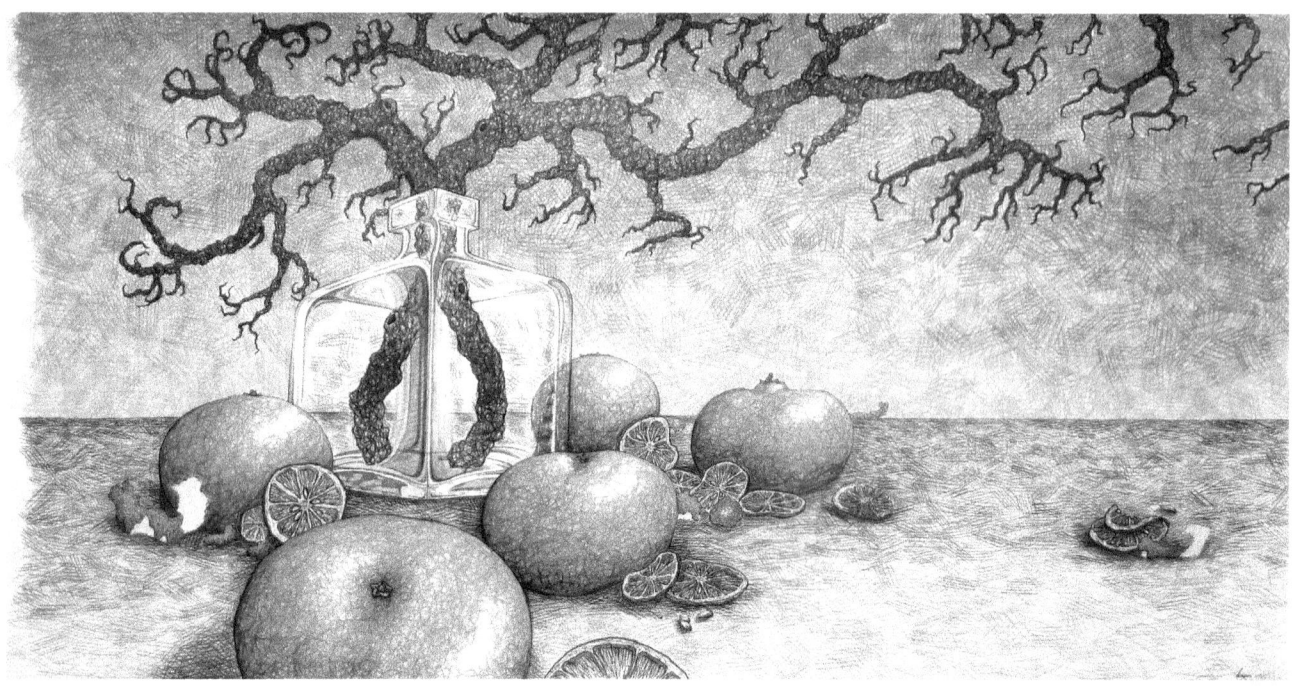

Stillleben in einer perspektivischen Darstellung

Zeichnung eines Gebäudes mit Treppe in einer Fluchtpunktperspektive

5.3.1 Tiefe & Raum

Die Tiefe des Raums wird vor allem auf weite Distanz sichtbar. Daher spielt die Darstellung von Tiefe vor allem bei Landschaftsbildern eine große Rolle. Der gezielte Einsatz von Tiefeneffekten kann ein Bild realistischer und beeindruckender machen. Im Vergleich dazu wirken Bilder mit sehr geringem Tiefeneffekt eher grafisch. Es gibt in der Welt - wie wir sie wahrnehmen - unterschiedliche Tiefeneffekte, die wir uns auch beim Malen und Zeichnen zunutze machen können. Die Tiefe des Raums können wir mit folgenden Methoden darstellen:

- Passender Bildaufbau
- Fluchtpunkt-Perspektive / Perspektiv-Effekte
- Überschneidungen
- Ebenen
- Wiederholung von Objekten
- Reduzierung des Detaillierungsgrads
- Luftperspektive
- Perspektivische Verkürzung
- Licht und Schatten

Passender Bildaufbau

Ein einfacher Grundsatz, um eine Raum- und Tiefenwirkung zu erzeugen, ist die Erwartung des Betrachters zu erfüllen. Das bedeutet, wir stellen den Raum so dar, wie der Betrachter es gewohnt ist und nach seiner eigenen Erfahrung erwartet. Das bedeutet konkret: Was auf dem Boden bzw. im unteren Bereich der Zeichnung ist, befindet sich im Vordergrund, was im oberen Teil ist, liegt eher im Hintergrund. Damit machen wir es dem Betrachter der Zeichnung leicht, sich im Bild zurechtzufinden und der Eindruck einer dreidimensionalen Umgebung wird so leichter vermittelt. Auch sämtliche der anderen Methoden, die im Folgenden beschrieben werden, können eingesetzt werden, um einen entsprechenden Bildaufbau umzusetzen, wie zum Beispiel die Fluchtpunktperspektive.

Beispielbild: Kunst und Wissenschaft

Das Bild in diesem Beispiel zeigt ein Replikat von Carl Spitzwegs „Kunst und Wissenschaft". In dem Ölgemälde aus der Biedermeierzeit werden mehrere Techniken der Raumdarstellung eingesetzt. Schauplatz der Szene ist ein freier Raum vor einem Gebäude, auf dessen Stirnseite man blickt. Objekte im Vordergrund, wie der Brunnen und die Tauben, vermitteln ein Bewusstsein für die Räumlichkeit dieser Fläche. Die Personen stehen auf dem Boden im unteren Bereich des Bildes, während die Häuser sie überragen. Ein Schild, das am Gebäude links hängt, erzeugt eine zusätzliche Raumwirkung, genauso wie die Schatten, welche die Gebäude aufeinander werfen. Der Maler bietet dem Betrachter auch einen Blick in die Ferne – in der rechten, oberen Ecke. Dieser Ausblick entfaltet erst durch den weiter entfernten Turm seine volle Wirkung, wobei der Maler hier von der Luftperspektive Gebrauch macht (die Luftperspektive wird noch im Laufe dieses Kapitels beschrieben). Das Tor rechts, das teilweise verdeckt ist, trägt ebenso dazu bei, dass man ein Gefühl für die Tiefe erfährt.

Und um noch einmal auf das Thema *Kontrast* des vorhergehenden Kapitels zurückzukommen: Man beachte die Bilder und Leinentücher, die sich in der Nähe der beiden Hauptakteure befinden. Sie bilden die Bildbereiche mit dem hellsten Tonwert und ziehen somit dem Blick des Betrachters gezielt auf sich. Der Mann rechts kommt mit seinem dunklen Mantel vor dem hellen Leinentuch besonders gut zur Geltung. Im Gegensatz hierzu trägt der Mann zu seiner Linken einen helleren Mantel, der zum dunklen Tor im Hintergrund einen starken Kontrast erzeugt.

Es gäbe in diesem Gemälde noch mehr anzumerken aber bereits die genannten Beispiele zeigen wie zielgerichtet der Maler Carl Spitzweg unterschiedlichste Gestaltungstechniken nutze, um ansprechende Bildkompositionen zu schaffen.

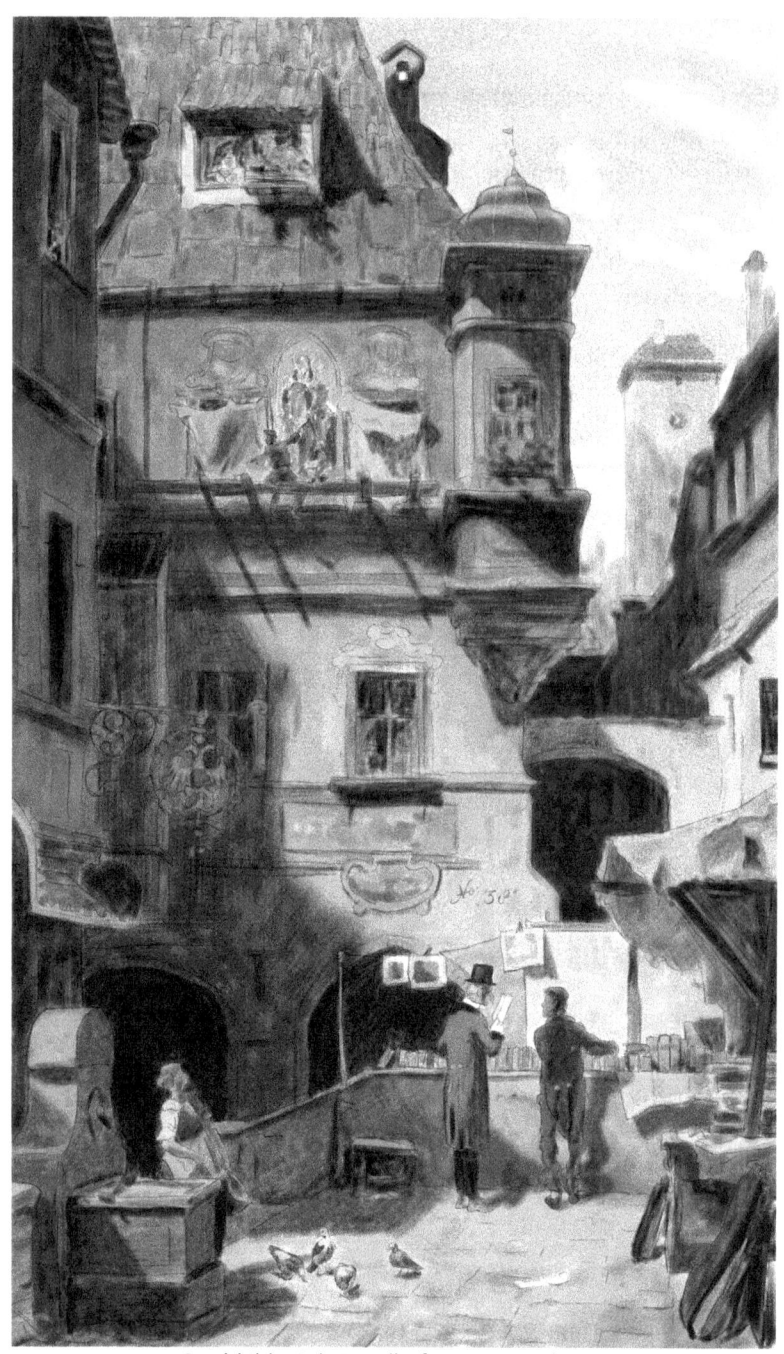

Stadtbild mit beispielhafter Raumwirkung:
„Kunst und Wissenschaft" (Replikat)
Original: Carl Spitzweg, 1880

Fluchtpunkt-Perspektive

In der Realität wirken Objekte für unser Auge umso kleiner, desto weiter sie entfernt liegen. Zur Darstellung dieses Tiefeneffekts behilft man sich beim Zeichnen und in der Malerei sogenannter Fluchtpunkte – daher auch die Bezeichnung Fluchtpunkt-Perspektive. Die Fluchtpunkt-Perspektive wird als Darstellungstechnik sehr häufig eingesetzt und auch als Gestaltungsmethode sehr bewusst von Künstlern verwendet. Es handelt sich um eine technische Methode, mit der man die perspektivische Verkürzung von Körpern korrekt darstellen kann.

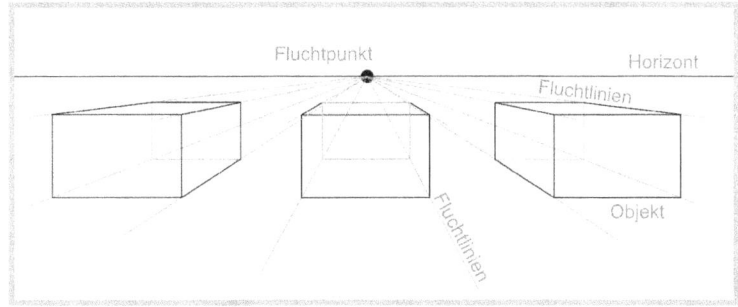

Konstruktion eines Quaders in einer einfachen Fluchtpunktperspektive

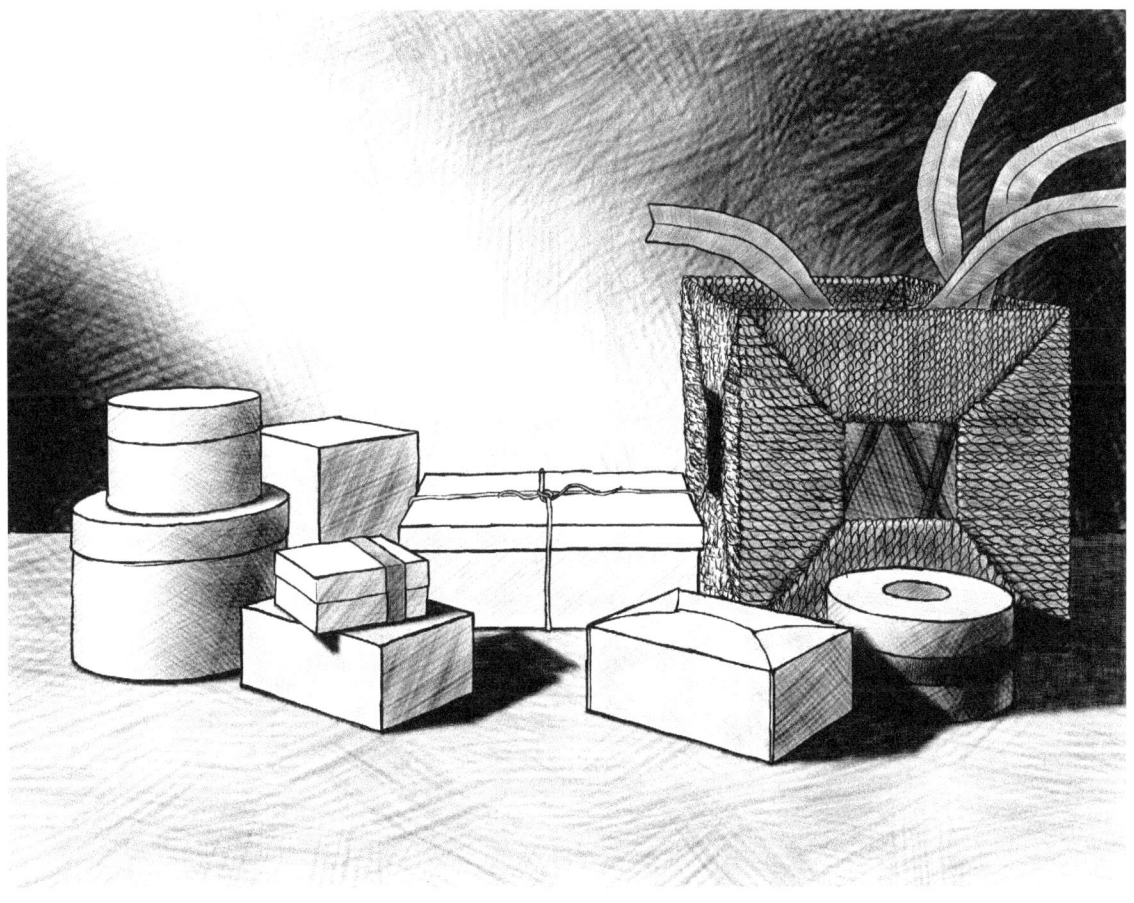

Stillleben in Fluchtpunktperspektive

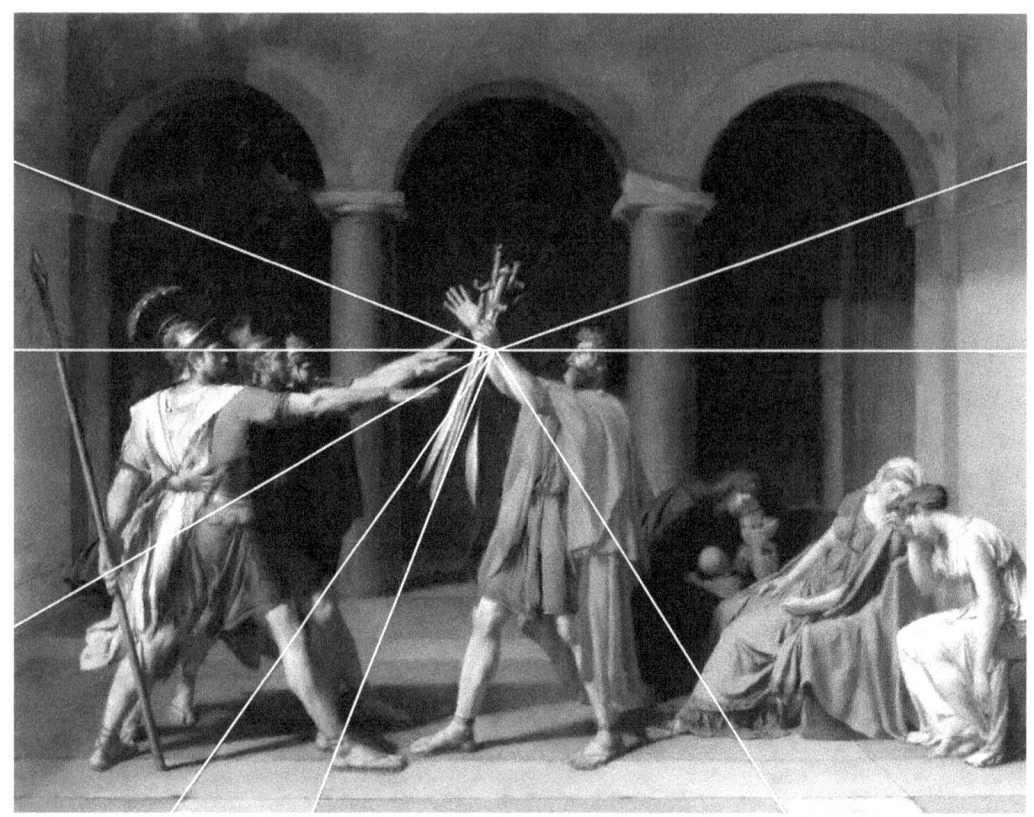

Der Fluchtpunkt und die Fluchtlinien konzentrieren den Fokus auf den zentralen Bildgegenstand
Bild: „Der Schwur der Horatier" (Replikat) / Original: Jacques-Louis David, 1784

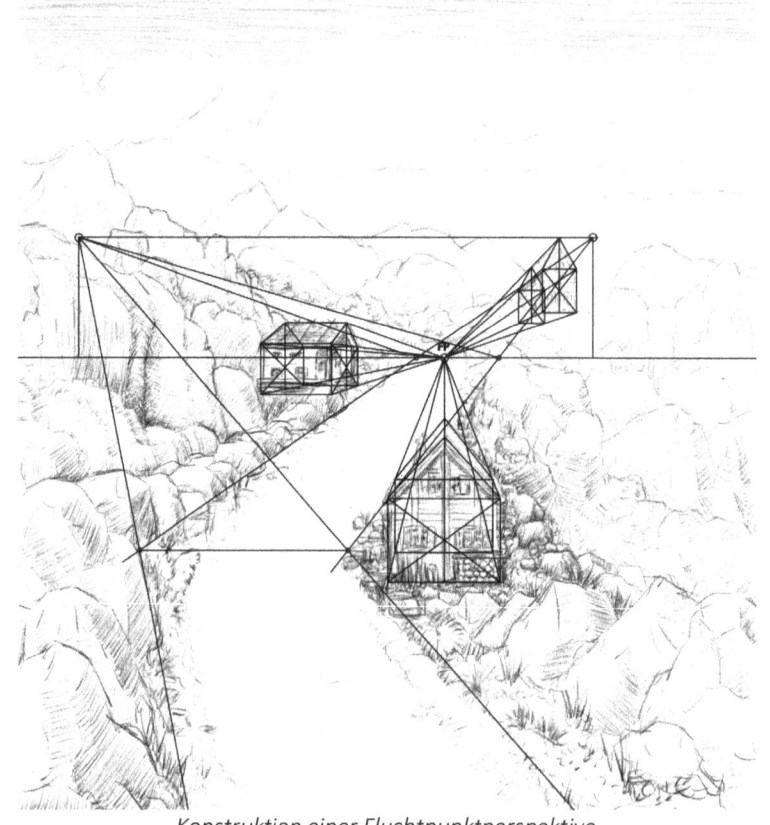

Konstruktion einer Fluchtpunktperspektive

Überschneidungen

Durch Überschneidung von Objekten kann man den Tiefeneffekt zusätzlich hervorheben. Denn befindet sich ein Objekt vor dem anderen, so dass es dieses teilweise verdeckt, wird dadurch automatisch eine räumliche Tiefe impliziert. Am besten gelingt die Illusion von Raum durch die Kombination von Fluchtpunkt-Perspektive und Überschneidung. Zusätzlich zur teilweisen Überdeckung findet dann auch eine Verkleinerung statt, die dem Betrachter ganz klar verdeutlicht, dass die Objekte in unterschiedlicher Entfernung liegen.

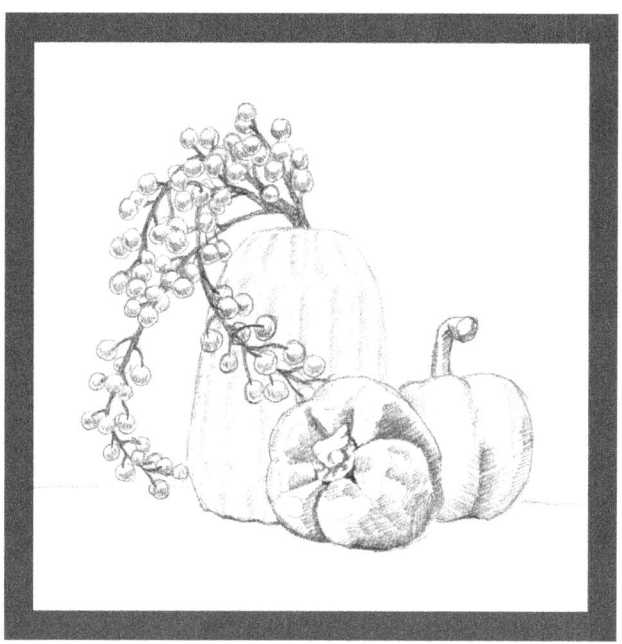

Räumliche Wirkung durch Objekte, die sich überschneiden

Ebenen

Der Effekt der Raumdarstellung wird optisch verstärkt, indem man das Bild in mehreren Ebenen aufbaut. Diese Ebenen könnten zum Beispiel dem Vordergrund, Mittelgrund und Hintergrund entsprechen. Die Ebenen liegen dabei in unterschiedlicher Entfernung und überlappen sich gegenseitig. In der Regel wird die Methode mit der zuvor beschriebenen Überschneidungsmethode kombiniert. Dadurch, dass sich die Ebenen überdecken, ist es für den Betrachter sofort offensichtlich, dass die verschiedenen Bildobjekte in unterschiedlicher Entfernung liegen.

Beispielbild: Die 53 Stationen des Tōkaidō - Station Kambara

Das Beispiel zeigt das Replikat eines japanischen Farbholzschnitts, dessen Original vom Künstler Utagawa Hiroshige für die Serie „Die 53 Stationen des Tōkaidō" angefertigt wurde. Die japanischen Farbholzschnitte (auch Ukiyo-e genannt) sind sehr häufig in Ebenen aufgebaut und vermitteln dadurch eine gewisse Tiefenwirkung. Im Beispielbild ist dieser Ebenenaufbau gut zu erkennen. Ein schneebedeckter Nadelbaum befindet sich links im Vordergrund, gefolgt von einem Hügel, auf dem sich mehrere Personen befinden, dahinter liegen mehrere Häuser, dann Bäume und in den letzten Ebenen Berge.
Die Ebenen überschneiden sich und erzeugen damit eine zusätzliche Wirkung von Raum und Tiefe. Diese Wirkung ist jedoch weniger stark als dies mit einer passend eingesetzten Fluchtpunktperspektive der Fall wäre.

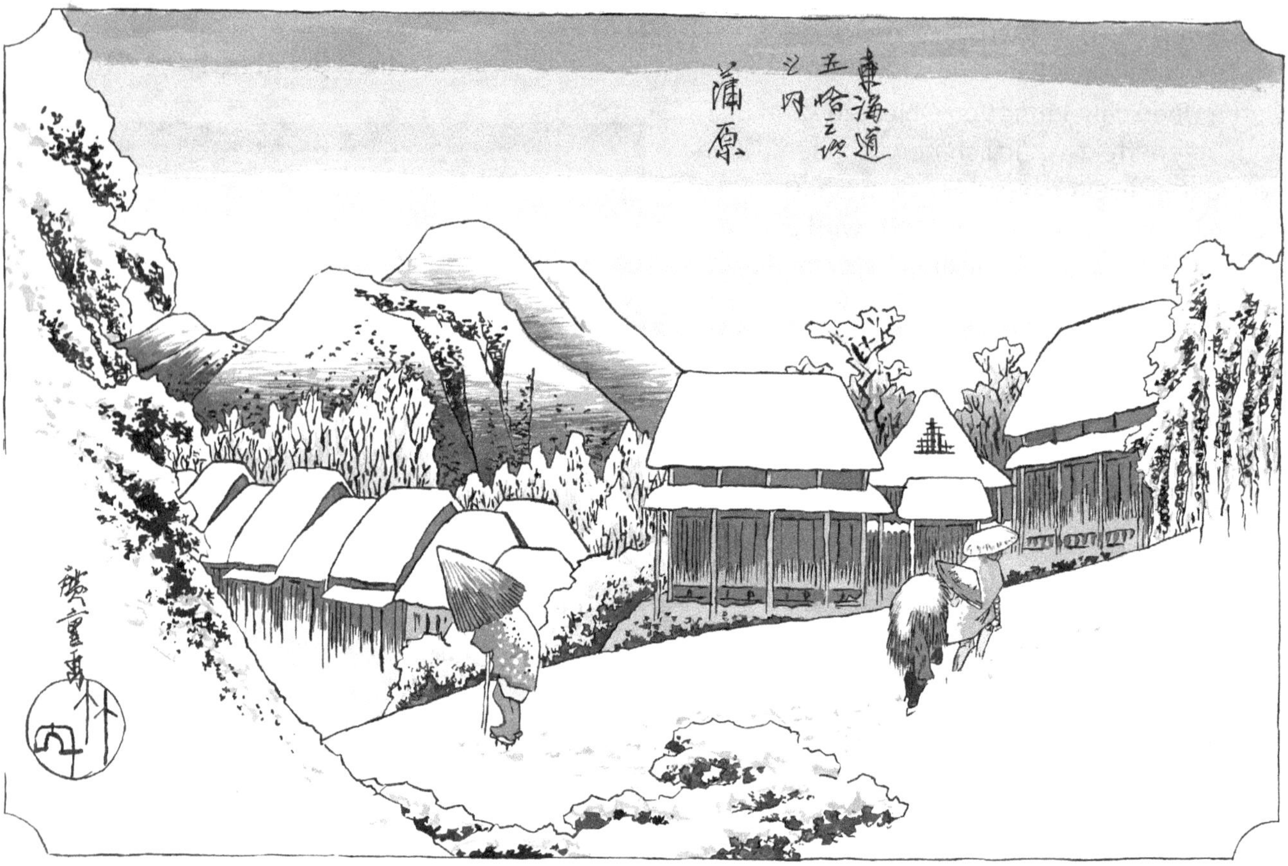

Replikat eines japanischen Farbholzschnitts: „Station Kambara" aus der Serie „Die 53 Stationen des Tōkaidō"

Original: Utagawa Hiroshige

Wiederholung von Objekten

Die Raumwirkung in einer Zeichnung lässt sich durch die Nutzung einer Variante der Objektperspektive weiter steigern. Gemeint ist damit die Wiederholung von gleichen Objekten. Die Tiefenwirkung entsteht dadurch, dass die Objekte - entsprechend ihrer Entfernung - in unterschiedlicher Größe dargestellt werden. So kann beispielsweise eine Person etwas größer gezeichnet werden und eine zweite Person deutlich kleiner. Das Gehirn ist sich im Klaren darüber, dass beide Personen ungefähr dieselbe Größe haben müssen und geht so automatisch davon aus, dass eine Person im Vordergrund steht und die andere im Hintergrund. Es entsteht also der Eindruck von Tiefe.

Verstärkung der Raumwirkung durch Wiederholung der Säulen des Treppengeländers

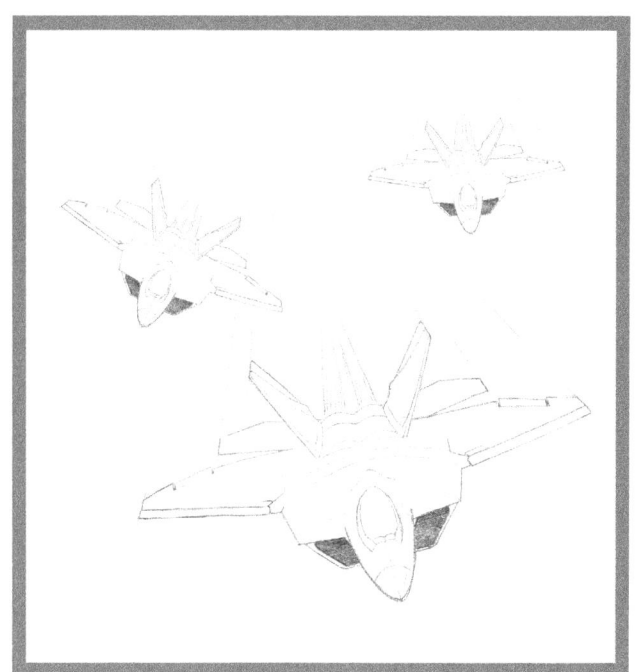

Mit Hilfe der Fluchtpunktperspektive ist es außerdem relativ einfach, die unterschiedlichen Größen im richtigen Verhältnis zur Entfernung zu zeichnen. Außerdem sollte der Effekt in nicht zu großen Schritten ausgeführt werden. Das bedeutet konkret, dass die Verkleinerung der Objekte im Hintergrund gleichmäßig verlaufen sollte. Das Zeichnen von zu extremen Größenunterschieden wirkt für den Bildbetrachter eher verwirrend und die logische Verknüpfung geht verloren.

Kleiner werdende Flugzeuge vermitteln ein Gefühl für den Raum

Reduzierung des Detaillierungsgrads

Die zuvor beschriebenen Methoden können weiter perfektioniert werden, indem man den Detaillierungsgrad der Bildobjekte in Abhängigkeit von ihrer Entfernung anpasst. An Objekten in der Nähe kann man viele Details erkennen. Liegt etwas in der Ferne, kann man diese Details nicht mehr sehen. Beim Zeichnen stellen wir also immer weniger Einzelheiten dar, je weiter etwas entfernt ist.

Eng damit verbunden ist auch die Verringerung der Schärfe von Bildobjekten bei zunehmender Distanz. Im Prinzip entsteht dadurch erst die Reduzierung der sichtbaren Details. Diese Unschärfe ist bei entfernten Objekten durch die Verkleinerung aber auch durch atmosphärische Effekte zu erklären (mehr hierzu unter dem folgenden Punkt „Luftperspektive"). Bei Objekten im näheren Umfeld entsteht die Unschärfe hauptsächlich durch die Fokussierung des Auges auf einen bestimmten Punkt.

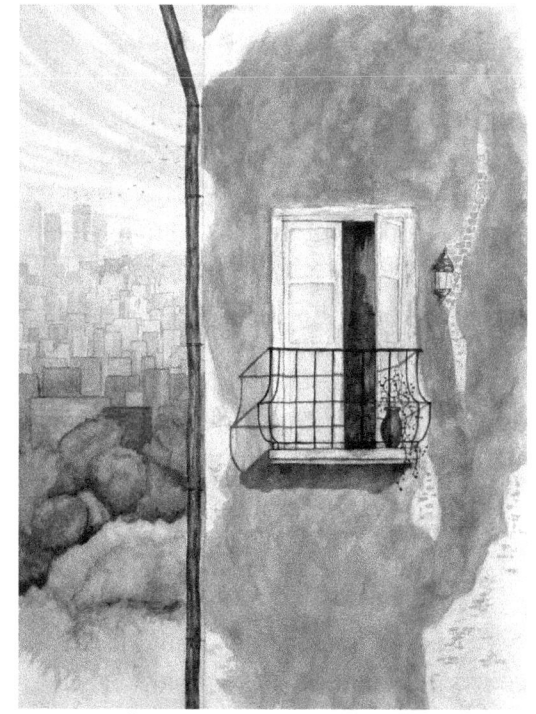

„Der Balkon" Stadtbild mit Reduzierung von Details im Hintergrund

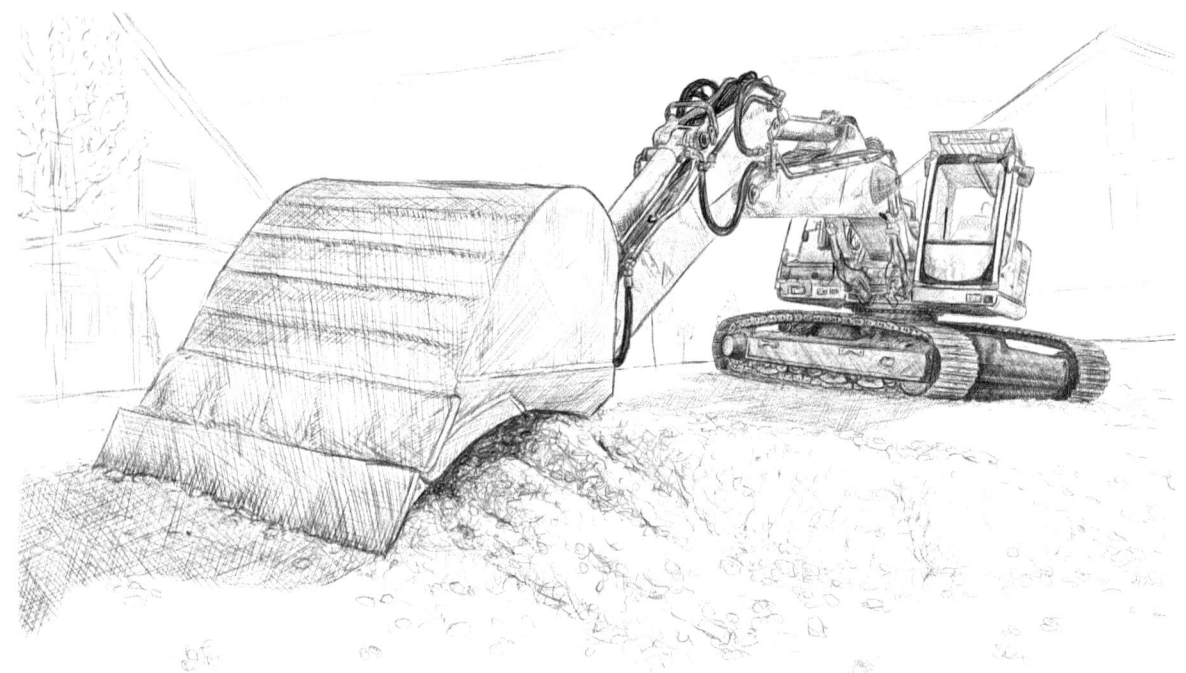

Gebäude im Hintergrund sind in diesem Bild nur noch schemenhaft dargestellt

Luftperspektive

Auch die sogenannte Luftperspektive kann in Zeichnungen und Gemälden verwendet werden, um einen Tiefeneindruck zu erzeugen. In Realität handelt es sich hier um einen atmosphärischen Effekt. Das Licht wird durch Luftmoleküle, Dunst und Staub abgelenkt, was dazu führt, dass entfernte Objekte einen leichten Blauschimmer bekommen, heller erscheinen und kontrastärmer sind. Aufgrund des Blauschimmers ist in der Malerei auch oft vom Verblauungseffekt bzw. der Farbperspektive die Rede. Da man bei einer Bleistiftzeichnung keine Farbe einsetzt, kann man diesen Effekt nur durch die Aufhellung und Kontrastverminderung der entfernten Objekte erzeugen.

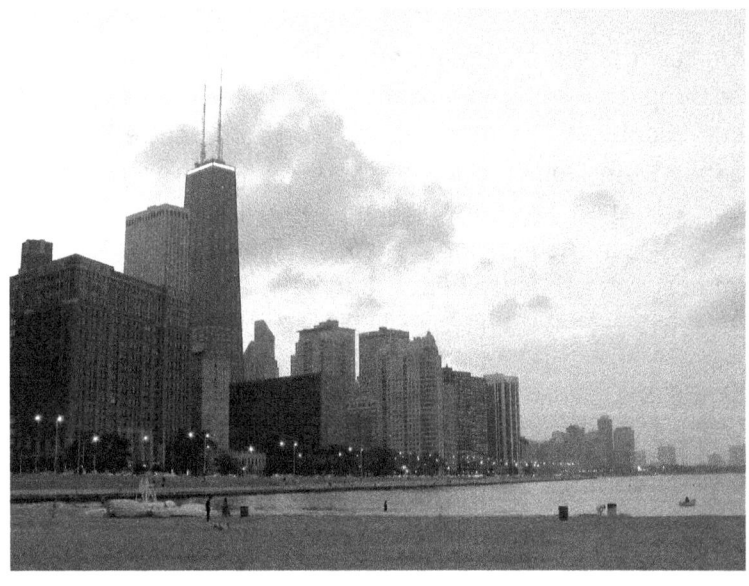

Gebäude erschienen mit zunehmender Entfernung heller

Neben dem dargestellten Stadtbild sind auch vorhergehende Bilder wie das Gemälde von Carl Spitzweg „Kunst und Wissenschaft" und „Der Balkon" gute Beispiele für den Einsatz der Luftperspektive.

Perspektivische Verkürzung

Die perspektivische Verkürzung ist ein Effekt, der besonders deutlich wird, wenn man relativ gerade auf ein Objekt blickt, das sich in die Tiefe ausstreckt. Man blickt zum Beispiel direkt von vorne auf einen ausgestreckten Arm oder einen Ast.

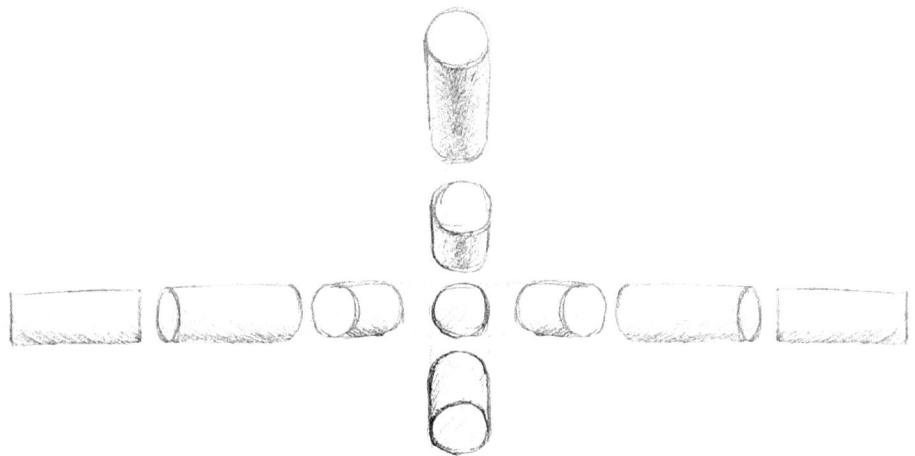

Perspektivische Verkürzung eines Zylinders aus verschiedenen Perspektiven

Die nächste Zeichnung ist ein weiteres gutes Beispiel für die perspektivische Verkürzung. Man sieht hier einen Mann, der seine Arme zu beiden Seiten ausstreckt. Unser Blickwinkel als Betrachter der Szene ist dabei so gewählt, dass man fast in einer Linie mit den ausgestreckten Armen steht. Wir können so die Länge der Arme nur erahnen. Das macht es für uns als Zeichner sehr schwierig, die Geometrie der Arme, mitsamt der Kleidung, realitätsnah zu zeichnen.

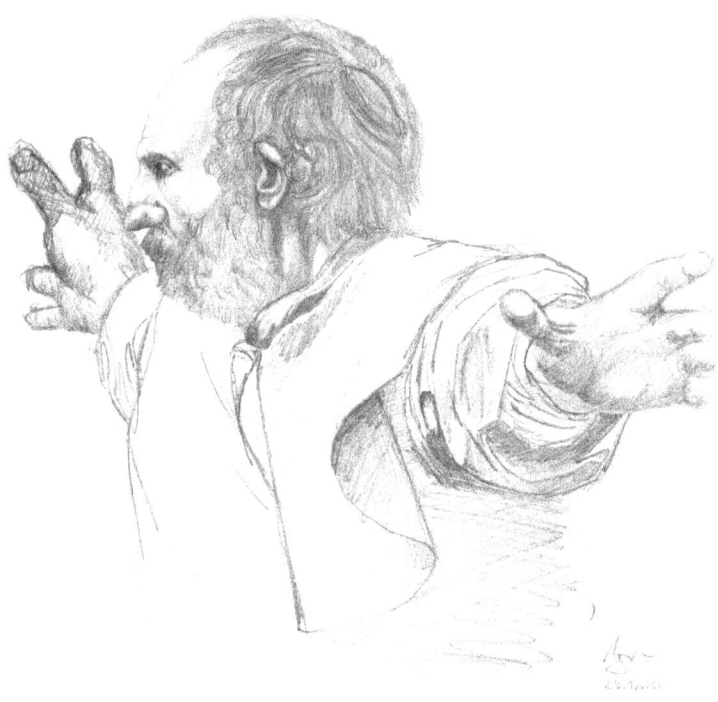

Beispielzeichnung - Perspektivische Verkürzung
Nach dem Gemälde „Das Abendmahl in Emmaus" von Caravaggio

Das zeichnerische Problem ergibt sich durch die geometrische Form, welche die Arme und Ärmel aus dieser Perspektive annehmen. Die Geometrie ist schlicht und ergreifend sehr ungewohnt zu zeichnen. Der Grund: Was wir zeichnen sollen, widerspricht unserer Kenntnis darüber, dass die Arme, Hände und Finger lang und dünn sind. Von unserem Blickwinkel aus nehmen diese Körperteile jedoch eher die Form eines Kreises an.

Außerdem verdichten sich bei der perspektivischen Verkürzung viele „Informationen" auf einen kleinen Raum. In unserem Beispiel verdichten sich z.B. die Falten des Ärmels auf die kleine Fläche, die wir vom Ärmel sehen können. Auch die perspektivische Verkürzung ist ein Effekt, den man gut mit der Technik der Fluchtpunktperspektive darstellen kann.

Räumlichkeit durch Licht & Schatten vermitteln

Durch den gezielten Einsatz von Licht und Schatten, kann die räumliche Wirkung von Objekten gesteigert werden. Licht und Schatten beschreiben die Form sowohl von kleinen als auch von großen Körpern, was zudem auch auf größere Distanz funktioniert. Die Fluchtpunktperspektive ist auch hier ein geeignetes Instrument, um die Darstellung zu perfektionieren. Denn mit der Fluchtpunktperspektive lassen sich auch Schatten perspektivisch korrekt konstruieren.

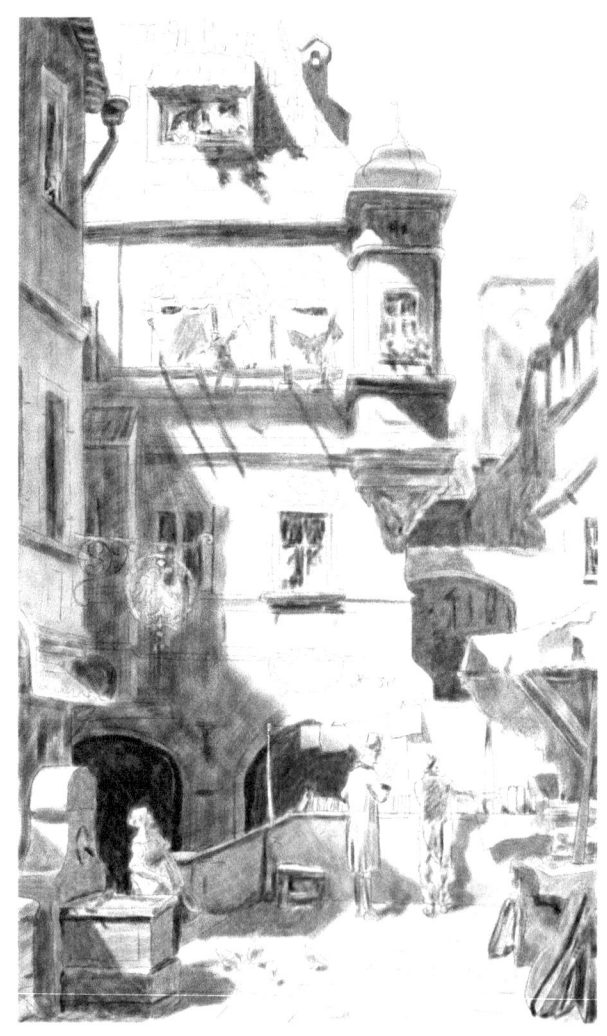

Raumwirkung eines Stadtbildes durch Licht und Schatten

Bild: „Kunst und Wissenschaft" (Replikat) auf Schatten reduziert

Original: Carl Spitzweg, 1880

Für eine gute Licht- und Schattenkomposition passen Landschaftsmaler häufig die ideale Tageszeit ab, um entsprechend dem Stand der Sonne einen guten Schattenwurf vorzufinden. In einigen Landschaftsgemälde kann man auch erkennen, dass durch eine geeignete Wolkenkonstellation ein Spiel aus Licht und Schatten entsteht, welches die Illusion eines tiefen Raumes zusätzlich unterstützt.

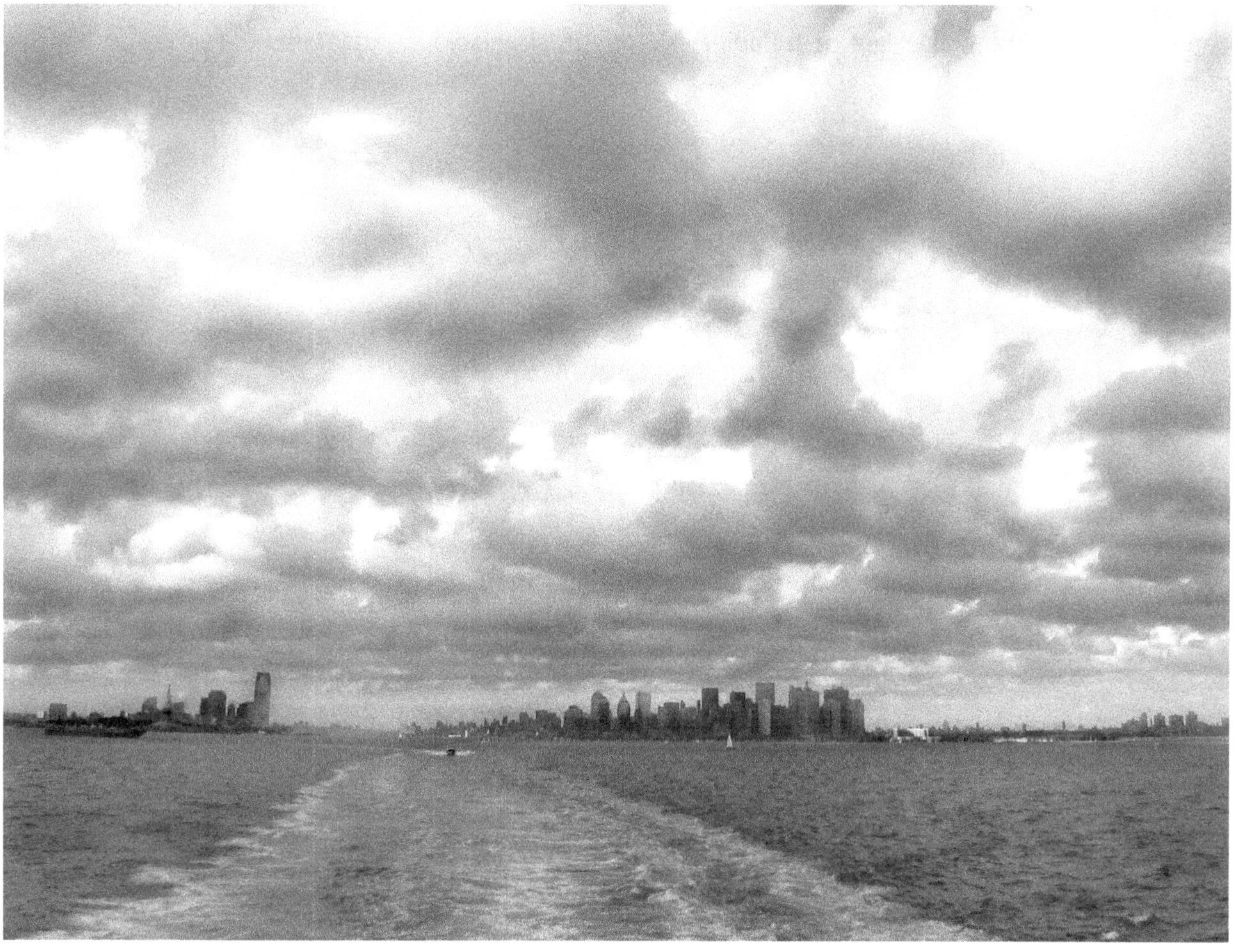

Die Wolkenkonstellation in diesem Bild vermittelt einen besseren Eindruck von der Tiefe

Und noch ein kleiner Trick, der sich mit der Darstellung von Schlagschatten umsetzen lässt: Zeigt man auf dem Bild die Schatten von Objekten, die selbst nicht zu sehen sind, erweitert man den Raum geistig. Der Künstler vermittelt dem Betrachter das Gefühl, dass der wahre Raum über den sichtbaren Bildausschnitt hinausgeht.

5.3.2   Plastizität

Wie bereits erwähnt, bedeutet Plastizität, dass Objekte dreidimensional wirken. Dieser optische Effekt ist vor allem bei Dingen in unserer näheren Umgebung festzustellen. Plastisch zu zeichnen bedeutet, Körper und Objekte entsprechend räumlich darzustellen. Dabei wird ihre dreidimensionale Form mittels besonderer Zeichentechniken auf dem Papier erkennbar, sie erscheinen plastisch, greifbar und naturgetreu.

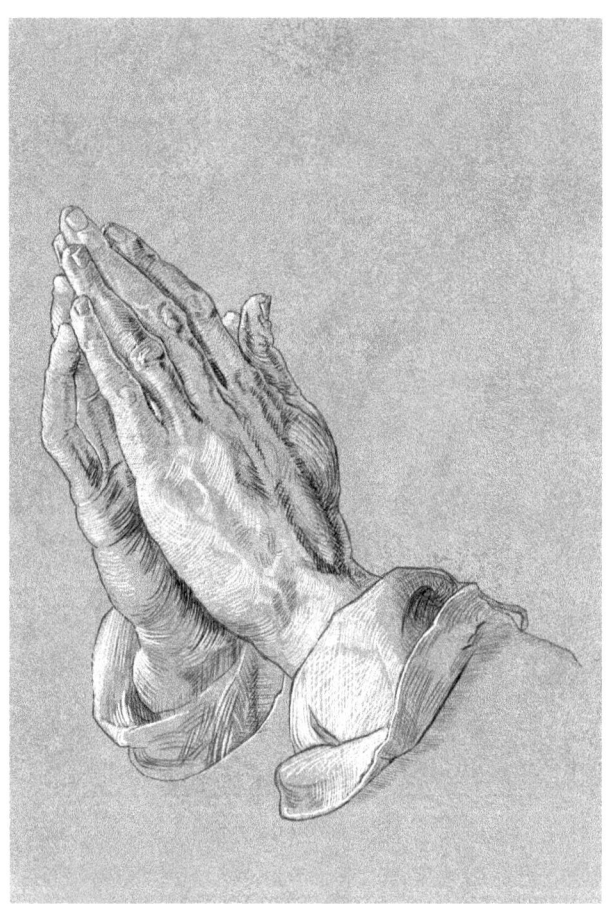

Plastizität wurde durch das Zeichnen von Schatten und Weißhöhungen herausgearbeitet

Bild: Betende Hände (Replikat) / Original: Albrecht Dürer, um 1508

Während für die zweidimensionale Abbildung von Formen alleine eine Kontur ausreicht, benötigen wir für die Darstellung der dritten Dimension vor allem Schatten – und als Voraussetzung hierfür natürlich Licht. Licht und Schatten sind wunderbare Vermittler von Formen. Durch Verstärkung des Hell-Dunkel-Kontrasts wird dabei die plastische Anmutung noch weiter verstärkt. Des Weiteren ist die Position der Lichtquelle, die das Motiv beleuchtet, von besonders hoher Bedeutung. Der Einfallswinkel bestimmt die Schattenform, was den beleuchteten Körper mal mehr und mal weniger plastisch erscheinen lässt. Auch die Art der Beleuchtung spielt eine Rolle: Plastizität zeigt sich unterschiedlich ausgeprägt bei hartem oder weichem licht.

Konturzeichnung

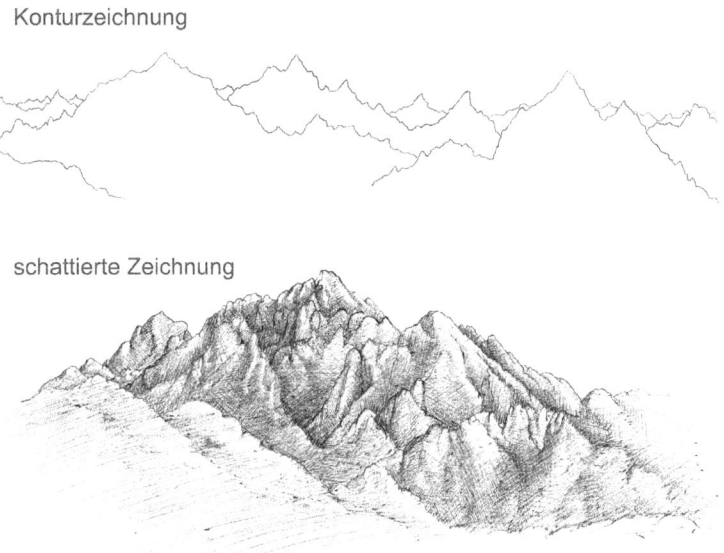

schattierte Zeichnung

Vergleich zwischen Konturzeichnung und schattierter Zeichnung anhand von Bergen

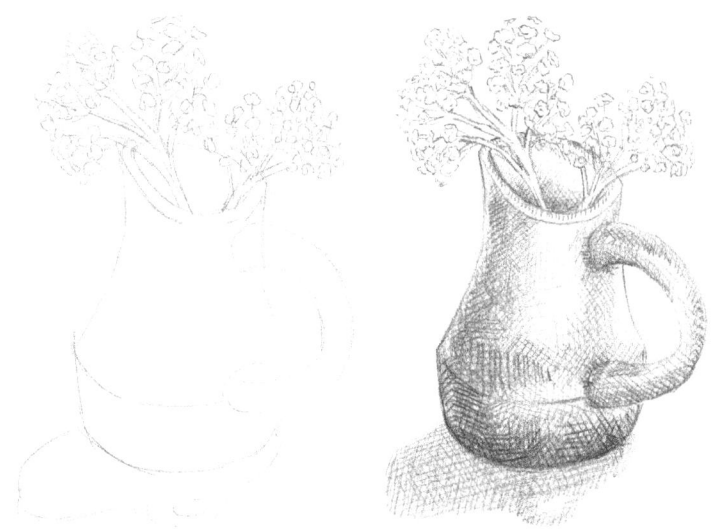

Weiterer Vergleich zwischen Konturzeichnung und schattierter Zeichnung anhand einer Vase

Eine weitere Möglichkeit, Gegenstände besonders plastisch zu zeichnen, ist der Wechsel des Blickwinkels. Eine Hand lässt sich beispielsweise von oben oder unten zeichnen aber auch aus schrägem Blickwinkel. Beim direkten Blick auf Handrücken oder Handfläche kann die Hand nicht besonders plastisch dargestellt werden. Ein schräger Blickwinkel oder eine veränderte Handhaltung, etwa das Abspreizen eines oder mehrerer Finger, verbessern beim Zeichnen die räumliche Wirkung. Man beachte dabei auch die perspektivische Verkürzung, auf die bereits zuvor eingegangen wurde.

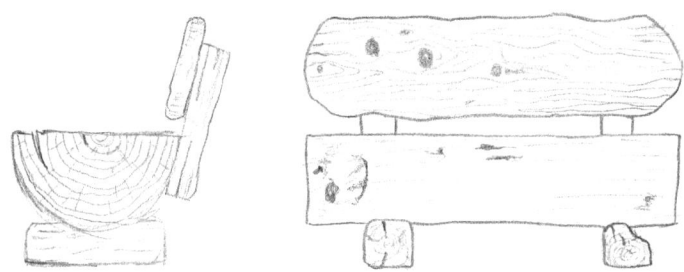

Darstellungen direkt von vorne oder von der Seite lassen keine starke Plastizität zu

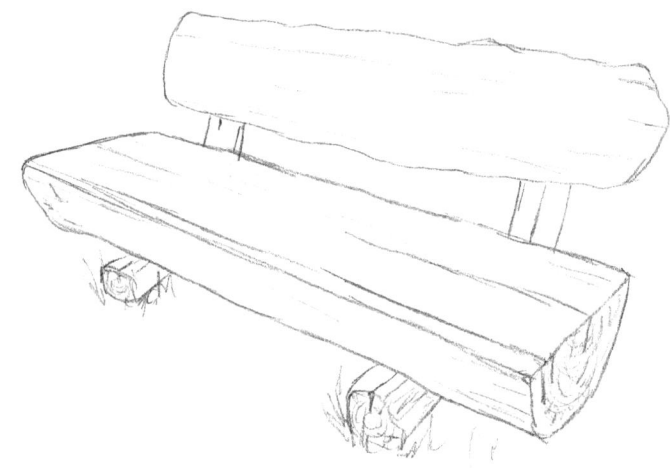

Die Darstellung desselben Objektes aus einer schrägen Perspektive lässt hingegen Plastizität entstehen

Das sorgsame Ausarbeiten von Details wie etwa Kontrasten, Kontur und Schattenwurf bringen ein Zeichenobjekt noch besser zur Geltung. Handelt es sich um ein Stillleben mit mehreren Objekten, lassen sich schöne Effekte und interessante Variationen durch das Anordnen der Gegenstände und durch Experimente mit der Beleuchtung erzielen.

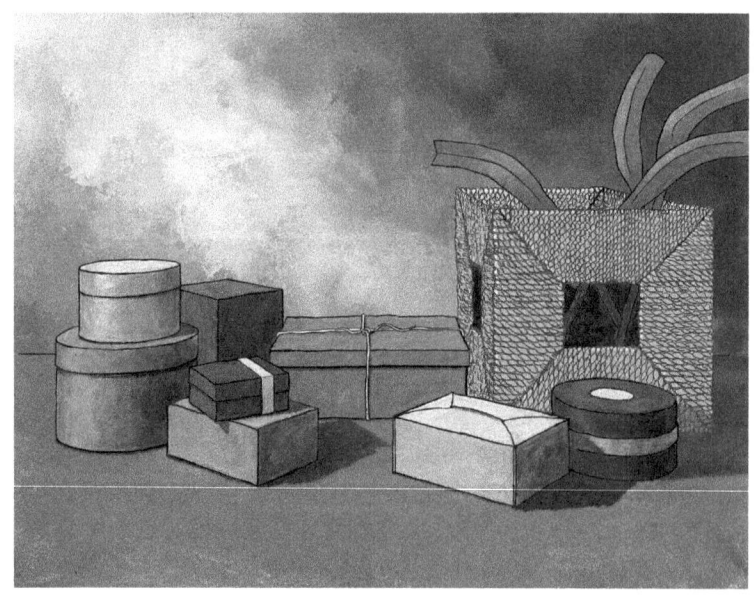

Stillleben mit Schachteln

5.4 Licht & Schatten

Licht und Schatten zählen zu den wichtigsten – vielleicht sogar DEM wichtigsten – Mittel der Bildgestaltung. Es gibt ganze Bücher, die sich alleine diesem Thema auseinandersetzen. Denn alles, was wir sehen, wird durch das Licht erst sichtbar. Und es bestimmt auch maßgeblich, wie wir Dinge sehen. Licht kann hart oder weich sein, die Lichtmenge kann hoch oder gering sein, Licht kann aus unterschiedlichen Richtungen kommen und Licht kann auch eine bestimmte Farbe aufweisen. Was man damit beeinflussen kann, sind wichtige Bildeigenschaften wie Plastizität, Räumlichkeit und nicht zuletzt die Atmosphäre. So kann man durch entsprechende Positionierung der Lichtquelle für einen dramatischen Schattenwurf sorgen, oder durch sanftes Licht eine besinnliche Stimmung vermitteln.

5.4.1   Lichtrichtung

Wie bereits beschrieben, ist es für die Bildwirkung sehr wichtig, aus welcher Richtung das Licht im Verhältnis zum Standort des Betrachters auf das Motiv trifft. Man unterscheidet dabei zwischen den Beleuchtungssituationen: Auf-, Frontal-, Vorder-, Seiten-, Streif- und Gegenlicht.

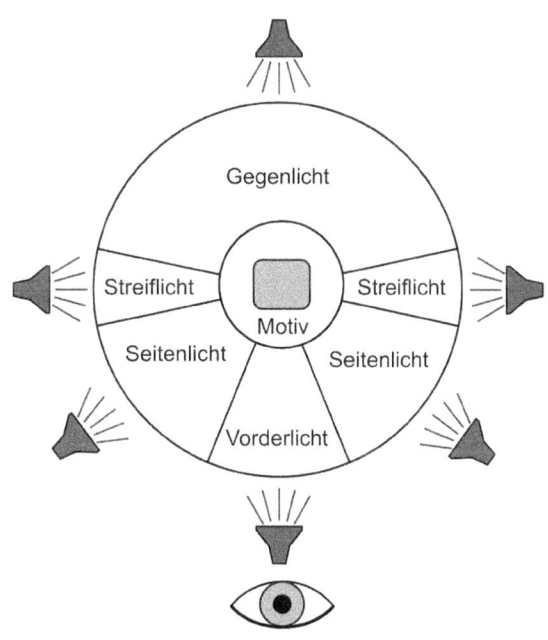

Unterschiedliche Richtungen des Lichts

(Auflicht nicht dargestellt)

Vorderlicht

Beim Vorderlicht strahlt das Licht frontal auf das Motiv, was bedeutet, dass sich die Lichtquelle im Rücken des Künstlers befinden muss. Die Folge ist, dass am Motiv kaum Schatten sichtbar werden, da sich diese hinter dem Motiv befinden. Gerade bei monochromen Zeichnungen wirkt diese Lichtsituation häufig unspektakulär. Bei farbigen Gemälden kann der Effekt jedoch erwünscht sein, da dadurch die Farbflächen zum Hauptaugenmerk werden und dreidimensionalen Formen in den Hintergrund treten.

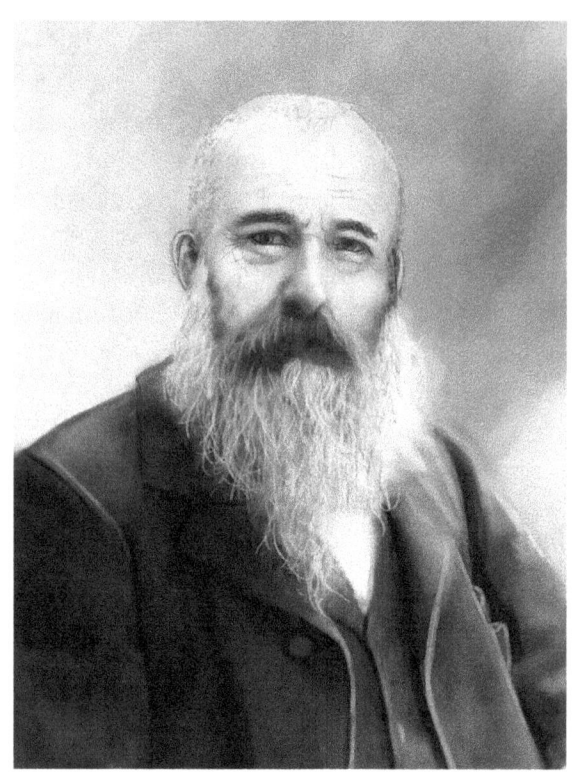

Portrait von Claude Monet mit frontalem Licht nach einer Fotografie von Nadar, 1899

Auflicht

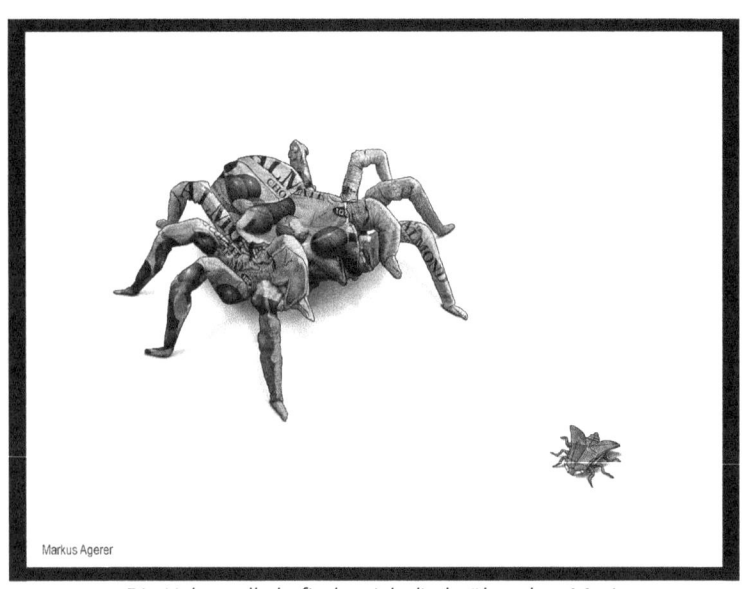

Markus Agerer

Die Lichtquelle befindet sich direkt über dem Motiv

Unter Auflicht versteht man die Beleuchtung, bei der die Lichtquelle hauptsächlich von oben auf das Motiv scheint, wie dies bei Landschaftsbildern um die Mittagszeit herum der Fall ist. Das Auflicht sorgt für eine gute Ausleuchtung und kurzen Schattenwurf. Je nachdem, was man bezwecken will, ist das Auflicht vorteilhaft oder eher zu vermeiden. Gerade dann, wenn man bei der Bildgestaltung mit Licht und Schatten spielen will, sollt man eine geeignetere Beleuchtungssituation wählen.

Seitenlicht

Wenn das Licht schräg seitlich auf das Motiv fällt, spricht man vom Seitenlicht. In diese Kategorie fällt die Beleuchtung bei einem Winkel von ca. 30 bis 60 Grad zur Betrachtungsrichtung. Seitenlicht ist ideal, um die dreidimensionale Form des Motivs durch prägnante Schatten zu beschreiben. Es entstehen auch bei Landschaftsbildern wirkungsvolle Schatten, die Spannung und Atmosphäre in die Komposition bringen können. Das Seitenlicht ist daher die beliebteste Beleuchtungssituation für Zeichnungen und Gemälde.

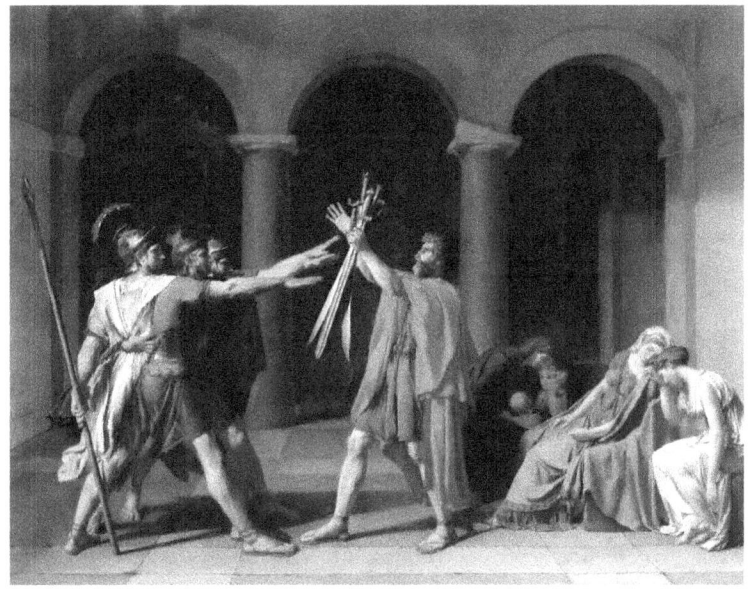

Das in diesem Bild Seitenlicht ist erkennbar am Schattenwurf der Figuren

Bild: „Der Schwur der Horatier" (Replikat) / Original: Jacques-Louis David, 1784

Streiflicht

Übersteigt der Winkel zwischen Blicklinien und Beleuchtung die 60 Grad und trifft somit extrem seitlich auf das Motiv, so spricht man von einem Streiflicht. Das Licht streift das Motiv also von der rechten oder linken Seite. Die Folge ist, dass Oberflächenstrukturen sehr deutlich zum Vorschein kommen und besonders plastisch wirken. Für diesen Zweck wird das Streiflicht in der Regel ganz gezielt eingesetzt.

Die Charakteristik dieser Beleuchtung ist jedoch oft nicht gewünscht, denn ein Motiv kann dadurch auch schnell unpassend wirken. Je nach angestrebtem Ergebnis, wirkt der Schattenwurf oft übertrieben und erzeugt eine Dramatik, die nicht gewünscht ist.

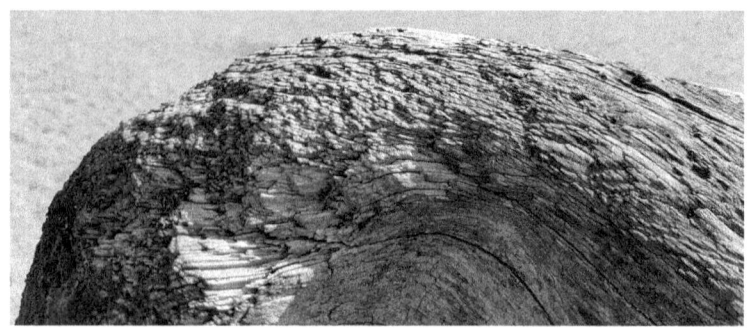

Strukturen eines alten Holzes im Streiflicht

Gegenlicht

Gegenlicht bedeutet, dass das Licht aus der Richtung des Motivs kommt und dem Künstler entgegenscheint. Objekte sind im Gegenlicht zumeist nur noch silhouettenartig zu erkennen und werden sehr dunkel. Der Hintergrund ist von der Lichtquelle überblendet und oft nicht mehr sichtbar. Diese Effekte bieten interessante Gestaltungsmöglichkeiten, stellen für den Künstler aber auch eine gewisse Herausforderung dar.

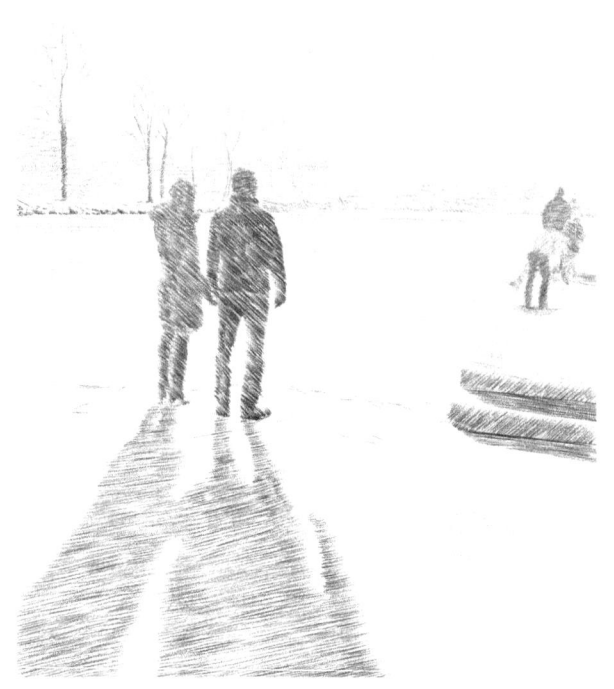
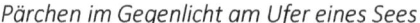

Pärchen im Gegenlicht am Ufer eines Sees

Direktes und diffuses Licht

Einen großen Einfluss auf die Bildwirkung hat auch die Qualität des Lichts. Das Licht kann direkt oder auch diffus sein. Trifft die Sonnen beispielsweise an einem wolkenlosen Tag direkt auf ein Objekt, wird dieses an der dem Licht zugewandten Seite sehr stark beleuchtet. Die Gegenseite verschwindet annähernd im Schatten und wird durch die geringe Lichtmenge, die in der Atmosphäre gestreut wird, noch leicht aufgehellt. Durch dieses harte Licht, entstehen somit sehr starke Tonwertkontraste. Diese Art der Lichtqualität bezeichnet man als gerichtetes Licht.

direktes Licht   diffuses Licht

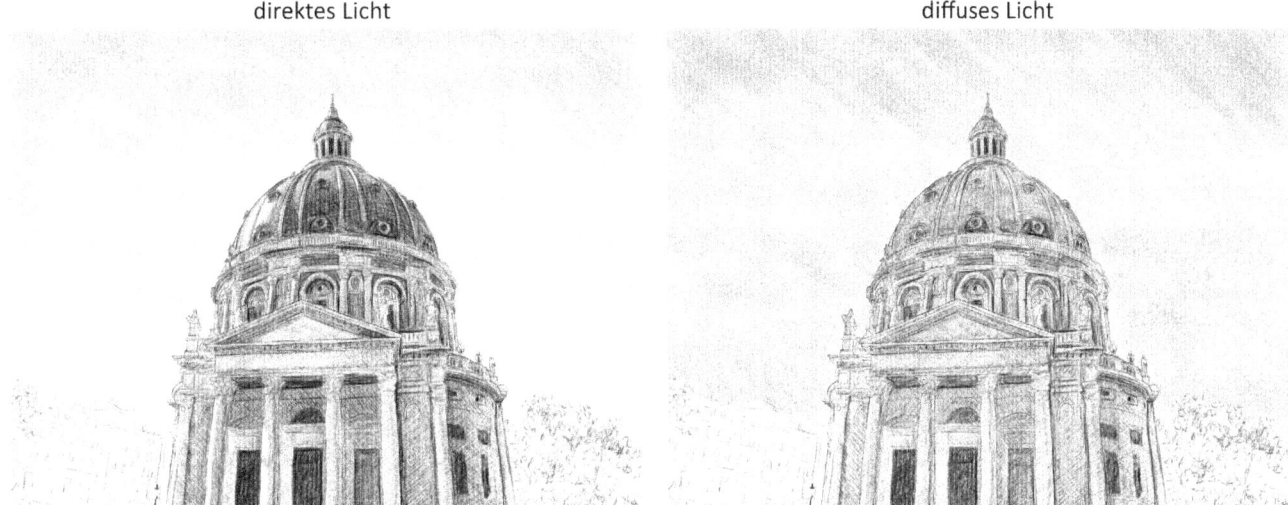

Vergleich zwischen direktem und diffusem Licht

Diffuses, weiches Licht entsteht zum Beispiel dann, wenn die Wetterlage eher wolkig oder neblig ist. Die Sonnenstrahlen werden dann durch die erhöhte Menge an Molekülen in der Luft gestreut, wodurch sehr viel mehr indirektes Licht entsteht. Dies hat zur Folge, dass die Sonnenseite des Objektes eine geringere Lichtstärke erfährt, während die Schattenseite, durch eine erhöhte Menge an Licht, aufgehellt wird. Im Extremfall treten dabei kaum oder sogar keine sichtbaren Schatten auf. Der Tonwertkontrast in dieser Beleuchtungssituation ist dementsprechend gering.

Den gestalterischen Einsatz von Licht kannst Du in den meisten, der in diesem Buch gezeigten Bilder, selbst beobachten und analysieren.

Tricks zum Einsatz von Schatten

Im Kapitel Perspektive und Raum wurde bereits einiges über den Einsatz von Schatten geschrieben. Dabei wurde auch der Trick beschrieben, dass man den Raum imaginär erweitern kann, indem man Schatten von Objekten abbildet, die selbst nicht im Bild zu sehen sind. Es gibt aber noch ein paar weitere Möglichkeiten, wie man Schatten einsetzen kann.

Schatten als Verbindungsbrücke

So können Schatten eine Brücke zwischen zwei oder mehreren Objekten bilden. Ein Schatten kann dabei von einem Objekt zum anderen reichen und diese somit visuell verbinden. Hierzu kann sich zum Beispiel der Schatten eines Baumes eignen oder der einer Brücke. Die Schattenspender selbst müssen dabei nicht zwangsläufig im Bild zu sehen sein – was wiederum den bereits erwähnten Trick zur Raumerweiterung auf die Bildfläche bringt.

Schatten zum Hervorheben von Motiven

Eine weitere Methode, bei der Schatten sehr bewusst eingesetzt werden, ist das Hervorheben von Objekten. Dieses Hervorheben geschieht im Prinzip durch die Erzeugung eines starken Hell-Dunkel-Kontrasts. Das Objekt, das im Vordergrund steht und die Aufmerksamkeit auf sich ziehen soll, wird dabei relativ hell abgebildet. Der Kontrast, durch den sich dieses Objekt abhebt, entsteht dann durch einen dunklen Schatten im Hintergrund. Erst durch den Hintergrundschatten kann der Kontrast entstehen.

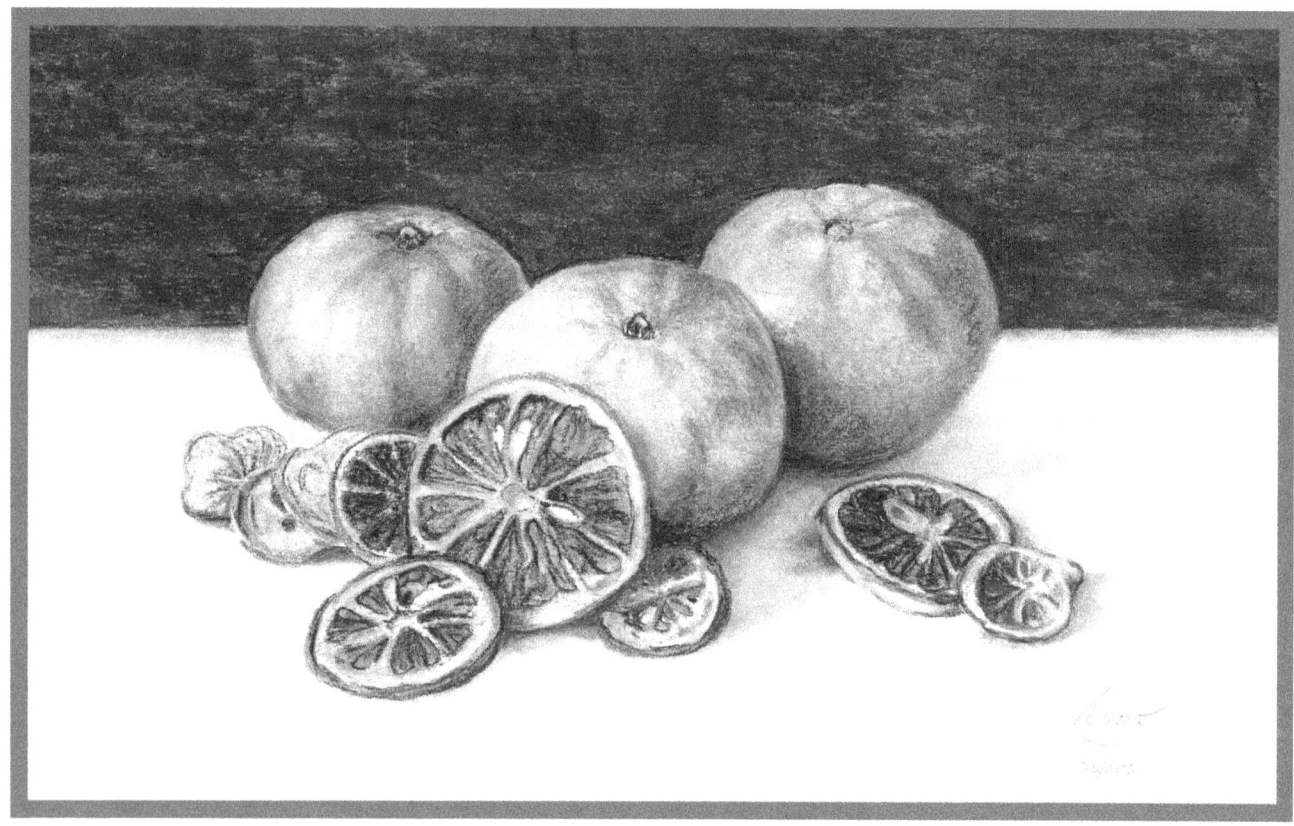

Schatten im Hintergrund heben die Mandarinen besser hervor

Von welchem Objekt dieser Schatten ausgeht, ist dabei nicht so relevant. In Stillleben ist zum Beispiel oft der Hintergrund sehr dunkel gehalten, um diesen Effekt zu erzielen. In Szenen, in denen ein Zimmer mit Fenstern klar zu erkennen ist, kann die Position eines lichtspendenden Fensters so gewählt werden, dass Figuren hell erleuchtet werden, während der Hintergrund dunkel bleibt. Ein perfektes Beispiel für diese Methode bietet das Gemälde „Berufung des Hl. Matthäus" von Michelangelo Merisi da Caravaggio.

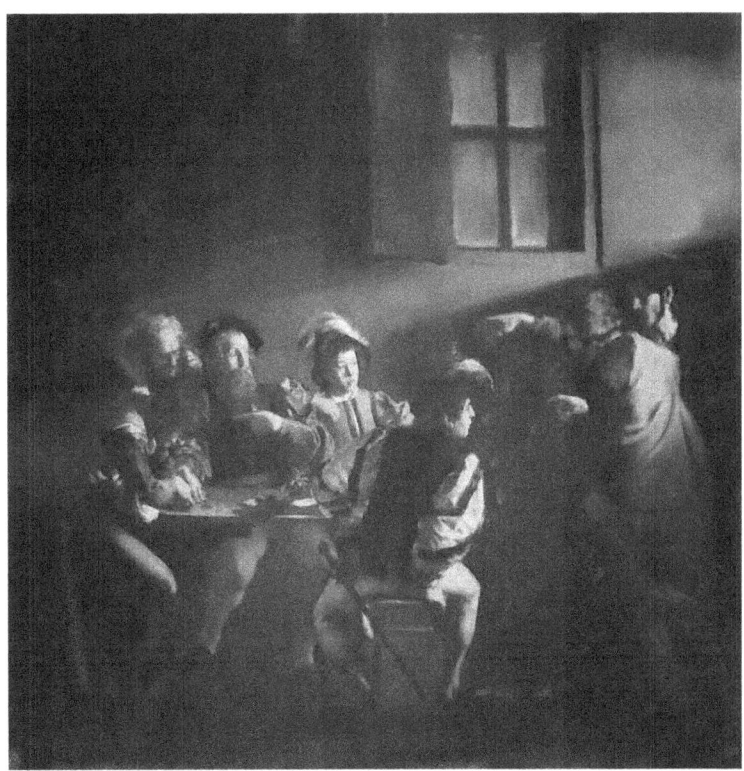

Die Figuren in dem Bild treten durch die dunklen Schatten im Hintergrund deutlich hervor

Bild: Berufung des Hl. Matthäus (Replikat) / Original: Michelangelo Merisi da Caravaggios

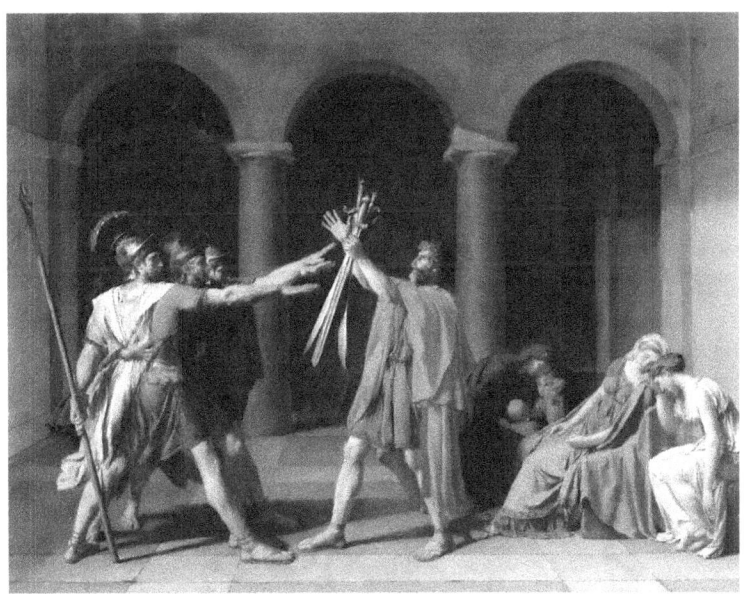

Die Figuren in diesem Bild stehen vor dunklen Torbögen

Bild: „Der Schwur der Horatier" (Replikat) / Original: Jacques-Louis David, 1784

5.5 Chiaroscuro

In der Malerei und Grafik von Spätrenaissance und Barock wurde Chiaroscuro entwickelt, um Ausdruck und Räumlichkeit eines Kunstwerks zu verstärken. Das künstlerische Gestaltungsmittel stammt aus dem Italienischen und wird mit Hell-Dunkel übersetzt. Für die europäische Malerei ist der Stil vor allem ab dem 17. Jahrhundert prägend. Im Französischen heißt der bewusst eingesetzte Kontrast Clair-obscure und leitet sich von einem Begriff ab, den Künstler in der Holzschnitt-Technik zu Beginn des 16. Jahrhunderts erfanden.

5.5.1 Bedeutung

Im Deutschen wird Chiaroscuro als Helldunkel bezeichnet. Darunter ist eine Malweise zu verstehen, die in der Kunst des Barock Einzug hielt und den Darstellungen einen dramatischen Ausdruck verlieh. In der Ölmalerei wurde der Effekt durch lichte Betonung eines Bilddetails vor dunklem Hintergrund erzielt. Maler wie Tizian, Caravaggio, Rembrandt, Goya und van Delft beherrschten diese Art der Gestaltung meisterlich. Im Vergleich zu den feinen Ausdrucksmitteln des Sfumato in da Vincis Werken, erschuf die Hell-Dunkel-Malerei eine Stimmung von besonderem Reiz. Leonardos Spätwerk "Johannes der Täufer" zeigt die Umsetzung von Licht und Schatten in Vollendung. Es ist heute im Louvre zu besichtigen.

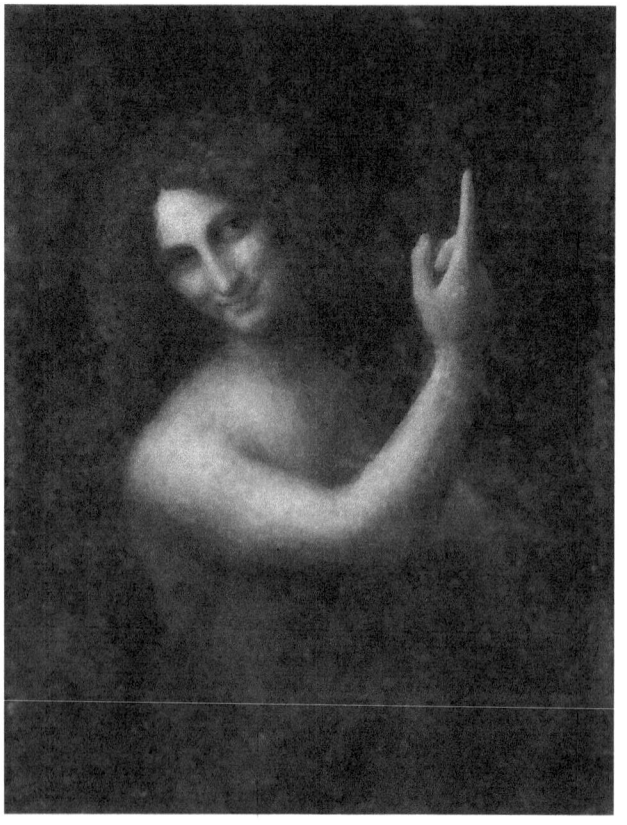

Johannes der Täufer (Replikat) – Original: Leonardo da Vinci

5.5.2 Wirkung

Chiaroscuro modelliert Figuren und Objekte eines Bildes durch Nuancen der Helligkeit. Wird die Abstufung von Hell und Dunkel in der Gestaltung bewusst eingesetzt, dann verstärken sich Ausdruck, Dramatik und Stimmung im Werk. Spitzlichter und Schlagschatten zählen zu den extremen Formen der Hell-Dunkel-Malerei. Werden in der Abbildung vereinzelt Körperpartien durch Licht- oder Glanzpunkte hervorgehoben, dann sprechen Fachleute von "gehöht" (auch Weißhöhungen). Der oft mystisch anmutende Effekt steigert den Realismus einer Szene um das Vielfache.

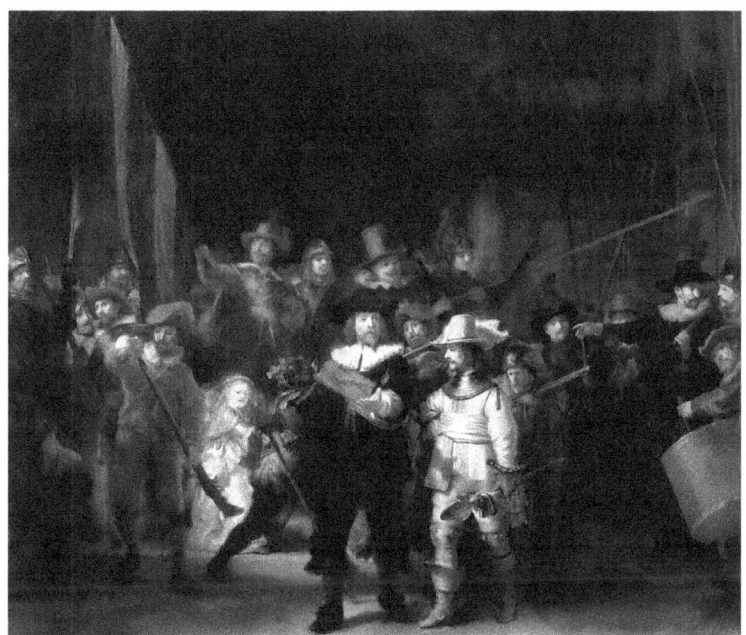

Starke Hell-Dunkel-Kontraste

Bild: Die Nachtwache (Replikat) - Original: Rembrandt van Rijn, 1642

5.5.3 Anwendungsgebiete

Malerei

Leonardo da Vinci war einer der ersten Künstler, die sich mit der Wirkung von Licht und Schatten in der Kunst auseinandersetzten. Dabei untersuchte er das Verhältnis einer Lichtquelle zum erleuchteten Objekt. Der Maler unterschied zwischen Leuchtlicht (luce) und Körperlicht (lumen). Als Leuchtlicht ist eine anstrahlende Lichtquelle zu verstehen. Hingegen geht das Körperlicht vom beleuchteten Objekt (Mensch, Gegenstand) aus. Darüber hinaus bezog da Vinci den Effekt von natürlichem und künstlichem Licht in die Gestaltung ein. In seiner Hell-Dunkel-Malerei hob er oft unverhüllte Körperteile wie das Gesicht hervor. Die meisten seiner Portraits sind in nebliger Atmosphäre mit rauchigem Schleier gemalt. Diese Wirkung erzielt Leonardo durch Konturen, die sich abstufen oder auflösen.

Einen Schritt weiter gehen Künstler wie Michelangelo Merisi da Caravaggio in der Technik des Tenebrismus. Die dramatische Form der Hell-Dunkel-Malerei entwickelte der Maler zum Ende des 15. Jahrhunderts. Dabei lenkt er ein hartes Licht auf seine Figuren, um ihre innere Spannung zu zeigen und in der Darstellung hervorzuheben.

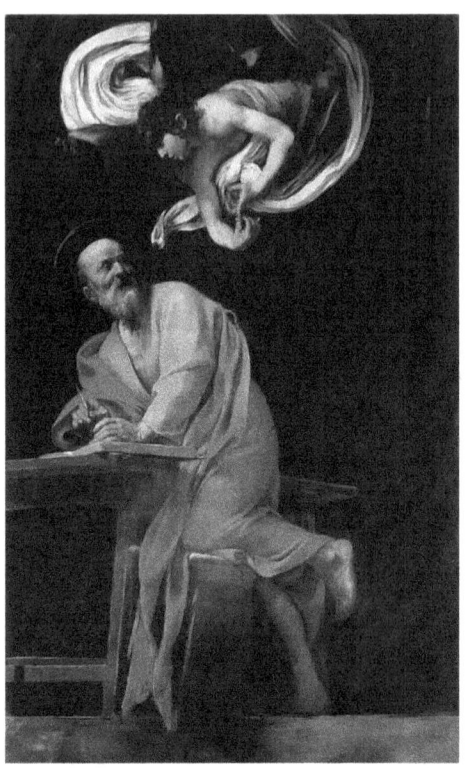

Michelangelo Merisi da Caravaggio gilt als Meister der Chiaroscuro-Technik

Bild: Matthäus mit dem Engel (Replikat) / Original: Michelangelo Merisi da Caravaggios

Vor allem Rembrandt van Rijn gelang es eindrucksvoll, den Malstil zur Wiedergabe seelischer Befindlichkeiten von Menschen zu nutzen. Dunkle Bildbereiche sind durch Farben wie Oliv, Grau und Braun geprägt. Natürliche Farben werden nur in den hellen Partien seiner Malerei ersichtlich. Wichtige Vertreter der stark kontrastreichen Technik in Europa sind Peter Paul Rubens, Diego Velásquez, Georges de la Tour und Francisco de Zubarán.

Zeichnung und Grafik

In der Holzschnitt-Technik werden die Schatteneffekte als Clair-obscure bezeichnet. Hier lassen weiße Hervorhebungen im Wechsel zu dunklen Farben eine Chiaroscuro-Zeichnung plastisch erscheinen. Erzielt wird die Plastizität durch einen Druck mit unterschiedlich geschnittenen Holzstöcken. Meist werden pro Grafik bis zu drei verschiedene Druckstöcke verwendet.

Im ersten Druck entsteht eine Zeichnung mit schwarzen Linien. Diesem Ergebnis wird ein sogenannter Tonwert hinzugefügt, der sich durch eine helle Farbgebung auszeichnet. Ein dritter Druckstock liegt in der Farbwahl zwischen den beiden ersten Varianten. Werden beim Formschnitt Bereiche ausgelassen, entsteht die Lichtwirkung. An diesen Stellen ist das Weiß des papiernen Untergrunds ersichtlich und der Betrachter nimmt die hellen Partien als beleuchtet wahr. Erfinder der Methode Clair-obscure ist der niederländische Grafiker und Formschneider Jost de Negker. Er soll das Verfahren 1507 entwickelt haben. Zu seinen Auftraggebern gehörten unter anderem Lucas Cranach und Hans Burgkmaier.

Fotografie und Film

In Studien von Architektur und Landschaft kommt der Chiaroscuro-Effekt fotografisch zum Einsatz. Auch bei Portraits findet das gestalterische Mittel Verwendung. Durch gezielte Unterbelichtung entstehen Streiflicht und Schatten. Beim Film wird die Akzentuierung von Hell und Dunkel als Low-Key-Stil bezeichnet, der in drei Formen unterschieden wird. Allen Varianten gleich ist die Ausleuchtung ohne dominierendes Führungslicht. So beschränkt sich die Technik auf ein Grundlicht mit wenigen Lichtquellen. Typisch für die Stilistik sind Film noir und Thriller, Genre- und Horrorfilm.

5.5.4   Bedeutende Vertreter - Chiaroscuro

Chiaroscuro (Malerei)

- Leonardo da Vinci (1452–1519)
- Antonio da Correggio (1489–1534)
- Tizian (um 1490–1576)
- Caravaggio (1571–1610)
- Simon Vouet (1590–1649)
- Georges de la Tour (1593–1652)
- Trophime Bigot (1597–1650)
- Rembrandt (1606–1669)
- Jan Vermeer van Delft (1632–1675)
- Gelder (Schüler Rembrandts) (1645–1727)
- Joseph Wright of Derby (1734–1797)
- Artemisia Gentileschi (1593–1654)

Clair-obscur (Holzschnitt)

- Albrecht Altdorfer
- Ugo da Carpi
- Andrea Andreani
- Andrea Mantegna
- Lucas Cranach d.Ä.
- Hans Baldung Grien

5.5.5 Tenebrismus

Unter Tenebrismus versteht man eine Art der Helldunkelmalerei, die mit besonders starken Kontrasten arbeitet. Von Rom ausbreitend hat sich der Tenebrismus im zweiten Jahrzehnt des 17. Jahrhunderts zu einer eigenen Stilrichtung in Europa geformt. Entwickelt wurde diese Technik von Michelangelo Merisi da Caravaggio im Jahre 1590. Die Replikate einiger seiner Gemälde, die in diesem Buch zu finden sind, dienen als gute Beispiele für diese Art der Helldunkelmalerei.

Stiltypisch für den Tenebrismus ist ein hartes, gerichtetes Licht, das die abgebildeten Figuren aus der Umgebung heraushebt. Durch diese Darstellungsweise wird die innere Spannung im Bild nochmals verstärkt zum Ausdruck gebracht. Was die Farbgebung angeht, werden in den dunkeln Bereichen Braun-, Grau- und Olivtöne eingesetzt, während in den hellen Bereichen die natürlichen Farben wiedergegeben werden.

5.6 Bewegung

Bewegung in ein Bild zu bringen ist nicht ganz einfach, hinterlässt jedoch häufig einen besonders starken Effekt. Durch Bewegung wirken Bilder lebendiger und damit auch interessanter, da Bewegung zu einer Veränderung des gegenwärtigen Moments führt. Da sich Bewegung in einem unbewegten Bild selbstverständlich nicht direkt verwirklichen lässt, muss man die Bewegung durch geeignete Methoden implizieren.

Eine Möglichkeit Bewegung zu vermitteln ist die Darstellung eines Ungleichgewichts. Dieses Ungleichgewicht muss, entsprechend der Erfahrung des Betrachters, automatisch zu einer Bewegung führen, die dieses Ungleichgewicht aufhebt. Auch eine instabil wirkende Komposition führt zu einem ähnlichen Effekt.
Die beiden folgenden grafischen Darstellungen zeigen einmal eine vermeintlich instabile Situation, bei der man geradezu darauf wartet, dass alles aus dem Gleichgewicht gerät. Man sieht vor dem geistigen Auge die dargestellten Körper bereits zu Boden fallen. Die andere Grafik zeigt eine dynamische Komposition, bei der man die Bewegung unmittelbar wahrnehmen kann.

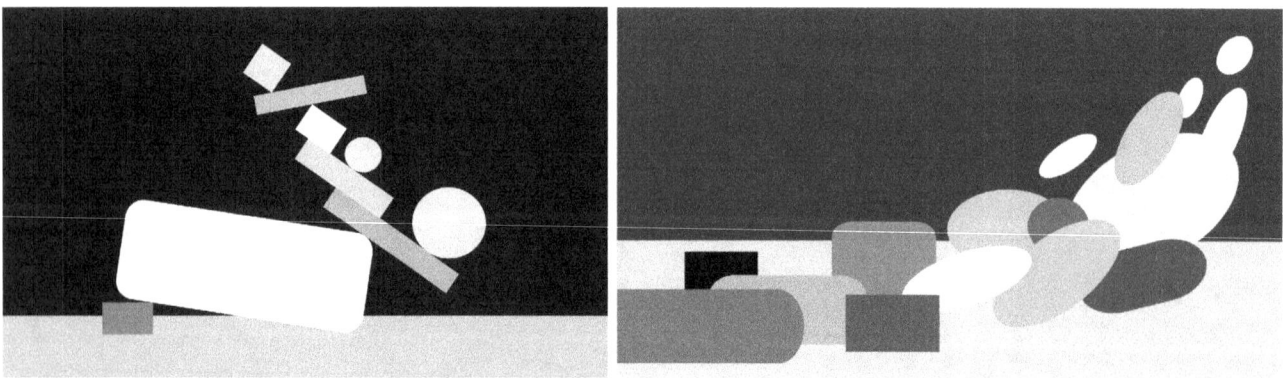

Instabile Konstruktion (links) und dynamische Formen (rechts)

Im Gegensatz hierzu kann man bei Stillleben in der Regel keinerlei Bewegung erkennen. So wie der Name schon sagt, steht hier alles still und ruht.

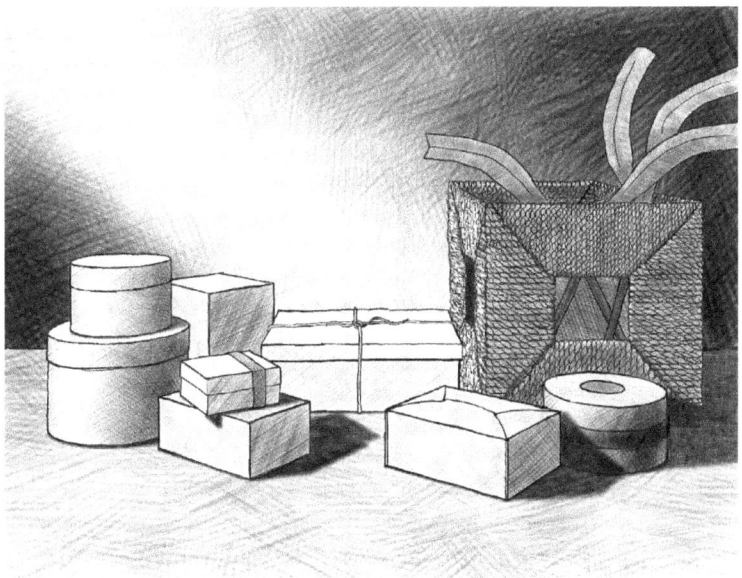

Stillleben ohne Bewegung

Die Darstellung von Bewegung gelingt hingegen relativ einfach mit Hilfe von menschlichen Figuren. Die Läufer in der Grafik unten verbildlichen Bewegung ganz eindeutig. Die stehende Person im Hintergrund stellt einen gewissen Kontrast hierzu dar.

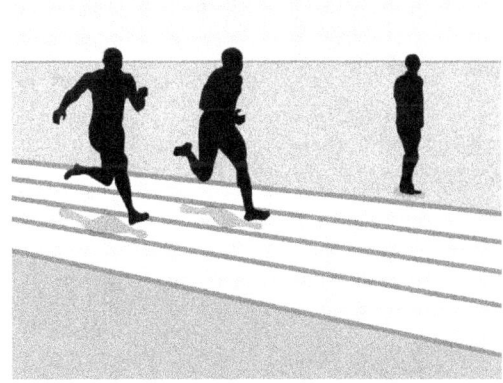

Bewegung durch Abbildung von Menschen

In abstrakten Bilder kann man Bewegung alleine durch die Formgebung vermitteln. Kurvige Linien lassen das Gefühl von Bewegung am besten entstehen. Ein gutes Beispiel hierfür ist das Gemälde „Kämpfende Formen" von Franz Marc.

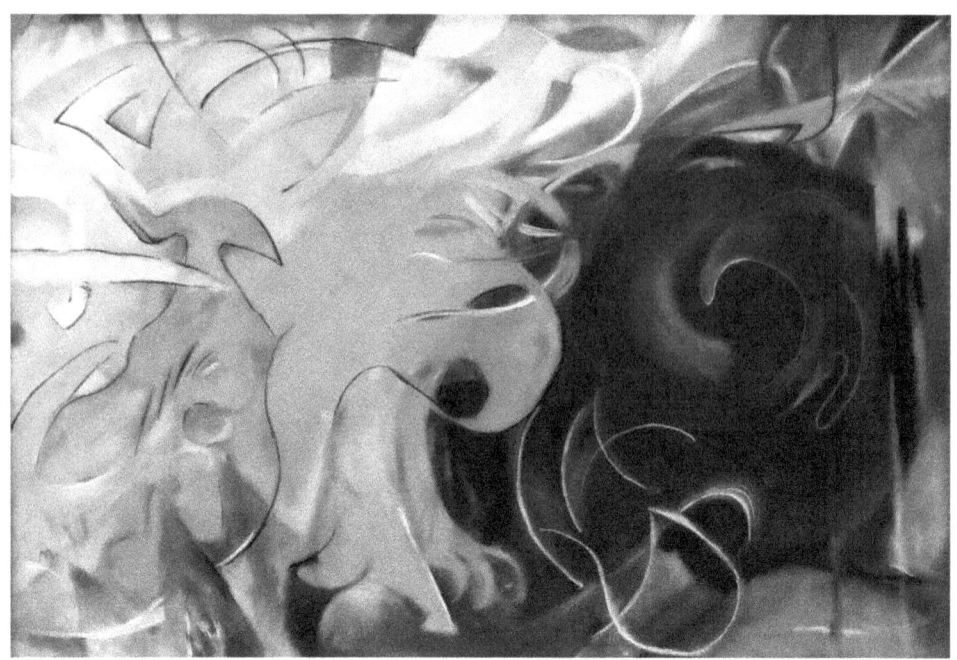

Abstraktes Bild in Bewegung
Bild: „Kämpfende Formen" (Replikat) / Original: Franz Marc, 1914

Eine Methode, die vor allem in Comic-Zeichnungen eingesetzt wird, sind Bewegungslinien – auch Geschwindigkeitslinien. Im Bild unten ist die Technik bei einem Flugzeuggeschwader zu sehen. Die Bewegung wird zwar bereits durch das Motiv selbst impliziert, doch die Bewegungslinien machen das Geschehen eindeutig. Die Linien geben außerdem auch Auskunft darüber, in welche Richtung sich das Motiv bewegt. Zusätzliche Dynamik kommt in dieser Zeichnung durch die Schräglage der Flugzeuge hinzu.

Drei Flugzeuge mit Bewegungslinien

Im folgenden Bild kann man sehen, wie man Bewegung auch durch die Verwendung von Kurven abbilden kann. Die Qualle ist ganz eindeutig in Bewegung, was man durch ihre geschwungene Form erkennen kann. Sie scheint sich durch das Wasser zu schlängeln.

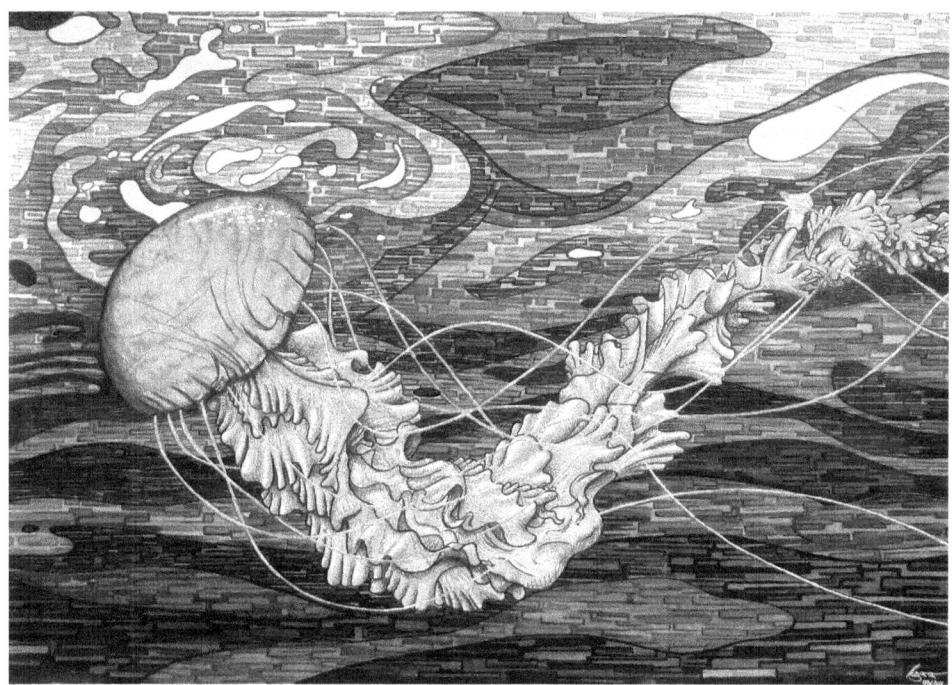

Bewegung durch Formgebung (Kurve)

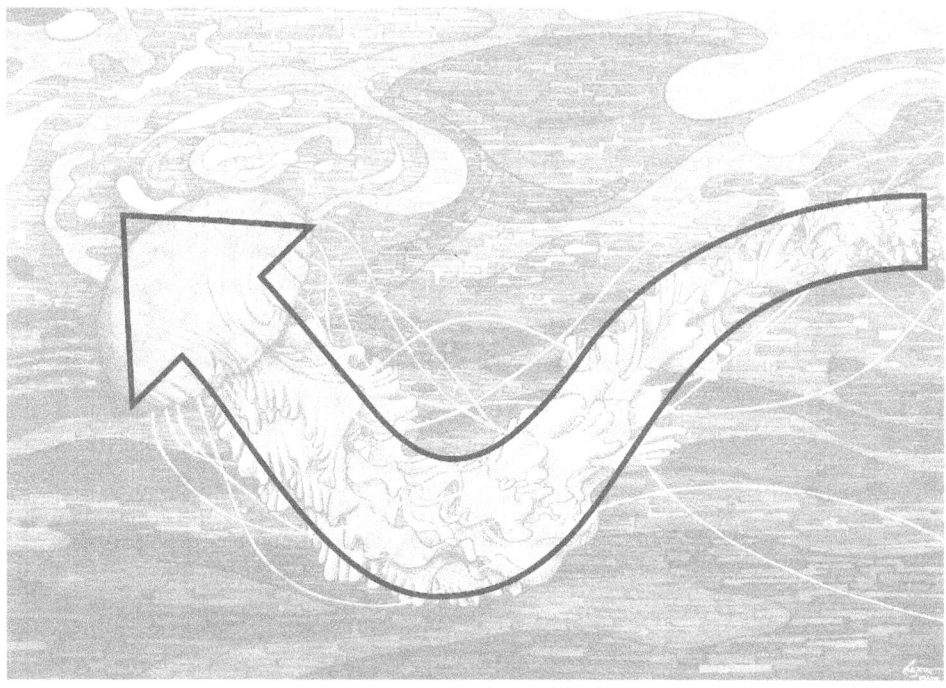

Darstellung der implizieren Bewegung

5.7 Gleichgewicht in der Bildkomposition

Es ist natürlich, dass das menschliche Auge bei der Betrachtung eines Bildes automatisch nach einem gewissen Gleichgewicht sucht. Dies entspricht unserem gewohnten Verständnis und dem Streben nach Harmonie. Wenn das Auge dieses Gleichgewicht findet, wirkt ein Bild ästhetisch auf uns.

Die Umsetzung einer solchen ausgewogenen Bildkomposition kann durch geschicktes Arrangement der Bildobjekte erreicht werden. Dies gelingt auch ohne einen symmetrischen Bildaufbau kreieren zu müssen. Die Gestaltungsmethode, die hierfür eingesetzt werden kann, beruht auf Prinzipien des Gleichgewichts. Zum besseren Verständnis der Methode, kann man sich hier das Hebelgesetz vor Augen führen, das wir aus der Physik kennen.

Um den Grundsatz des Kräftegleichgewichts in der Bildkomposition begreifbar zu machen, stellt man sich am besten eine Waage vor. Wenn auf beiden Seiten der Waage gleich große Gewichte liegen, ist die Waage ausgeglichen. Bei unterschiedlichen Gewichten muss das größere Gewicht näher zum Mittelpunkt der Waage rücken oder das leichtere Gewicht weiter nach außen rücken. In der Physik würde man hier von einem Kräftegleichgewicht sprechen bzw. dem Hebelgesetz.

Bei einem Gemälde oder einer Zeichnung entsprechen die Bildobjekte unseren Gewichten, die idealer Weise im Gleichgewicht zueinander liegen. Bei einem harmonischen Gleichgewicht innerhalb des Bildes können die Bildobjekte entweder in einem symmetrischen oder einem asymmetrischen Gleichgewicht stehen.

Symmetrisches Gleichgewicht
Von einem symmetrischen Gleichgewicht spricht man, wenn beispielsweise zwei gleiche Bildobjekte in einer Fotografie je zur Linken und Rechten liegen.

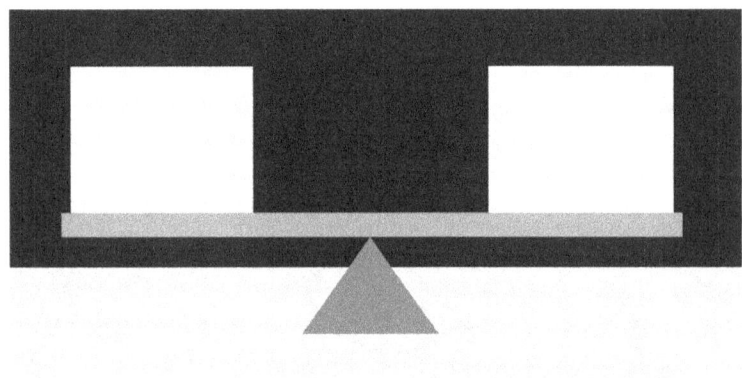

Prinzip des symmetrischen Gleichgewichts

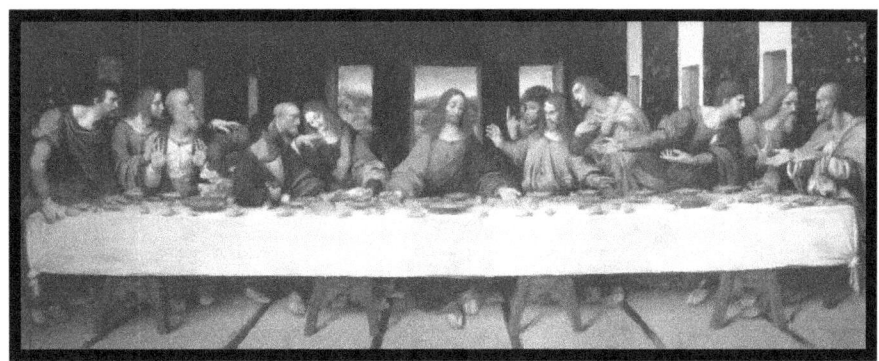

Gleichgewichtszustand durch gleichmäßige Verteilung der Personen

Bild: „Das Abendmahl" (Replikat) / Original: Leonardo da Vinci, 1494 bis 1497

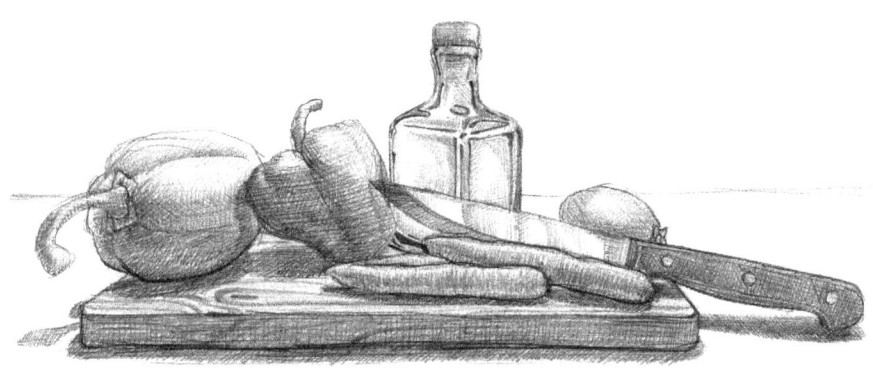

Stillleben mit relativ symmetrischem Gleichgewicht

Asymmetrisches Gleichgewicht

Bei einem asymmetrischen Gleichgewicht hat man mit unterschiedlich großen, schweren oder starken Bildobjekten zu tun. Hier sollte ein Kräftegleichgewicht geschaffen werden, indem man die verschiedenen Bildelemente geschickt zueinander positioniert.

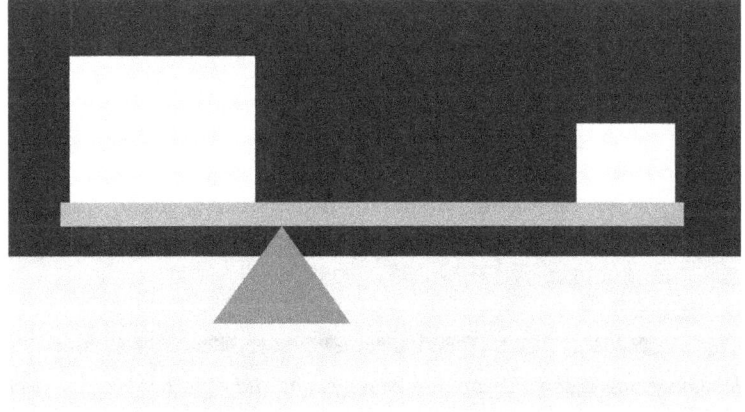

Prinzip des asymmetrischen Gleichgewichts

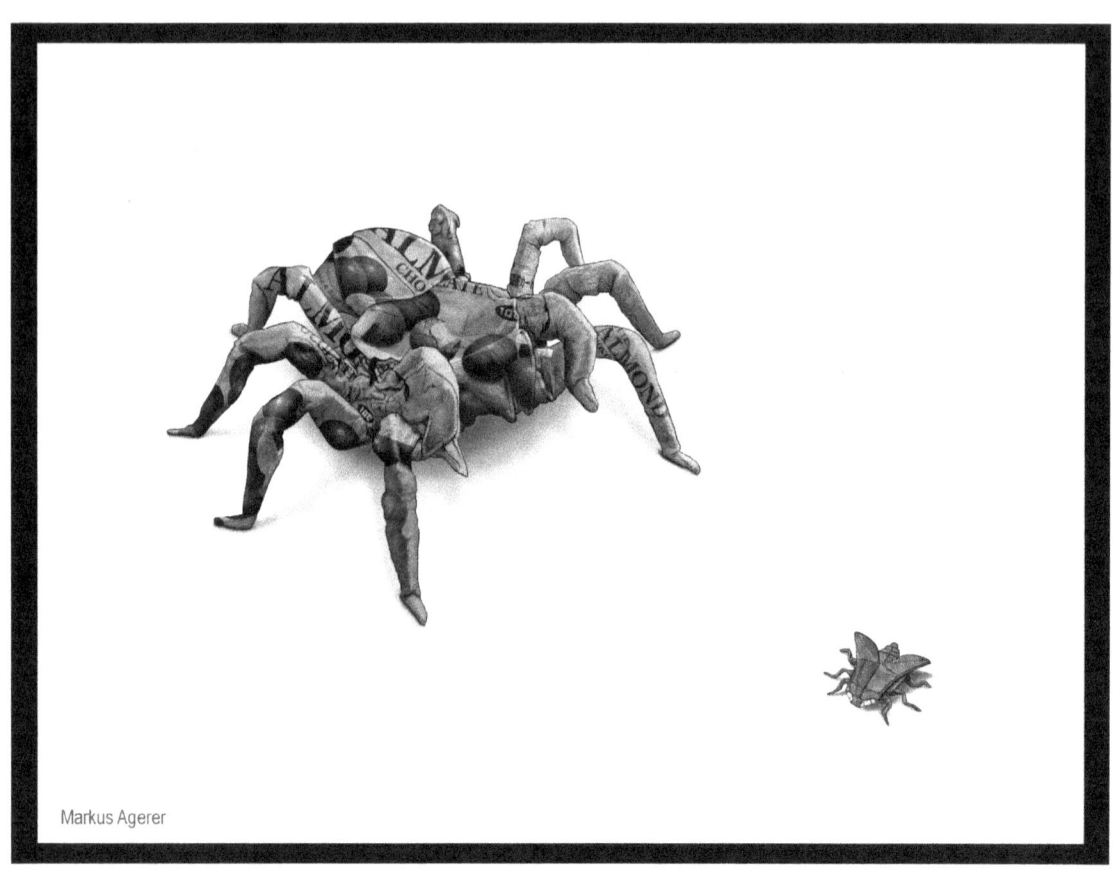

Markus Agerer

Klare Asymmetrie im Gleichgewicht durch deutlichen Größenunterschied von Haupt- und Nebenmotiv

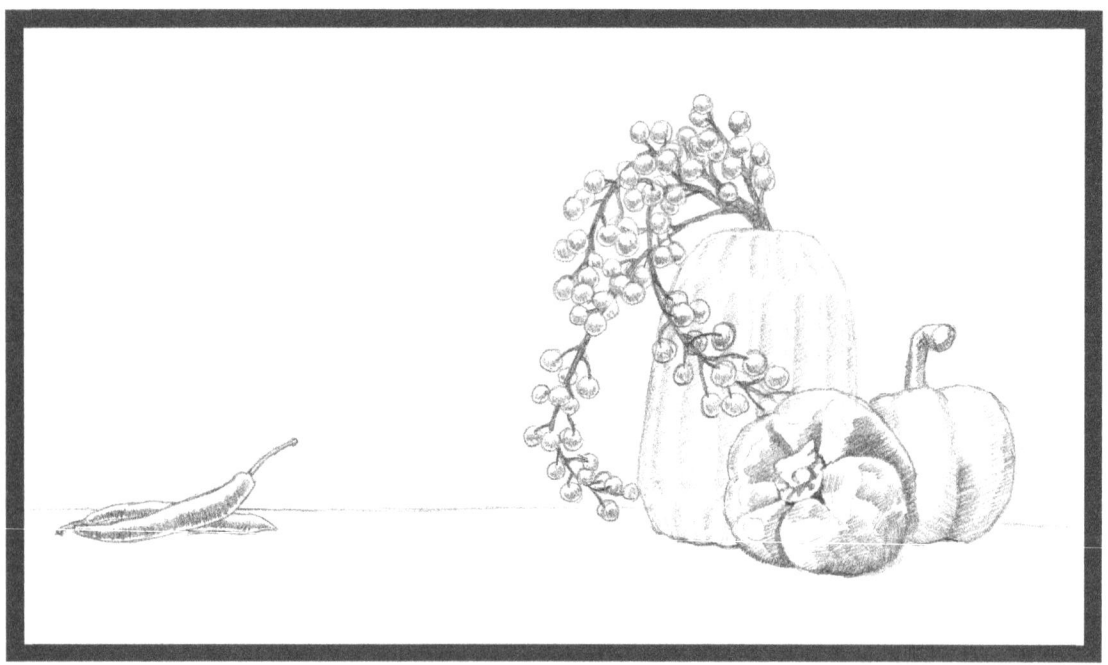

Chilischote und Vasen mit Paprikas bilden ein asymmetrisches Gleichgewicht

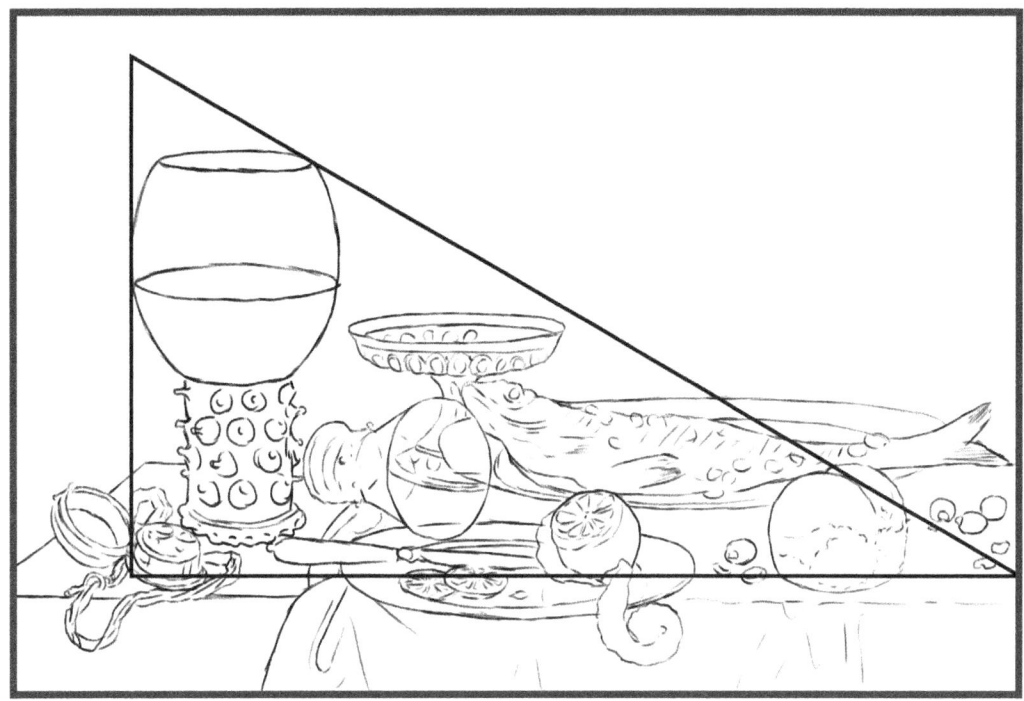

Ein asymmetrisches Gleichgewicht entsteht durch den Einsatz eines nicht-gleichschenkligen Dreiecks als Kompositionshilfe

Skizze nach einem Stillleben von Willem Claesz Heda

Da symmetrisch aufgebaute Bilder vom Betrachter oftmals als langweilig empfunden werden, eignet sich vor allem das asymmetrische Gleichgewicht dazu spannungsreiche Werke zu erstellen. Um als Künstler ein solches Gleichgewicht zu finden, braucht man selbstverständlich viel Gefühl, Erfahrung und ein geschultes Auge.

Auf der anderen Seite kann man in einem Bild auch gerade durch das Fehlen dieses Gleichgewichts Spannung aufbauen. Das Auge sucht danach und da es nicht zu finden ist, kann das Gefühl von Unsicherheit und Spannung entstehen.

Schlusswort

» Der alte Satz: Aller Anfang ist schwer, gilt nur für Fertigkeiten. In der Kunst ist nichts schwerer als beenden und bedeutet zugleich Vollenden.«

- Marie Freifrau von Ebner-Eschenbach -

6 Schlusswort

Wir sind nun zum Ende des Buchs gelangt und ich hoffe, alle Lesern haben darin gefunden, was sie gesucht haben. Du hast nun, angefangen von den psychologischen Grundlagen bis hin zu exemplarischen Beispielen, eine große Fülle an Wissen rund um die Bildgestaltung und Bildkomposition kennengelernt. Sicherlich ist es nicht immer leicht das Wissen aus der Theorie auch gekonnt in die Praxis umzusetzen. Gerade bei der Menge an Regeln und Tipps mag man sich zunächst oft überfordert fühlen. Doch keine Panik! Man kann und muss nicht stets sämtliche Theorie im entsprechenden Bild direkt umsetzen. Denke immer daran, dass Dir das Wissen aus diesem Buch keine Barriere, sondern eine Hilfe ist. Du kennst nun verschiedene Grundregeln und Tricks, mit denen Du in jedem Fall das Potential hast bessere Bilder zu kreieren – seien es nun Zeichnungen, Gemälde oder auch Fotografien.

Auch für mich liegt nun ein großes Stück Arbeit hinter mir. Viel Text und viele Bilder sind in diese Lektüre geflossen, bei der auch ich selbst viel lernen konnte. Umso mehr hoffe ich, dass meine Leser viel Freude an dem Buch haben und es ein großes Stück weiterhilft. Und wenn Dir dieses Buch gefallen hat, würde ich mich außerdem sehr freuen, wenn Du es Freunden, Bekannten oder auch im Netz weiterempfiehlst. Vielleicht hast Du auch Lust noch tiefer in die Kunst des Zeichnens einzutauchen? Dann interessieren Dich bestimmt meine anderen Bücher und eBooks. Darin wirst Du vor allem mehr über das Zeichnen lernen.

Außerdem kannst Du mich auf einer meiner Websites besuchen! Dort findest Du weitere Anleitungen zum Thema *Malen und Zeichnen lernen* und viele meiner eigenen Bilder:

www.kunstkurs-online.de
zeichnen-lernen.markus-agerer.de
www.markus-agerer.de

Für Verbesserungsvorschläge, Kritik und Feedback: markus-agerer@web.de

Danke und Grüße an alle Leser und alle, die mich bei der Erstellung meines Buchs unterstützt haben!

Markus S. Agerer

Buchempfehlung

Zeichnen Grundlagen
Das Grundwissen der Zeichentechnik

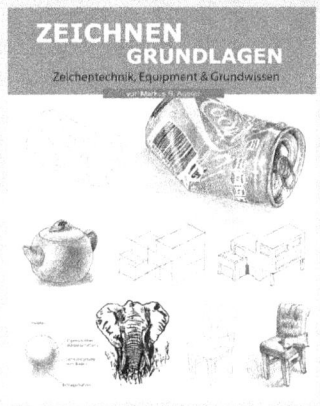

Perspektive & Raum zeichnen
Die Grundlagen des perspektivischen Zeichnens

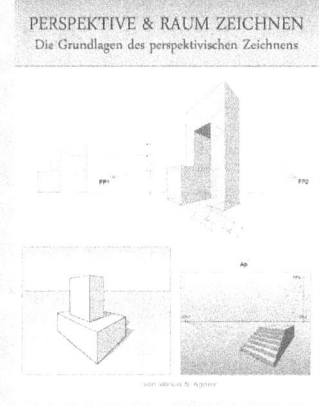

eBook:
Zeichnen Lernen - Teil 1
Grundwissen, Techniken, Ausrüstung, Übungen

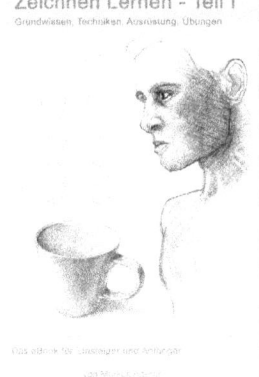

eBook:
Zeichnen Lernen - Teil 2
Perspektive & Raum

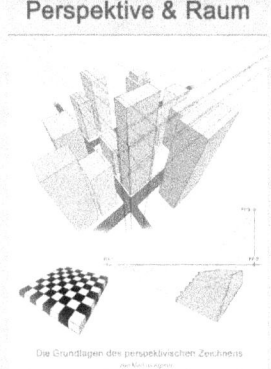

7 Quellen

Bücher:

"Underweysung der Messung mit dem Zirckel und Richtscheyt"
Albrecht Dürer der Jüngere; Nürnberg 1525

„Perspektivisch Zeichnen"
Grundlagen zur Darstellung des dreidimensionalen Raums
Autor: Gernot Störzbach;
Verlag: Christophorus Verlag GmbH & Co. KG., Freiburg

„Leonardo da Vinci. Sämtliche Gemälde und Zeichnungen"
Autor: Johannes Nathan (Autor), Frank Zöllner (Autor);
Verlag: TASCHEN Deutschland GmbH

„Der fotografische Blick - Bildkomposition und Gestaltung"
Autor: Michael Freeman;
Verlag: Markt+Technik Verlag; Auflage: 1 (1. Juli 2007)

„Meisterwerke 41 – Caravaggio"
Autor: Gaspare de Fiore, Luisa Cogorno, Giovanna Bergamaschi, Gianni Robba
Verlag: Fabbri Verlag (1991)

Internet:

http://www.kunstkurs-online.de
http://zeichnen-lernen.markus-agerer.de
http://www.wikipedia.org

Zur Diagonalmethode:

https://de.wikipedia.org/wiki/Diagonalmethode
http://www.diagonalmethod.info/
https://antwortenhier.me/q/Was-ist-die-diagonale-methode-und-sollte-ich-sie-anstelle-von-die-drittelregel-verwenden-24326256856

www.ingramcontent.com/pod-product-compliance
Lightning Source LLC
Chambersburg PA
CBHW080833220526

45467CB00008B/2268